VITUS B.
DRÖSCHER

Weiße Löwen müssen sterben

VITUS B.
DRÖSCHER

Weiße Löwen müssen sterben

Wie Tiere miteinander umgehen

Weltbild Verlag

Genehmigte Lizenzausgabe für
Weltbild Verlag GmbH, Augsburg 1994

Umschlaggestaltung: Adolf Bachmann, Reischach
Satz: Utesch Satztechnik GmbH, Hamburg
Gesamtherstellung: Presse-Druck Augsburg
Printed in Germany
ISBN 3-89350-376-5

INHALT

I. Das Machtstreben

II. Das Desaster der Brutalität

III. Wie kam die Hilfsbereitschaft in die Welt?

IV. Macht und Ohnmacht des Stärksten

V. Das gewisse Etwas der Persönlichkeit

IX. Der Kannibalismus im Konzept der Natur

X. Friedensstrategien

I. DAS MACHTSTREBEN

Schimpansenpolitik

Maßnahmen zur Sicherung der Herrschaft

Aristoteles nannte den Menschen als gesellschaftsführendes Wesen ein »Zoon politikon«, ein politisches Tier. Spätere Philosophen hielten das für eine Beleidigung des Menschen und gelangten zu der Ansicht, daß die Fähigkeit zu politischem Handeln etwas sei, das den Menschen grundsätzlich vom Tier unterscheide.

Diese Perspektive muß jetzt, obgleich es unsere Politiker nicht gern hören werden, revidiert werden. Aristoteles hat doch recht! Der holländische Verhaltensforscher Dr. Frans de Waal lebte seit 1971 über fünfzehn Jahre lang mit einer 25köpfigen Schimpansenhorde und beobachtete Dinge, die selbst Fachleute ungläubig den Kopf schütteln ließen.

Die Menschenaffen bildeten nicht nur Machtbündnisse und betrieben nicht nur regelrechte Wahlpropaganda. In ihrem Geltungsdrang und Streben zur Spitzenposition in der Horde führten sie sogar von langer Hand eingefädelte Schachzüge gegen ihre Konkurrenten durch, aus denen ein Niccolò Machiavelli die Grundregeln der Staatsführung hätte ebensogut ableiten können wie aus den Handlungen der Renaissancefürsten. Somit erweist sich politisches Handeln als ein Phänomen, das in seinen Anfängen vormenschlichen Wurzeln entsprossen ist.

Verfolgen wir einmal die äffisch-politischen Ereignisse im Detail: Sie decken Erklärungen für das extrem Vernunftwidrige im Handeln mancher Politiker und aller nach Macht strebenden Wesen auf.

Es sah nach einer gefährlichen Palastrevolution im Staat der Schimpansen aus. Das schon seit Monaten aufsässige Männchen namens Luit führte unmittelbar vor dem Leittier Yeroen einen wilden Protesttanz auf, obwohl es sich eigentlich nur in Demutshaltung nähern durfte. Schließlich versetzte es seinem Chef noch einen gewaltigen Schlag auf den Rücken. Der angegriffene Herrscher kreischte gellend auf, lief zu acht gerade in der Nähe sitzenden Hordenmitgliedern und umarmte jedes der Reihe nach. Dann brach ein Höllenspektakel los. Gefolgt von der soeben rekrutierten Kampftruppe schreiender und mit den Armen fuchtelnder Helfer und Sympathisanten, ging der so gar nicht heroische Yeroen auf die Jagd nach dem Rebellen, der sich eilends aus dem Staube machte.

Mit Hilfe des »regierungstreuen Volkes« war der Aufstand noch einmal niedergeschlagen worden.

Entgegen der vorherrschenden Meinung ist beim Kampf um die Macht im Schimpansenstaat die Muskelkraft des Kandidaten ebenso bedeutungslos wie bei uns. Auch wenn der Boß hilfeheischend zu seinen Untergebenen fliehen muß, um Prügel von einem Kraftprotz zu vermeiden, verliert er dadurch keineswegs an Achtung. Was allein zählt, ist die Fähigkeit, das »Volk« hinter sich zu bringen und Allianzen, so der ethologische Fachausdruck, mit anderen Machtgruppierungen einzugehen. Nur dies Vermögen entscheidet auf der Stufenleiter der Herrschaft alles.

Deshalb begann der vorerst abgeschlagene Luit die gegen ihn gerichtete Einheitsfront in den folgenden Monaten mit einer Unterminierungstaktik aufzubrechen, die nur infam genannt werden kann. Zuerst setzte er beim »Schwachpunkt Weibchen« an. Diese himmelten Yeroen, ihren Gruppenführer, geradezu an. Wer Macht über Männchen ausübt und nett zu Weibchen ist, erlangt bei diesen eine beachtliche Beliebtheit, nicht nur bei Schimpansen!

Um diesen animalischen Frauenhelden auszustechen, überschlug sich der zuvor sehr ruppige Luit plötzlich vor Galanterie. Er umarmte, küßte und lauste die Weibchen, wo immer er sie traf, und spielte mit deren Kindern. Für Politiker hat es sich schon immer ausgezahlt, als kinderfreundlich zu gelten. Daß dies nur berechnende Methode war, zeigte sich darin, daß Luit gleichzeitig mit erschreckender Brutalität gegen jene Weibchen vorging, die seine Aufmerksamkeiten in den Wind schlugen und weiterhin Yeroen die Stange hielten.

Die Ereignisse trieben einem entscheidenden Augenblick entgegen, als eine Schimpansin Yeroen zärtlich kraulte und außer Luit niemand sonst auf der Bildfläche war, der hätte Partei ergreifen können. Luit entriß seinem Chef das Weibchen, schleuderte es zu Boden und trampelte wütend auf ihm herum.

Würde das Leittier es wagen, sein ihm so treu ergebenes Weibchen zu beschützen? Dies hätte zu einem Kampf führen können, der möglicherweise zu einer Entscheidung gegen den Boß hätte ausufern können. Seine Macht stand auf dem Spiel. Also kniff Yeroen und sah tatenlos zu, wie sein Weibchen windelweich geprügelt wurde. Doch mit diesem feigen Verrat war der Anfang seines Endes gekommen – zwar nicht hier und jetzt, aber doch auf die längere Sicht weniger Wochen.

Jetzt wußte Luit, daß er sich ungestraft alle Schimpansinnen, die noch zu Yeroen hielten, einzeln nach der Devise »Zuckerbrot und Peitsche« vorknöpfen konnte, wovon er fortan ausgiebig Gebrauch machte.

Einmal, bei einem kleineren Streit zwischen Luit und Yeroen, hatte ein Weibchen den Rebellen von fern nur etwas angebellt. Das merkte er sich. Und eine Stunde später, als sich dieses Weibchen allein auf weiter Flur befand, verprügelte er es solange, bis es sich ihm zu Füßen warf und ihm so seine Ehrerbietung erwies.

Versöhnung nach dem Streit

Die Fähigkeit, Waffenstillstand zu schließen

Während der Monate, die solch eine Unterminierungs-Kampagne dauert, kann natürlich nicht ständig ein Kriegszustand herrschen. Schimpansen sind Gemeinschaftswesen. In der Wildnis können sie nur *mit* ihrer Gruppe überleben, nicht *gegen* sie. Dauerstreit würde den sozialen Zusammenhalt zerstören, die Horde sprengen und damit zur Selbstvernichtung führen. Somit erweist sich trotz der gruppeninternen Machtkämpfe das Streitschlichten, Friedenschließen und Sich-wieder-Versöhnen als eine der wichtigsten Fähigkeiten dieser Menschenaffen. Hemmungslose Machtgier würde zum Aussterben der Art führen.

Die Methoden, mit denen Streit geschlichtet wird, sind auch für das Funktionieren der menschlichen Gesellschaft aufschlußreich. Zu einer früheren Zeit, als der etwas schwächere Nikkie gegen Yeroen rebellierte, war er einmal von seinem Chef in aller Öffentlichkeit gedemütigt worden. Rache im Herzen, fand er einen großen Stein, verbarg ihn hinter seinem Rücken und machte sich auf die Suche nach Yeroen. Dies bemerkte aber Oma, das ranghöchste Weibchen. In aller

Seelenruhe ging es zu Nikkie und nahm ihm ohne Aufhebens den Stein aus der Hand. Der Entwaffnete ließ dies ohne Protest über sich ergehen. Wahrscheinlich war ihm klar, daß Oma soeben großes Unheil verhindert hatte.

Aber auch nach jedem Kampf muß die Versöhnung auf dem Fuße folgen. Meist unterwirft sich der Unterlegene, indem er sich platt auf den Bauch legt und seinen Allerwertesten präsentiert. Der Sieger akzeptiert dann die Kapitulation, indem er stolz erhobenen Hauptes über den sich Unterwerfenden hinwegschreitet. Anschließend lausen sich beide. Damit ist alles vergeben und vergessen.

Einmal war der Kampf aber schon so weit eskaliert, daß eine blutige Beißerei kurz bevorstand, die beide Raufbolde eigentlich gar nicht beabsichtigt hatten. Plötzlich hielten beide inne und rannten laut kreischend zu Oma, in deren Armen der Konflikt ein schnelles, versöhnliches Ende fand.

Manchmal sind aber beide Kontrahenten nach einer Auseinandersetzung beleidigt, nachtragend und stur. Dann pflegt sich eine Schimpansin als Vermittlerin einzuschalten, und zwar so: Zunächst läuft sie auf einen der Verfeindeten zu, küßt und laust ihn ein wenig. Kurz darauf geht sie in Richtung auf den zweiten noch schmollenden Gegner und schaut sich um, ob ihr der erste auch folgt. Ist das nicht der Fall, zieht sie ihn am Arm mit Gewalt herbei. Wenn alle drei beisammen sind, küßt und laust die Vermittlerin den zweiten noch ein wenig. Sobald sie aber sieht, daß die beiden kurz zuvor noch Verfeindeten beginnen, sich gegenseitig zu kraulen und zu versöhnen, zieht sie sich zurück. Der Frieden ist wiederhergestellt. Sogar auf dem Höhepunkt ihres Machtkampfes gingen Yeroen und Luit abends niemals unversöhnt schlafen. Ein kurzer, freundschaftlicher Handschlag, auch bei Schimpansen eine Geste der Friedfertigkeit, und alles war bereinigt – wenigstens für eine Nacht.

Daß viele Menschen die Fähigkeit zur alsbaldigen Versöhnung verloren haben, ist einer der Gründe, weshalb die zwischenmenschlichen Beziehungen derzeit so stark gestört sind und so viel Krampf und Elend in die Welt gekommen ist.
Für die Gemeinschaften der Affen und Menschenaffen konnte der Forscher jedoch eine interessante Regel aufstellen: Je mehr Tiere einer Horde sich lausten und kraulten, und je häufiger dies geschah, desto gespannter war die Gesamtsituation. Eben weil Feindseligkeit und Gereiztheit in der Luft lagen, mußten sie durch diese Freundlichkeitsgeste immer wieder von neuem beschwichtigt werden.
Das bedeutet: Das Kraulen befriedet die kritische Lage immer nur für den Augenblick. Schon bald danach kann der schwelende Streit wieder aufflackern. Sehr zu Recht vergleicht der englische Verhaltensforscher Professor Desmond Morris das Lausen der Affen mit der nichtssagenden Konversation beim Menschen: Kommen zwei Personen zusammen, ohne daß eine Notwendigkeit zur Mitteilung besteht, beginnen beide dennoch zu schwätzen, je belangloser, desto besser. Dann ist man sich wenigstens einig. Das entspannt die Lage. Schweigen könnte irrationale Fremdel-Aggressionen auslösen. Aber sobald sich beide trennen, ist auch das durch die Plauderei angebahnte Zusammengehörigkeitsgefühl wieder dahin.
Lausen und Plaudern schafft bei Affen und Menschen eine friedliche Stimmung – aber nur für den Moment. Zu mehr reicht die Kraft dieser Bindung nicht aus.

Verschwörer und Rebellen

Wie schließt man Bündnisse?

Indessen wurde der Waffenstillstand von den beiden Schimpansen-Gegnern Yeroen und Luit taktisch genutzt, um die eigene Ausgangsposition für die nächste, unvermeidlich erscheinende Auseinandersetzung zu verbessern. Hierbei gelang Luit, dem Rebellen, ein weiterer Schachzug: die Verschwörung mit anderen einflußreichen Männchen gegen seinen Chef.

Als zum Beispiel alle Weibchen noch zu Yeroen hielten, tat sich Luit in einer Friedensphase mit Nikkie zusammen, um Yeroen Paroli zu bieten. Mit strategischer List konnte dieses Zweierbündnis überraschend viel erreichen.

Das funktionierte so: Luit provozierte Yeroen wieder einmal mit einem Kriegstanz. Sogleich trommelte dieser wieder seine Weiber-Gefolgschaft zusammen. Und genau in dem Augenblick, da die Truppe zur Jagd auf Luit aufbrach, griff Freund Nikkie ins Geschehen ein und attackierte scheinbar unmotiviert eines der Weibchen. Das stiftete sogleich große Verwirrung. Die Schimpansinnen schützten ihre Genossin, verloren das übrige Geschehen aus dem Auge, und das Ziel war erreicht: Yeroen stand isoliert im Wald und erhielt von Luit eine gehörige Abreibung.

So raffiniert können Menschenaffen ihre gesellschaftstaktischen Schachzüge vorbereiten und durchführen.

Gegen dieses Bündnis reagierte Yeroen wie alle Tyrannen und Diktatoren. Er duldete künftig keine Zusammenkünfte mehr und fuhr jedesmal wütend dazwischen, sobald seine beiden innenpolitischen Gegner die Köpfe zusammensteckten. Er erließ gleichsam ein Versammlungsverbot gegen die Verschwörer.

Für Luit jedoch war das Bündnis mit dem Spitzenfunktionär eines kopfstarken Interessenverbandes noch wichtiger: mit Oma, der Chefin aller Weibchen in der Horde. Ihrer Wahl, für oder gegen diesen oder jenen zu sein, schlossen sich die meisten Schimpansinnen sehr schnell an. Sie war gleichsam eine Multiplikatorin, wie man in der Werbung sagt. Sie für sich zu gewinnen, war offenkundig der langgehegte Wunsch Luits. Die Gelegenheit dazu bot sich abrupt in einer »Sternstunde«.

Yeroen und Luit waren wieder einmal handgreiflich geworden. Der Boß trieb den Rebellen vor sich her einen Baumstamm hinauf, ohne jedoch daran zu denken, daß dieser Baum im weitläufigen Gehege des Arnheimer Tierparks in einiger Höhe von Dr. de Waal mit einem Elektrozaun abgesperrt worden war, um die Blätter weiter oben vor dem Zugriff der Menschenaffen zu schützen. Doch im Eifer des Gefechts spürten beide den Schmerz der elektrischen Schläge nicht und befanden sich unversehens im Grünen.

Während aber Yeroen, völlig konsterniert, gleich wieder nach unten sprang, pflückte Luit einen Riesenstrauß saftig belaubter Zweige und überreichte ihn, als er wieder unten war, Oma. Diese nahm sich ihren Teil und verschenkte den Rest huldvoll weiter an ihre Günstlinge. Dieses Geschenk, mit dem sie sich bei anderen Hordenmitgliedern beliebt machen, frühere Freundesdienste belohnen und einstige Mißachtung durch Vorenthalten eines Geschenks bestrafen konnte, hat sie Luit nie vergessen. Nach dieser »Bestechung« schlug sie sich auf Luits Seite und zog auch das gesamte, ihr hörige »Wählerpotential« mit sich in die neue »Partei«.

Bald darauf kam es zum Entscheidungskampf. Yeroen unterlag und erkannte mit Demutsgebärden Luit fortan als neuen Hordenherrscher an. Der Machtwechsel war vollzogen.

Im Detail werfen diese Ereignisse ein völlig neues Licht auf die Frage, warum Tiere überhaupt kämpfen. Die gängige Antwort lautet: Um festzustellen, wer der Stärkere ist, damit dieser dann Macht über den anderen ausüben kann. Sie ist grundfalsch. Im Kapitel über den »Sinn und Unsinn des Kämpfens« werde ich das noch genauer darlegen.

Im Zusammenhang mit dem Machtstreben der Schimpansen vorerst nur soviel: Während der Übergangszeit des Machtwechsels hatte Yeroen innerhalb von zwanzig Tagen drei schwere Kämpfe gegen Luit zu bestehen. Beim ersten Gefecht war er der Angreifer und auch der Sieger. Das zweite Duell endete unentschieden. Und im dritten Kampf griff Luit an und gewann. Diese unterschiedlichen Ergebnisse sind aus veränderten Körperkräften gar nicht zu erklären. Bei erwachsenen Schimpansen ändern sich diese längst nicht so schnell. Somit kann die Ursache nur in einem Wandel der sozialen Stellung liegen.

Nicht der Ausgang eines Kampfes entscheidet über künftige soziale Beziehungen in der Schimpansengesellschaft, sondern es ist genau umgekehrt: Die derzeitigen Machtgruppierungen in einer Gemeinschaft beeinflussen die Kämpfenden psychisch so, daß der Ausgang des Streites nur die gegenwärtige soziale Situation widerspiegelt und praktisch schon von vornherein feststeht.

Also ist der Kampf eigentlich sinnlos und unnötig? Im Grunde ja, denn er entscheidet nichts. Durch ihn wird nur unter allen Hordenkumpanen offenkundig, was zuvor auf dem Gebiet der Bündnispolitik entschieden worden war. Vielleicht muß dem Verlierer durch den Kampf auch erst handgreiflich klargemacht werden, was er nicht wahrhaben will.

Der Affen-Machiavelli

Aktionen, die eine Entscheidung bringen

Wann gilt unter Schimpansen ein sich mitunter über mehrere Monate hinziehender Machtkampf als entschieden? Zunächst einmal: Er beginnt damit, daß der Rebell und seine Bundesgenossen dem Leittier die Ehrerbietung verweigern. Sie grüßen ihn nicht mehr in unterwürfiger Haltung. Und der Umbruch endet erst dann, wenn der entthronte Anführer dem Sieger eben diesen devoten Gruß entbietet. Mit dieser Gebärde erkannte auch Yeroen schließlich die vollendeten Tatsachen an.

Doch was nach dem Machtwechsel geschah, war noch spannender, überraschender und aufschlußreicher als die vorangegangenen Ereignisse. Luit war mit Nikkies Hilfe in die Spitzenposition gelangt. Doch nun, beim Regieren, konnte er ihn nicht mehr brauchen, weil Nikkie als chronischer Weiberfeind immer recht brutal gegen die Angehörigen des schwachen Geschlechts vorging. Aber Luit benötigte, um seine Spitzenposition zu halten, in erster Linie die Unterstützung der Weibchen. So servierte er Nikkie, der seine Schuldigkeit getan hatte, eiskalt ab.

Schon Machiavelli schreibt, daß es die erste Regierungstat eines erfolgreichen Revolutionärs sein müsse, sich von seinen alten Mitstreitern zu trennen, weil diese fortan mehr Schaden als Nutzen bringen.

Es ist eine interessante Frage, auf welcher Basis Schimpansenführer ihre Machtposition aufbauen. Grob gesagt, bieten sich hier zwei Möglichkeiten. Yeroen und danach Luit stützten sich im wesentlichen auf das Volk der Weibchen. Dieses Fundament erwies sich als relativ stabil.

Als Nikkie später einmal regierte, machte er es anders. Da er mit den Weibchen nicht zurechtkam, verbündete er sich statt dessen mit zwei starken und ebenfalls sehr ehrgeizigen Männchen und herrschte mit ihnen im Triumvirat. Überflüssig zu erwähnen, daß dieses ebenso schnell in die Brüche ging wie ähnliche Allianzen im alten Rom.

In diesem Zusammenhang zitiert Frans de Waal aus Niccolò Machiavellis Buch »Der Fürst«: »Wer die Herrschergewalt unter Beihilfe des Adels erringt, wird größere Mühe haben, sie aufrechtzuerhalten, als derjenige, der mit Hilfe des gemeinen Volkes Fürst wird – ist er dann doch nur ein Fürst unter vielen, die sich seinesgleichen dünken, weshalb er sie nicht nach Belieben regieren oder leiten kann.«

Um diese Sentenz in schimpansische Verhältnisse zu übertragen, brauchen wir nur das Wort »Adel« durch »ranghohe Männchen« und »gemeines Volk« durch »Weibchen und Kinder« zu ersetzen.

Luit schien diese Dinge bei seinem Regierungsantritt zu spüren. Im einstigen Helfer Nikkie witterte er den künftigen Rivalen. Und in der Tat entthronte ihn Nikkie zwei Jahre später. War das Intelligenz? Oder doch mehr das, was wir ziemlich nebulös als »politischen Instinkt« bezeichnen?

Tatsache war, daß Luit seinen einstigen Steigbügelhalter Nikkie ohne Anlaß aus seiner Gunst und Nähe verbannte. Statt dessen versuchte Luit, sich mit Yeroen zu verbünden, seinem bisherigen Erzfeind. Er wollte durch mildtätige Behandlung des Verlierers Vorteile für sich gewinnen.

Das wirft ein bezeichnendes Licht auf den Wert der Freundschaft unter Schimpansenpolitikern. Ihre Beweggründe, so Frans de Waal, »dienen einer Machtpolitik, die, der Flexibilität nach zu schließen, mit der sie Koalitionen eingehen und aufkündigen, auf politische Wendemanöver und Opportunismus setzt und für dauernde Freundschaft nur wenig Raum läßt«.

Hingegen lassen sich weibliche Schimpansen und Kinder, wenn sie bei einem Streit Partei ergreifen, von ihren Sympathien leiten. Wenn es also unter den Menschenaffen so etwas wie echte Freundschaft gibt, dann nur unter den Weibchen und allenfalls unter jenen Männchen, denen die Veranlagung zum Machtstreben fehlt.

Bei herrschsüchtigen Männchen ist es also der Wille zur Macht, der die Bande alter Freundschaften zerreißt. Von Moral und Anstand finden wir in der Schimpansenpolitik keine Spur. Aber in der menschlichen Politik kommen sie ja auch nur äußerst selten vor. Im Phänomen des Machtstrebens haben wir also den ersten Zerstörer der Vernunft vor uns.

Vom Vollidioten zur Persönlichkeit

Eine neue Sicht der Tierseele

In seiner Einstellung zu den Regierenden verhält sich das niedere Schimpansenvolk indessen ebenso wetterwendisch wie die großen Tiere. Unterstützte es während der Machtkämpfe den gutmütigen, alten Yeroen rückhaltlos, so ging es beim Regierungswechsel mit fliegenden Fahnen zu Luit über. Und das, obwohl Yeroen ein sehr fürsorglicher, um das Allgemeinwohl bemühter Herrscher gewesen war, was für Luit längst nicht in diesem Maße zutraf.

Untertanengeist unterwirft sich stets, auch wenn er damit gegen das eigene Wohlbefinden handelt. Ohne Untertanengeist bei den Regierten könnten sich keine Herrschergelüste realisieren. Der Wille zur Macht wäre gar nichts, gäbe es als

Gegenpol nicht den Herden- und Mitläufertrieb. Das ist die animalische Basis für jede Diktatur und Willkürherrschaft, die auch dann noch wirksam ist, wenn sich alles gegen die Interessen des Gehorsamen richtet.

Wie reagierte nun aber der gerade entthronte Yeroen auf das Bündnisangebot des neuen Herrschers? Er schlug es glatt aus, nun zweiter im Schimpansenland zu werden. Warum? War es Weitblick oder »politischer Instinkt«? Sah er bei Luit zu viele Führungsschwächen, die auf einen baldigen erneuten Umsturz schließen ließen? Oder setzte er darauf, daß die Zukunft eines Tages Nikkie gehören würde? Und kalkulierte er vielleicht schon ein, daß ihn Nikkie wegen dessen gestörten Verhältnisses zu den Weibchen dereinst existenznotwendig als Bundesgenossen brauchen würde, daß er unter Nikkie als »Familienminister« unverzichtbar sein würde, während er unter Luit nur von dessen Laune und Gnade abhängig sein würde? So trafen alle diese Dinge jedenfalls ein.

Wenn davon nur ein Teil von Yeroen vorbedacht und ein anderer Zufall oder günstiges Geschick gewesen sein sollte, so wären dies schon mentale Leistungen eines Tieres von so erstaunlichen Ausmaßen, daß selbst Frans de Waal sie vor Beginn seiner langjährigen Untersuchungen für unmöglich gehalten hatte.

Er schreibt: »Wie sorgfältige Beobachtungen zeigen, sind Schimpansen zu schlauen politischen Manövern fähig. Ihr soziales Dasein kennzeichnen auf Schritt und Tritt Phänomene wie Machtwechsel, Dominanz-Unterwerfungs-Verhältnisse, Rangkämpfe, Zusammenschlüsse, Teile-und-Herrsche-Strategien, Koalitionen, Streitschlichten, Kollektivführung, Privilegien und Verhandlungstaktiken. So gut wie alles, was sich in den Korridoren der Macht unserer Menschenwelt abspielt, findet sich im Keim auch im sozialen Leben einer Schimpansenhorde.«

Mit diesen Erkenntnissen sowie mit zahlreichen anderen Ergebnissen der modernen Verhaltensforschung, über die ich in diesem Buch noch berichten werde, entsteht gegenwärtig eine völlig neue Sicht vom Leben der Tiere im allgemeinen und von dem der Menschenaffen im speziellen.

Bisher formte sich das Bild vom Schimpansen nur aus der Sicht des Zoobesuchers als einer in Zuchthauskäfigen eingesperrten, Grimassen schneidenden, Faxen machenden, mit Exkrementen werfenden, um Almosen bettelnden, leicht idiotischen Karikatur des Menschen oder aus der Anschauung im Zirkus als die eines läppisch kostümierten Clowns, gerade recht, damit Kinder darüber lachen konnten. Natürlich verbat sich, wer auf Würde hielt, energisch, von Zoologen in die nähere Verwandtschaft jener promiskuiden, vermeintlich geistig primitiven Unholde gerückt zu werden.

Kein Wunder, daß vielen Menschen Darwins Gedanke, von so was abzustammen, als unerhörte Beleidigung erschien – damals vor über hundert Jahren ebenso wie heute.

Wer hingegen die Schimpansen im Regenwald von Gombe zwanzig Jahre lang beobachtet hat wie die englische Verhaltensforscherin Professor Jane Goodall, wer fast ebensolange mit den Gorillas an den Hängen der Virunga-Vulkane gelebt hat wie die 1986 von Wilderern ermordete Dian Fossey, wer über Jahrzehnte die Mantel- und Dschelada-Paviane im äthiopischen Bergland studiert hat wie der Züricher Professor Hans Kummer – der gewinnt einen völlig anderen Eindruck, nämlich den imponierender Tierpersönlichkeiten, respektgebietender Überlebenskünstler, großartiger Taktiker und Organisatoren, begabt mit einem erstaunlichen Spektrum bislang ungeahnter mentaler und sozialer Fähigkeiten.

Frans de Waal ist vorgeworfen worden, daß seine Erkenntnisse im Gehege gewonnen wurden, also keine Gültigkeit besäßen. Das ist nicht richtig. Zwar stimmt es, daß seine 23

Schimpansen keine Feindgefahr etwa durch Leoparden, Riesenschlangen oder Adler zu fürchten hatten und daß sie sich auch nicht um ihre tägliche Ernährung zu bemühen brauchten, aber davon abgesehen, lebten sie in einem riesigen Gehege fast so wie in freier Wildbahn.
Gerade weil sie nicht all ihr Sinnen auf alltägliche Existenzängste zu konzentrieren brauchten, hatten sie mehr Freizeit und mentale Freiheit unter anderem zum innenpolitischen Intrigenspiel als im afrikanischen Regenwald. Damit wurden sie gleichsam schon vom Hauch zivilisatorischer Bequemlichkeit angeweht, und die Kluft für Vergleiche mit dem zivilisierten Menschen wurde kleiner, nicht größer.
Somit ergeben sich aufschlußreiche Einblicke in bisher uneröffnete Bereiche der Tiefenpsyche und der Motivation vernunftwidriger Handlungsweisen beim Menschen.

Mit Blechkanistern in die Spitzenposition

Der Wille zur Macht

Im speziellen Fall unserer Schimpansenstudien stehen folgende Fähigkeiten der Menschenaffen im Brennpunkt des Sozialverhaltens: der Wille zur Macht, das sogenannte Dreierbewußtsein und prognostische Möglichkeiten. Darunter ist folgendes zu verstehen:
Noch heute bezweifeln Philosophen, die alle Ergebnisse der modernen Verhaltensforschung ignorieren, daß es bei Tieren so etwas wie einen Willen zur Macht gäbe. Natürlich wird nicht in Abrede gestellt, daß in Tiergruppen herausragend starke Individuen dank ihrer Körperkräfte andere Mitglieder

unterdrücken und sich an deren Spitze setzen können. Aber das ist etwas ganz anderes. Wenn es einen Willen zur Macht gibt, dann muß es auch schwächere Tiere geben, die sich trotzdem mit Hilfe von Tricks die Führungsposition erobern können, sowie sehr starke Tiere, die freiwillig Untertan bleiben, weil ihnen nichts an einer Stellung als Boß liegt, denen also der Wille zur Macht fehlt. Wie verhält es sich damit in Wirklichkeit?

Lassen wir nach Frans de Waal einen noch prominenteren Augenzeugen berichten: die weltberühmte Schimpansenforscherin Professor Jane Goodall, die seit 1960 fast ununterbrochen wildlebende Menschenaffen im Gombe-Reservat am ostafrikanischen Tanganjikasee beobachtet und genauer kennt als jeder andere Zoologe.

»Die Geschichte der Machtwechsel in den Staaten der Menschen«, schreibt die Forscherin, »ist eine nicht abreißende Folge dramatischer Gewaltakte, vorbedachter Bündnispolitik und einfallsreichen Herrschaftsstrebens. Bei wildlebenden Schimpansen im tropischen Regenwald Afrikas verhält es sich im Prinzip ebenso.«

Als ihre Beobachtungen begannen, regierte dort ein Schimpanse namens Goliath über die zwanzigköpfige Horde. Er war von imponierend muskulöser Gestalt und streifte stets mit den federnden Bewegungen eines Athleten umher. Bei Begegnungen auf schmalem Urwaldpfad mußten ihm alle anderen ehrerbietig Platz machen. In Kämpfen gegen zahlenmäßig weit überlegene Pavianhorden trug er die Hauptlast und deckte hernach auch den Rückzug.

Nach Jahren der Regentschaft erwuchs ihm über Nacht ein gefährlicher Rivale ausgerechnet in Mike, dem schwächsten und rangniedersten Männchen, das indessen mit außergewöhnlichem Erfindungsreichtum begabt war.

Eines Morgens brach Mike in das Vorratszelt der Forscherin

ein, schnappte sich zwei leere Blechkanister, ging mit ihnen leise auf eine bananenschmatzende Gruppe von fünf Schimpansen zu und erschreckte sie mit jähem Geschepper. Laut kreischend stoben diese auseinander, von Mike verfolgt, der des Blechklöterns nicht müde wurde.

Als er eine Pause einlegte, kamen vier der verängstigten Menschenaffen herbei, kauerten sich unterwürfig neben ihm nieder und begannen, ihn zu kraulen. Damit erkannten sie Mike als ihren neuen Herrn und Meister an. Mit einem Bluff und mit Theaterdonner, mit einem Trick, der eines Medizinmannes oder Schamanen würdig wäre, hatte ein machtbesessener Schwächling die Regentschaft an sich gerissen.

Nur Goliath, der kampflos Entmachtete, hielt sich mit Unterwerfungsgebärden zurück. Da sich Mike indessen als sehr rabiater und unbeliebter Herrscher erwies, witterte Goliath die Chance zum Comeback und suchte einen günstigen Augenblick zum Entscheidungskampf.

Wenige Wochen später war es soweit. Jane Goodall hatte die inzwischen weltberühmt gewordenen Blechkanister unter Verschluß genommen. Da rempelte Mike ein greises Männchen grundlos an. Dieses suchte bei seinem Freund Goliath Schutz. Drei weitere Schimpansen sahen die Gelegenheit zur Revolte gegen den verhaßten Blender Mike. So gingen sie zu fünft auf Mike los. Der floh auf einen Baum ganz nach oben. Die anderen hinterher. Aber plötzlich sprang Mike dem ersten auf den Kopf und brachte ihn zum Absturz. Dann machte er mit allen der Reihe nach dasselbe.

Seit diesem glorreichen Sieg eines Schwachen gegen fünf Starke war Mike fünf Jahre lang unumschränkter Herrscher der ganzen Horde. Wie der letzte Kampf zeigt, hätte er auch ohne den Bluff mit den Blechkanistern die Spitzenposition an sich gerissen – eben durch den Einfallsreichtum seiner »Trickkiste« und durch sein ehrgeiziges Machtstreben.

Indessen wuchs in Humphrey wieder ein imposanter Muskelprotz heran. Er war aber eher dümmlich, nicht sonderlich ehrgeizig und schwer von Begriff. So mußte ihn erst ein Schlüsselerlebnis auf die Idee stoßen, die Chefposition anzustreben.

Eines Tages mußte Humphrey, wegen seiner Ähnlichkeit mit einem bekannten Filmstar so genannt, mit ansehen, wie sein älterer, von Polio teilgelähmter Bruder McGregor von Mike rüpelhaft geschlagen wurde. Spornstreichs eilte er dem Kranken zu Hilfe und schleuderte den Boß mit seinen weit überlegenen Kräften zu Boden.

Etwas später saß er stundenlang nachdenklich in einem Baum und wurde von da an ständig aggressiver gegen alle Hordenkumpane. Der unerwartete, aber durchschlagende Erfolg eröffnete ihm nie zuvor gehegte Hoffnungen. Erst von da an verfolgte der nur mäßig machtgierige Schimpanse sein Ziel, und zwar ziemlich einfallslos durch rüde Chefallüren und planmäßigen Unterdrückungsterror, bis er sein Ziel erreicht hatte.

Ein beliebter Herrscher wurde er nicht. Nur das Weibchen Gigi, das ihn einst haßte, schloß ihn mit einemmal in sein Herz. Gigis Wille zur Macht äußerte sich in ihrer Eigenschaft als »Trittbrettfahrerin«. Dem Streben, »First Lady« sein zu wollen, opferte sie ihr Sympathieempfinden.

Wieder vergingen sechs Jahre. Diesmal kündigte sich aber schon frühzeitig an, wer der nächste Thronfolger werden würde. Schon als Halbstarker zeigte der Schimpanse Figan vor dem Boß Humphrey nur gerade soviel Respekt, daß er stets haarscharf an der Prügelstrafe vorbeikam. Wenn der Boß zum Beispiel unter einem Baum im Schatten lag, um zu dösen, kletterte Figan in die Krone und schüttelte die Äste so heftig, daß Früchte und Blätter auf Humphrey niederprasselten. Der Frechdachs hatte erkannt, daß er sich dies herausnehmen konnte, weil der schläfrige Anführer in dieser Situation nie Lust zur Verfolgungsjagd baumauf verspürte. Überhaupt ist die nur scheinbar so spaßige Neckerei unter Affen eine ganz durchtriebene Methode rangniederer Tiere, die Vormachtstellung von Respektspersonen zu unterminieren. Näheres darüber in einem späteren Kapitel.

In unserem Fall aber gilt die Regel: Mangel an Unterwürfigkeit zeichnet den künftigen Herrscher aus.

Da der heranwachsende Figan aber weder übermäßig kräftig noch bemerkenswert gewitzt war, mußte er einen dritten Weg zur Macht beschreiten, den über das Bündnis mit seinem älteren, gutmütigen und überhaupt nicht ehrgeizigen Bruder Faben.

Er wich ihm nicht von der Seite und trieb mit dessen Rückendeckung zunächst allerlei harmlos erscheinenden Schabernack mit stärkeren Hordenmitgliedern. Fachausdruck: beschütztes Necken. Wollte sich einer später an ihm rächen, griff sofort der große Bruder ein. Und so endete die Geschichte regelmäßig damit, daß der leidtragende dritte jämmerlich verprügelt wurde.

Da das so prächtig klappte, wurde Figan immer dreister, bis diese Zweierallianz eines Tages sogar den Hordenführer Humphrey besiegte und die Regentschaft übernahm.

Eigentlich hätte nun Figans großer, muskulöser Bruder Chef werden müssen. Aber er machte nie auch nur den zaghaftesten Versuch, die Führung an sich zu reißen. Er blieb freiwillig zweiter. Ihm fehlte folglich die wichtigste Eigenschaft zum Herrschen: der Wille zur Macht.

Damit sind alle Kriterien erfüllt, auch dieses Phänomen im Reich der Tiere als wirksam anzuerkennen und Folgerungen für den menschlichen Bereich daraus zu ziehen.

Bauernschläue, List und Demagogie

Die strategische Intelligenz der Tiere

Wie das Machtstreben, so ist auch das schon erwähnte Dreierbewußtsein eine animalische Fähigkeit, die noch vor wenigen Jahren kaum ein Verhaltensforscher für möglich hielt, weil sich hier Dinge im Tierreich widerspiegeln, die bislang allein dem menschlichen Bereich zugeschrieben wurden.
Hier geht es darum, daß ein Individuum in der Lage ist, soziale Beziehungen zwischen zwei anderen Einzelwesen zu erfassen und für sich auszunutzen. Der Affe A kennt also nicht nur sein Verhältnis zum Tier B und zum Tier C, sondern auch die Beziehung zwischen B und C und versteht es, sich diese dienstbar zu machen und Dreiecks-Relationen aufzubauen oder zu hintertreiben, also Bündnisse mit anderen Machtgruppierungen zu schließen, zu festigen oder fremde Allianzen, die ihm gefährlich werden können, zu stören und zu sprengen.
Die Verhaltensforschung ordnet diese Fähigkeit unter dem Begriff der »strategischen Intelligenz« ein, die wiederum einen Teilbereich der »sozialen Intelligenz« ausmacht.
Wir kennen dies Phänomen als Bauernschläue, »politischen Instinkt«, demagogische Begabung. Mit Denkvermögen, in der Ethologie als »abstrakte Intelligenz« bezeichnet, hat dies überhaupt nichts zu tun. Zum Beispiel werden mehrere Völker der Welt von Potentaten regiert, die Analphabeten sind oder die nicht in der Lage sind, einstellige Zahlen im Kopf zu multiplizieren. Hier sind wir am Quell der Erkenntnis, weshalb Politiker oft gegen alle Regeln der Vernunft handeln: Die Antriebe ihres Handelns liegen nicht auf spezifisch menschlichem Niveau, sondern wurzeln im animalischen Bereich. Nur sind sich die Politiker dessen nicht bewußt.

Im Zentrum des Problems der Erkenntnisfähigkeit von Verhaltensbeobachtungen an Tieren für humane Belange steht die Frage nach dem spezifisch Menschlichen: Welche Fähigkeiten sind allein dem Homo sapiens vorbehalten, und welche anderen Eigenschaften finden sich auch bei Tieren und sind somit nicht geistig-vernünftigen Ursprungs?
Bislang pflegte die öffentliche Meinung animalische Kapazitäten weit zu unterschätzen, aus Mangel an hinreichendem Wissen, und die Motivationen menschlichen Handelns weit zu überschätzen, aus verblendeter Eitelkeit heraus, also einem animalischen Beweggrund, keinem vernünftigen!
Vielleicht ist hier Einsicht der erste Weg zur Besserung. Viele Leute, die Macht ausüben, sei es als Anführer einer kleinen Sportmannschaft, als Unterabteilungsleiter in einem Warenhaus, als General oder Generaldirektor oder als Regierungschef eines Staates, sind im Grunde ihres Herzens stolz auf ihre Leistungen beim Taktieren, Intrigieren, Unterjochen anderer und Aufsteigen auf der Stufenleiter zu noch größerer Macht. Sie schreiben das den spezifisch menschlichen Eigenschaften ihres Intellekts zu. Bei den Resultaten aber zeigt sich die Unvernunft. Wahrscheinlich würden sie sich vernünftiger und humaner verhalten, wenn sie einsehen könnten, daß sie sich im Grunde nicht wie Menschen, sondern wie Affen verhalten.
Das Unvermögen vieler Menschen, zwischen Vernunft und wahrem Humanismus einerseits und archaisch-animalischer Triebhaftigkeit andererseits zu unterscheiden und das eigene Verhalten entsprechend zu steuern, ist einer der Hauptwidersacher der Vernunft.

Ich fasse zusammen: Einige Schimpansen-Persönlichkeiten besitzen bewiesenermaßen einen ausgesprochenen Willen zur Macht. Damit sie ihn realisieren können, muß das er-

wähnte Dreierbewußtsein als herausragende Eigenschaft hinzutreten. Und damit dieses von den Menschenaffen mit Vorbedacht genutzt werden kann, müssen noch prognostische Fähigkeiten hinzukommen, also das Einkalkulieren von Entwicklungstendenzen und zukünftigen Möglichkeiten.
Auch das Vermögen zu dieser Leistung sprach man Tieren noch vor kurzem rundweg ab, vor allem Philosophen, deren Einstellung zu Tieren seit je durch Ignoranz und Ahnungslosigkeit gekennzeichnet ist.
Tatsächlich aber besitzen viele Tiere auch im Vergleich zum Menschen ein phänomenales Gedächtnis – und darüber hinaus auch die Fähigkeit, künftige Entwicklungen vorherzusehen. Wie in diesem Kapitel dargelegt, stellen sich die Vorteile gewisser Schachzüge in der Schimpansenpolitik oftmals erst Monate später ein. Also kann der betreffende Menschenaffe nur bewußt zukunftsorientiert gehandelt haben. Somit verhält auch er sich wirklich als »Zoon politikon« im Sinne des Aristoteles.

II. DAS DESASTER DER BRUTALITÄT

Das Handicap der Freßmaschinen

Aussterben durch Tüchtigkeit

Erweist sich bei kritischer Betrachtung das Machtstreben nicht als Kulturgut des spezifisch menschlichen Geistes, sondern als zivilisations-unangepaßtes Relikt animalischer Triebhaftigkeit, so setzen weitere Ergebnisse der modernen Verhaltensforschung das Phänomen der »Macht an sich« in ein völlig neues Licht.

Im Kampf ums Dasein, so hieß es bisher, überleben immer nur die Stärksten, Größten oder Tüchtigsten. Die Evolution hat aber keineswegs die Richtung zu immer riesigeren, muskulöseren, gewaltigeren Lebewesen beschritten. Die Dinosaurier und andere riesenwüchsige Formen wie Höhlenbär, Riesenhirsch und Riesenfaultier sind ausgestorben, während sich kleine Singvögel, Schmetterlinge und Korallenfische ihres Daseins erfreuen.

Mit der Darwin-Formel vom »survival of the fittest«, die erschreckend oft in Wirtschaft und Politik als Rechtfertigung für brutale Unterdrückung oder gar Vernichtung anderer mißbraucht wurde, stimmt also Entscheidendes nicht. Langsamkeit wie bei der Schnecke, Plumpheit wie beim See-Elefanten, mangelnde Effizienz der Fortpflanzung wie bei der Siebzehnjahr-Zikade, Feigheit wie bei jedem fliehenden oder sich verbergenden Tier und andere Eigenschaften, die mit unserer Auffassung von »fittest« schwer vereinbar sind, können für Tiere überlebenswichtig sein.

So haben sich die Löwen bis heute keineswegs zu allmächtigen Killern »hoch«entwickelt. Mit einer Höchstgeschwindigkeit um 55 Kilometer je Stunde sind sie erheblich langsamer als alle Antilopen, Gnus und Zebras, die mit Tempo siebzig davonspurten können, sofern sie nicht überrascht oder in eine Falle getrieben werden. Warum sind die Löwen so »langsam« und nicht noch »tüchtiger« veranlagt?

Auch die Piranhas in Amazonien sind alles andere als perfekte Freßmaschinen, wie wir sie aus Gruselfilmen kennen. In Wirklichkeit sind sie mit ihren an Diskusscheiben erinnernden schwerfälligen Körpern im Wettschwimmen jedem stromlinienförmigen Beutefisch hoffnungslos unterlegen. Hätten sie nicht besondere Strategien wie den Massenangriff und die Kesselschlacht gegen flinkere Beutetiere entwickelt, wären sie schon längst Hungers ausgestorben oder gar nicht erst entstanden.

Ein weiteres, besonders eindrucksvolles Beispiel sind die Pfeilgift- oder Baumsteiger-Frösche Süd- und Mittelamerikas. Sie sind von extremer Giftigkeit. Zwei Tausendstel Milligramm einer in Kolumbien lebenden Art sind für einen Menschen tödlich. Dank dieser Abwehrwaffe haben sie keine Feinde zu fürchten, von nur ganz wenigen Schlangen und Vogelspinnen abgesehen, die gegen ihr Gift immun sind.

Somit müßten die nur drei Zentimeter langen Kleinfrösche in einer Bevölkerungsexplosion ohnegleichen die ganze Welt überschwemmen. Aber das tun sie nicht, weil sie unter anderem in Sachen Fortpflanzung und Vermehrung relativ untüchtig sind. Statt 10000 Eiern pro Saison wie der europäische Seefrosch bringt das giftstrotzende Weibchen nur derer zwei zur Aufzucht.

So sorgt die Natur dafür, daß die Bäume nicht in den Himmel wachsen, indem sie jeder Tierart, die zu mächtig zu werden droht, ein Handicap, eine partielle Untüchtigkeit, aufbürdet. Hier waltet also ein Prinzip, welches das genaue Gegenteil einer Auslese der Lebenstüchtigsten darstellt. Es favorisiert geradezu die Mangelhaftigkeit oder schlichtes Mittelmaß.

Die Selbstausrottung der Säbelzahntiger

Das Prinzip der Schonung der Existenzbasis

Zur Begründung dieser These zunächst ein Gedankenexperiment: Nehmen wir einmal an, vor vielen Millionen Jahren hätte es auf Erden eine sowohl kräftigere als auch antilopenschnelle Löwenart gegeben. Dann hätte diese leichtes Jagen gehabt, sich lawinenartig vermehrt, binnen kurzem alle Beutetiere ausgerottet und sich damit selbst die Existenzbasis entzogen und ebenfalls zum Aussterben verurteilt.

Es ist durchaus denkbar, daß sich dieses einst bei den Säbelzahntigern so abgespielt hat. Reißzähne sind ein hervorragendes Instrument fleischfressender Tüchtigkeit. Deshalb haben sie sich bei katzenartigen Raubtieren im Verlauf von 35 Millionen Jahren viermal unabhängig voneinander aus normalen Eckzähnen herausgebildet. Viermal nacheinander gab es in der Entwicklungsgeschichte der Tiere verschiedene Formen von Säbelzahntigern. Aber alle vier Male sind deren Träger, als ihr Gebiß zu mörderisch wurde, ausgestorben.

Es war ja, wie Professor Leonard Radinsky an der Universität Chicago 1982 nachgewiesen hat, keineswegs so, daß Zähne bis zu zwölf Zentimetern Länge das Maul beißunfähig gemacht hätten. Eine inzwischen überholte These behauptete, die überlangen Zähne wären mehr eine Art Maulkorb gewesen, so daß ihre Träger daran verhungerten. Aber jetzt hat der Forscher nachgewiesen, daß die löwengroßen Säbelzahntiger der Gattung Barbourofelis ihren Unterkiefer bis 115 Grad weit aufreißen und damit riesenwüchsige Urtiere schnell töten konnten. Wahrscheinlich hat auch eine andere Art, der nur hauskatzengroße Säbelzähner Eusmilus, der aber acht Zentimeter lange Drakuladolche als Reißzähne besaß, vor etwa 20 Millionen Jahren jene fuchsgroßen Urpferde der Gattung Palaeotherium, die seine spezielle Beute waren, ausgerottet und damit auch sich selbst. Aussterben durch Tüchtigkeit!

Zur Beweisführung sei an die Stelle des kleinen Urpferdes das Europäische Wildkaninchen gesetzt und für den Todfeind das Myxoma-Virus, also der Erreger der Myxomatose-Kaninchenpest. Nachdem dieser 1953 von Südamerika nach Europa importiert worden war, fielen ihm in England allein in den ersten zwei Jahren von etwa 100 Millionen Kaninchen 99 Millionen zum Opfer.

Aber aus der Sicht des Krankheitserregers ist es ein schwerwiegender Nachteil, so »tüchtig« zu sein, das Opfer umzubringen. In einigen Regionen Englands rotteten nach Mitteilung von John Phillipson, Professor an der Universität Oxford, besonders »kräftige« und aggressive Virus-Stämme die Kaninchen total aus und schaufelten sich auf diese Weise ihr eigenes Grab. »Schwächere« Erreger aber überlebten zusammen mit den von ihnen infizierten Tieren. Auf der anderen Seite entwickelten die Wildkaninchen eine langsam anwachsende Widerstandsfähigkeit gegen diese Krankheit. Gegenwärtig sind sie auf den Britischen Inseln nahezu immun geworden, wie übrigens im südamerikanischen Ursprungsland des Erregers schon seit eh und je.

Somit herrschen zwischen Kranken und Erregern, zwischen Opfern und Feinden ähnliche Verhältnisse wie zwischen Mensch und Erkältungsvirus: Der einstige Massenmörder, der in Übersee ganze Naturvölker bei der ersten Berührung ausrottete und auch noch vor hundert Jahren als Influenza-Virus gefürchtet war, hat sich inzwischen weitgehend zum Schnupfenbringer verharmlost.

Was die Wildkaninchen in England anbetrifft, so erwartete John Phillipson für 1987 bereits wieder die volle Vermehrungsfähigkeit der Mümmelmänner, ungebremst durch Seuche und Tod. Auf dem europäischen Festland, wo die Krankheit nicht ganz so katastrophal wütete, wird die Wandlung etwas länger dauern. Aber die Salatfresser hoppeln auch hier schon wieder bergauf.

In Sachen »mörderische Tüchtigkeit« hat die Evolution beim Krankheitserreger also wieder den Rückwärtsgang eingelegt. Sie läßt nur den überleben, der seine eigene Existenzgrundlage überleben läßt.

So liegen die Dinge um den Daseinskampf in Wirklichkeit. Genau dies sollten die Chefs von Staaten, Firmen, anderen Gruppierungen und all jene führenden Persönlichkeiten berücksichtigen, die glauben, allein nach dem Recht des Stärkeren handeln zu müssen. Da dieses vermeintliche Naturgesetz keines ist, sondern nur ein Zerstörer der Vernunft, droht ihnen nach einem anfänglichen Strohfeuer früher oder später unweigerlich der Zusammenbruch.

Der Ruin ist nun einmal das unausbleibliche Schicksal aller Welteroberer, aller mit Brutalität regierenden Diktatoren und aller Wirtschaftskapitäne mit extrem aggressiven Geschäftspraktiken. Das ist die wahre Ordnung der Welt. Nur seltsam, daß diese Erkenntnis so schwer ins Bewußtsein der Handelnden dringt.

Indessen sägen noch feinere Mechanismen am Thron der

Allmacht. Sie sind gekennzeichnet durch das Verhaltensprinzip »Wie du mir, so ich dir!«, ferner durch das sogenannte Ganoven-Dilemma und durch das Falken-und-Tauben-Spiel, die alle unerwartete Perspektiven für günstige Verhaltensstrategien auch im menschlichen Bereich eröffnen.

»Wie du mir, so ich dir!«

Altruismus auf Gegenseitigkeit

Wer erzielt die größten Erfolge im Leben, der krasse Egoist, der sich Vorteile auf Kosten anderer verschafft, der lügt und betrügt und über Leichen geht, oder derjenige, der im Fair play mit anderen zusammenarbeitet? Diese Frage steht im Brennpunkt der modernen Soziobiologie, die Aufschlüsse für Handlungsweisen des Menschen aus Verhaltensuntersuchungen an Tieren destillieren will. In einem Laborkäfig hatte es ein Mantelpavian-Männchen gelernt, mit einem Stock durch das Gitter hindurchzulangen und damit eine Futterschüssel zu sich heranzuziehen. Als das klappte, bekam nur das Weibchen im Nachbarkäfig den Stock. Es konnte jedoch nichts damit anfangen, weil das Futter auch mit diesem Werkzeug für die Pavianin unerreichbar blieb. Sobald sie dies begriffen hatte, reichte sie den Stock durch das Trenngitter hindurch in den Käfig des Männchens. Prompt angelte es sich die Schüssel, fraß heißhungrig, stutzte, unterbrach seinen Schmaus und gab knapp die Hälfte des Futters dem Weibchen als Belohnung für die Kooperation.
Nachdem dies Experiment zehnmal wiederholt worden war und der Pavian regelmäßig mit seiner Helferin die Leckerbis-

sen geteilt hatte, auch wenn er nur wenig in der Schüssel fand, verhinderte der Forscher die Auszahlung der Belohnung durch einen Trick derart, daß die Pavianin annehmen mußte, daß der Boß alles allein auffuttern würde. So rückte sie bei der nächsten Mahlzeit den Stock nicht mehr heraus, und beide mußten hungern. Anderntags aber vergab sie ihm seine vermeintlich egoistische Handlungsweise, und beide hatten wieder genügend Nahrung.

Kurz, und das ist das Bemerkenswerte an diesem Beispiel: Die Pavianin handelte exakt nach dem Prinzip »Wie du mir, so ich dir!« Im Terminus angloamerikanischer Verhaltensforscher wird dies als »Tit for tat« bezeichnet und ist zum festen Begriff beim Studium sozialer Verhaltensweisen geworden. Es ist übrigens nicht nur im negativen Sinne zu verstehen, daß nur Schlechtes heimgezahlt würde, sondern vor allem im positiven Sinne, daß sich Tiere für Wohltaten erkenntlich zeigen.

Eben diese Lebensmaxime gehört nämlich zum festen Alltagsrepertoire aller in organisierten Gemeinschaften lebender Tiere, ganz gleich, ob im Labor, im Zoo oder in freier Wildbahn.

Ein besonders schönes Beispiel berichtet Dr. Craig Packer aus Ostafrika. In einer Horde von Steppenpavianen verbündeten sich zwei jüngere und schwächere Männchen, Dick und Doof genannt, um dem sonst so allmächtigen Leittier die Freude an Liebesspielen zu vergällen. Sobald der Boß begann, ein heißes Weibchen zu umbalzen, fuhr Dick dazwischen, schnitt Grimassen, zog den Respektsaffen am Schwanz, sprang auf seinen Rücken und erreichte damit, daß dieser von der Braut abließ und ihn wütend verfolgte. Regelmäßig begann eine wilde Jagd baumauf, baumab, bei der es sich indessen nicht immer vermeiden ließ, daß Dick jämmerlich verprügelt wurde.

Doof aber, und das war der Zweck der Übung, nutzte Zeit und Gelegenheit, sich in aller Ruhe mit dem alleingelassenen Weibchen zu paaren, während der Boß das Nachsehen hatte. Da diese Taktik immer von durchschlagendem Erfolg gekrönt wurde, wiederholten Dick und Doof ihren Trick immer und immer wieder, so daß aller Nachwuchs in der Horde nur noch von ihnen stammte und nicht vom Leittier.

Entscheidend beim listigen Spiel war indessen, daß die beiden Paviane jedesmal ihre Rollen tauschten. Wer beim letztenmal verprügelt worden war, durfte bei nächster Gelegenheit die Freuden der Liebe genießen und umgekehrt.

Einmal jedoch versuchte der etwas stärkere Dick seinen Partner zu betrügen und zum zweitenmal hintereinander zu nötigen, sich verprügeln zu lassen. Daran wäre das Bündnis beinahe zerbrochen, weil Doof gar nicht so doof war und sich nun weigerte mitzumachen. Beide hatten sich zur Handlungsunfähigkeit verurteilt. Sie bemerkten das aber schnell, und so war der Betrugsversuch bald vergeben und vergessen, und die Sex-Entzugs-Kampagne gegen den Boß lief wieder auf Hochtouren.

Die Affen handelten also exakt nach der Devise: »Wie du mir, so ich dir!« Beide hatten große Vorteile von ihrer Allianz, denn ohne die Zusammenarbeit beim abgekarteten Spiel hätten sie niemals die Wonnen der Liebe auskosten können. Vereint aber stellten sie sogar den Hordenführer ins sexuelle Abseits. Andererseits lernten sie sehr schnell, daß sich Betrug nicht lohnt, weil der Partner seine Mitarbeit dann sofort zurückzieht, also den Egoismus mit gleicher Münze heimzahlt: Altruismus auf Gegenseitigkeit, »Wie du mir, so ich dir!«

Allerdings war es wichtig, wenn man betrogen worden war, nicht lange nachtragend zu sein, sondern so bald wie möglich die Zusammenarbeit wieder fortzusetzen. Denn nur so konnten beide überhaupt etwas erreichen. Der betrügende Partner hatte ja seine Lektion bezogen, und es war ihm eine Lehre gewesen. Der Betrogene mußte sie ihm erteilen, sonst wäre er schön dumm gewesen und hätte sich ausnutzen lassen.

Das Beispiel mit der Zweierbande von »Sex-Dieben« mag ein recht extremer Fall für das Verhaltensprinzip »Tit for tat« sein. Ähnliches, wenngleich weniger Spektakuläres aber, geschieht alltäglich in jeder Tiergemeinschaft, von anonymen Massenansammlungen einmal abgesehen.

In den Horden der Steppenpaviane und Meerkatzen kann sich ein ins Erwachsenenalter kommender Jüngling nur dann Geltung verschaffen, wenn er sich mit anderen verbündet. Diese schließen mit ihm aber nur unter der Bedingung Freundschaft, daß er ihnen hilft, etwa im Streit mit dritten, im Machtkampf oder bei der Futtersuche. Tut er das nicht, bleibt er von der Gemeinschaft ausgeschlossen. Bei Wölfen ist es ebenso. Ein Rüde, der im Rudel nur unnützer Mitfresser ist, wird vom rangzweiten Männchen davongejagt. Reißt er dann in der Einsamkeit ein sehr geschwächtes Stück Rotwild und ruft dann durch Heulsignale sein altes Rudel zum Schmaus herbei, zeigt er sich also kooperativ, darf er in die Gemeinschaft zurückkehren.

Desgleichen sind Phänomene wie der unblutige, sportlich fair geführte Turnier- oder Kommentkampf unter Artgenossen sowie das Wachehalten einzelner Individuen zum Wohle der Gemeinschaft nur mit dem Verhaltensprinzip »Wie du mir, so ich dir!« zu erklären. Über beide wird noch in gesonderten Kapiteln die Rede sein.

Bei perfekten Gemeinschaftswesen wie Menschenaffen, Affen und Wölfen mag, wer viel von Tieren hält, nicht sonderlich über das »Tit for tat« erstaunt sein, also über jenen »Kuhhandel mit dem Altruismus«. Aber die gleiche Veranlagung zur Kooperation kennen auch andere, in organisierten Gruppen zusammenlebende Tiere. Ich greife ein Beispiel aus tausend heraus: das der Baumschwalben, die Dr. Michael Lombardo von der Rutgers-Universität in New Brunswick, nahe New York, untersucht hat. Diese Vögel leben in Kolonien. Doch unter den Elterntieren treiben sich immer ein paar Nichtbrüter herum. Jeder Ledige besetzt alsbald ein Nest, das ein Elternpaar für sich gebaut hat, und enteignet es als »Schlafzimmer« für sich. Liegen schon Junge darin, tötet er sie und wirft sie hinaus. Trotz dieser kindermörderischen Eigenschaft werden diese Junggesellen von den meisten Koloniemitgliedern nicht vertrieben. Nur das akut betroffene Elternpaar scheucht den Mörder seiner Kinder einige Stunden lang hin und her, »vergibt« ihm aber dann.

Einmal stellte der Forscher zwei ausgestopfte Baumschwalben als »Nichtbrüter« in der Nähe eines Nestes auf und tauschte die beiden darin hockenden Küken gegen zwei tote Jungtiere aus, »als wären sie von den Nichtbrütern umgebracht worden«. Sogleich hackten die Eltern auf die beiden Attrappen ein. Aber als Dr. Lombardo dann die echten Vogelkinder quicklebendig wieder ins Nest zurückbrachte, stellten deren Eltern unverzüglich ihre Angriffe auf die potentiellen Kindermörder ein.

Dies zunächst unbegreiflich erscheinende Verhalten muß einen Grund haben. Die gesamte Kolonie zieht aus dem Vorhandensein der Junggesellen nämlich große Vorteile. Da diese nicht mit der Kinderpflege belastet sind, halten sie Wache, alarmieren die Kolonie vor Feinden und jagen kleinere Räuber wie Beutelratten sogar in die Flucht. So hat die große Menge der Elternvögel mehr Zeit zum Heranschaffen von Futter und kann, insgesamt gesehen, mehr Junge aufziehen als ohne Wachtposten – trotz des Verlustes zweier getöteter Nestlinge.

Obgleich es für den Betrachter zu Anfang nicht durchschaubar war, hatten beide Teile, Brüter wie Nichtbrüter, sogar bei dieser skurrilen Form der Zusammenarbeit Vorteile und verhielten sich entsprechend zweckmäßig. Auch das ist »Tit for tat«, wobei allerdings die Vorteile verschiedenartiger Leistungen gegeneinander aufgerechnet werden, hier der kostbare Wohnraum in einer Baumhöhle gegen das Wachehalten.

Diese und andere, ähnliche Beobachtungen forderten Mathematiker und Soziologen heraus, mit Computern die undurchsichtigsten und kompliziertesten Wechselfälle der Zusammenarbeit in Tiergemeinschaften durchzuspielen, um herauszufinden, welche Handlungen, womöglich auch kriminelle, dem Ausführenden den größten Erfolg einbringen. Methoden der zunächst rein mathematischen Spieltheorie wurden in sämtlichen nur denkbaren Variationen durchgerechnet und dann mit Beispielen aus der Tier- und Menschenwelt verglichen.

Ein solches Verfahren erhielt den bezeichnenden Namen »Prisoner's dilemma«, frei übersetzt als »Ganoven-Dilemma«, weil in ihm Betrüger, Nepper und krasse Egoisten stets den kürzeren ziehen, sofern man als Altruist das Spiel mit den Ganoven richtig zu spielen versteht.

Warum die Welt nicht voller Teufel ist

Das Ganoven-Dilemma

Zwei Thesen befassen sich mit dem Geschick von Gut und Böse. Die eine, die literarische, lenkt die Dramaturgie von Schauspiel und Roman bis hin zum Wildwestfilm und Kasperletheater stets so, daß am Ende das Gute siegt. Würde sie der Wirklichkeit entsprechen, müßte das Böse aus dem Menschengeschlecht schon längst herausselektioniert und »ausgemendelt« worden sein. Offenkundig ist das nicht der Fall. Die andere These, die pragmatische, behauptet das Gegenteil: Das »Starke«, eine idealisierende Umschreibung des Bösen, ob sogenannt oder nicht sogenannt, obsiege in der Praxis. Würde sie die Realität beherrschen, müßte die Welt voller Teufel sein. Diese These ist ebenso falsch wie die erste. Da die Anhänger der zweiten Richtung ihre Argumente aus der Biologie destillieren, aus eklatanten Mißverständnissen, aus den grundfalschen Prinzipien vom »Kampf ums Dasein«, vom »Überleben der Stärksten« und vom »Fressen und Gefressenwerden«, muß es gestattet sein, von biologischer Seite grundlegende Korrekturen anzubringen. Eine davon liefert eine mathematische Spielerei mit ernsthaftem Verhaltenshintergrund von Tieren, die als »Ganoven-Dilemma« Berühmtheit erlangte.

Bei einer Art Spiel können die zwei Gegner bei jedem Zug immer wieder neu wählen, ob sie mit dem Spielpartner zusammenarbeiten oder ihn übervorteilen wollen. Wenn beide kooperieren, erhält jeder drei Belohnungspunkte, gleichsam als Gewinnanteil gemeinsamen Schaffens. Arbeitet nur einer für die Zweiergemeinschaft und läßt sich dabei vom anderen übers Ohr hauen, so bekommt – sehr realistisch! – der »gute Dumme« nichts, der Ganove aber fünf Pluspunkte. Handeln

beide gleichzeitig nur egoistisch gegen die Interessen des anderen, wird jedem nur ein Punkt gutgeschrieben, entsprechend dem mageren Resultat der Eigenbrötlerei.
Besteht das Spiel nur aus einem einzigen Zugaustausch, treffen beide Kontrahenten also nur einmal zusammen, ohne sich je wieder zu begegnen, zahlt es sich für den Ganoven aus, den anderen auszunutzen oder zu betrügen.
Diese Situation ist die des einzelgängerischen Raubtieres ebenso wie die des Gangsters, der seinem Opfer nur einmal gegenübertritt und dann nie wieder mit ihm zu tun hat.
Wie aber entwickeln sich die Verhältnisse, wenn beide Spieler immer wieder aufeinandertreffen, wie es in einer Gemeinschaft von Tieren oder Menschen zwangsläufig der Fall ist? Im ständig neuen Zusammenspiel sind unzählige Variationen möglich. Zum Beispiel kann ein »Heiliger« niemals Böses mit Bösem vergelten und immer nur die »andere Wange« hinhalten. Für ihn ist die Welt noch nicht gut genug. Er verliert im Spiel ganz entsetzlich und bringt darüber hinaus die ärgsten Eigenschaften seines Gegenspielers zur Entfaltung, der ihn nun rücksichtslos und ungestraft ausbeutet. Der »Heilige endet am Kreuz«.
Im Gegensatz hierzu kann ein Menschenverächter sagen: »Die Welt ist schlecht. Traue niemandem über den Weg. Selber essen macht fett.« Es ist die Lebensmaxime des großen, einsamen Westernhelden, ringsum nur von Feinden umgeben. Wenn er sich vor einer besonders schweren Aufgabe ausnahmsweise einmal mit einem Gegenspieler verbündet, dann nicht, ohne ihm vorher zu schwören, ihn umzubringen, sobald alles überstanden ist. Im Ganoven-Dilemma-Spiel verliert auch dieser Revolverheld. Er steigert sich in eine Spirale der Vergeltung hinein. Man ruiniert sich ehrenhaft gegenseitig. Das gilt zwar als »männlich«, ist aber unmenschlich. Und am Ende wird der »Held« in einem ärmli-

chen Loch auf dem Friedhof verscharrt. Was übrigbleibt, ist nichts.

Zwischen beiden Extremen gibt es im Spiel zahllose Varianten der Kooperation, des ständigen Auf-dem-Schuß-Liegens, um eine günstige Situation zum Betrug zu erspähen, des Bombe-mit-Bombe-Vergeltens, des Dem-anderen-noch-eine-Chance-Gebens, des Nachtragens und so fort. Welche Taktik lohnt sich am meisten?

Professor Robert M. Axelrod hat an der Universität von Michigan mit Computern Tausende von Möglichkeiten und Kombinationen durchgerechnet. Dies ist das überraschende Resultat: Was auch immer geschieht, es gewinnt in jedem Fall derjenige, der als erster seinem Gegenüber faire Zusammenarbeit anbietet, als erster für das Gemeinwohl arbeitet und danach immer nur das tut, was der andere eine Runde zuvor tat. Betrügt ihn der Gegner, muß er unverzüglich Vergeltung üben.

Allerdings muß sich die Vergeltung in Grenzen halten, wenn man nicht doch verlieren will. Das Sprichwort der Rache heißt: »Gib auf einen Schelm anderthalbe drauf!« Aber das führt nur zur Eskalation der Destruktion, dem Schlimmsten, was es in einer Auseinandersetzung geben kann, weil es dabei keinen Sieger gibt, sondern nur Verlierer. Also solle man, so der Forscher, auf einen Schelm nur dreiviertel Schelme setzen.

Deeskalation statt Eskalation!

Zeigt sich der Gegner beim nächsten Zug durch die gemäßigte Rache geläutert, reuevoll und wieder kooperativ, darf der zuvor Geprellte niemals nachtragend sein, wenn er gewinnen will. Vielmehr muß er gleich wieder vergeben und vergessen und nun auch seinerseits zur Zusammenarbeit wieder bereit sein.

Letzten Endes läuft also alles auf eine Nuancierung des im

vorigen Kapitel behandelten Prinzips »Wie du mir, so ich dir!« hinaus.
Ich fasse zusammen: In diesem Spiel gewinnt stets derjenige, der als erster dem anderen die Zusammenarbeit anbietet und dann immer nach der Devise »Tit for tat« handelt, wobei die Vergeltung schwächer ausfallen muß als die zu bestrafende Untat und sofern der betreffende Spieler nicht nachtragend ist.
Unter diesen Bedingungen hat der »Böse« nicht die geringste Chance zu gewinnen. Das ist das »Dilemma der Ganoven«. Der amerikanische Soziologe Professor Christopher Makins hat übrigens versucht, die sich aus diesen Überlegungen ergebenden Leitlinien auf die Methoden der Außen- und Sicherheitspolitik der Großmächte zu übertragen. »The super-power's dilemma« nannte er seine bemerkenswerte Arbeit.
Aber während es indessen zweifelhaft ist, ob sich die Politiker der Großmächte je danach richten werden, ist es eine erwiesene Tatsache, daß alle Tiere, die in sozialen Gemeinschaften leben, exakt nach diesem Erfolgsrezept handeln. Allerdings werden die Tiere hierbei weniger von Einsicht und Verstand geleitet als vom Gefühl und also von instinktiven Regungen.
Doch dies offenbart gerade das Prinzip der Schöpfung, das hier zugrunde liegt. Es begünstigt in der Evolution und im Bemühen zu überleben entgegen altüberkommener Meinung die Tendenz zur Zusammenarbeit und nicht den brutalen Egoismus.
Und mehr noch: Dieses Prinzip der Schöpfung ist nach Ansicht von Professor John Maynard Smith und anderen führenden Soziobiologen überhaupt die Ursache dafür, daß in der Entwicklungsgeschichte des Lebens so etwas wie Zusammenarbeit und Altruismus entstehen konnte. Die Fähig-

keit zur Kooperation brachte den Tieren so viele Vorteile, daß sich diese gegen Einzelgängertum und Egoismus durchsetzte.
Weitere Belege dafür bietet uns das ebenfalls berühmt gewordene »Falken-und-Tauben-Spiel«.

Die »Gutmütigkeit« der Kreuzottern

Warum es neben Falken auch Tauben gibt

Wenn zwei Falken in Streit geraten, fliegen die Fetzen. Beide fechten bis zur Kampfunfähigkeit des einen Rivalen, mitunter sogar buchstäblich bis zum letzten Blutstropfen. Mit diesem Verhalten sind die Wander-, Baum- und Turmfalken Musterbeispiele für Darwins These vom Kampf ums Dasein, vom »struggle for life«. In seinem Werk von der Entstehung der Arten schreibt er: »Der Kampf auf Leben und Tod ist eine gute Sache, da er das Überleben der Stärksten fördert.«
Aber warum gibt es dann so überwältigend viele andere Tiere, die sich nicht gegenseitig umbringen?
Wenn Kreuzottern miteinander kämpfen, setzen sie niemals ihre tödlichen Giftzähne ein, sondern fechten nur einen unblutigen Umschlingungs-Ringkampf aus. Dabei läßt der Sieger den Unterlegenen stets aus dem »Schwitzkasten« entkommen. Klapperschlangen, Kobras, Mambas und andere Giftzahnträger handeln ebenso, auch die Pfeilgiftfrösche.
Steinböcke warten mit ihrem Hornschlag, bis der Gegner eine sichere Stellung bezogen und sich ebenfalls hoch aufgerichtet hat. Die günstige Gelegenheit, ihn schon zuvor den

Steilhang hinab in den Tod zu stoßen, nehmen sie nie wahr. Oryx-Antilopen und andere Spießböcke, die mit ihren degenartigen Stirnwaffen einen Löwen durchbohren können, fechten gegen ihresgleichen nur wie mit Theatersäbeln. Laut dröhnend schlagen sie ihre langen Hörner stumpf gegeneinander, unternehmen aber niemals den Versuch, sich mit ihren Spießen zu töten. Statt sich zu beißen, brüllen sich Brüllaffen nur gegenseitig an, und wer's am lautesten kann, wird Sieger. Skorpionsfische, die Rückenstacheln mit tödlich wirkendem Gift besitzen, streiten gegen Artgenossen, indem sie sich nur die zarten Brustflossen wie Taschentücher um die »Ohren« schlagen.

Vollends zum Ritual geworden sind die innerartlichen Kämpfe unter Mardern, Iltissen und Wieseln. Ein Männchen packt das andere mit den Zähnen am Genick und schüttelt es kräftig durch. Dann aber läßt es los und bietet dem Feind bereitwillig seinen Nacken, damit er nunmehr ebenso mit ihm verfahre. Und so geht das abwechselnd immer hin und her, bis einer seine Unterlegenheit spürt und freiwillig das Weite sucht. Seltsamerweise kämpfen Eidechsen nach genau demselben Ritual.

Bleßhühner verzichten im Streit darauf, sich mit dem Schnabel gegenseitig das Gefieder zu zerzausen, weil sie danach eine Zeitlang schwimm- und tauchunfähig wären. Statt dessen bespritzen sie sich nur mit den Füßen in einer Art Wasserschlacht. Eine Krähe hackt einem Fuchs und jedem artfremden Feind als erstes die Augen aus, aber niemals einer von ihresgleichen, wie das Sprichwort ganz richtig sagt.

So könnten die Beispiele des Verschonens artgleicher Feinde noch über viele Seiten fortgeführt werden, so zahlreich sind sie in der Tierwelt. Die Höherentwicklung vom archaischen Sich-gegenseitig-Umbringen zum unblutigen, sportlich fair geführten Wettkampf mit abschließendem Verschonen des

Verlierers kann sich im Verlauf der Evolutionsgeschichte nur nach den bereits erwähnten Prinzipien »Wie du mir, so ich dir!« und nach dem »Ganoven-Dilemma« herausgebildet haben. Nur weil diese Form des Wettbewerbes allen Angehörigen der gleichen Art gegenüber allgemeinem Mord und Totschlag Vorteile brachte, konnte sie sich gegen bestialische Brutalität durchsetzen.

Es gibt sogar Tiere, die im Streit jede körperliche Berührung vermeiden und sich auf ein Drohzeremoniell beschränken. Zu ihnen gehören die Tauben. Im krassen Gegensatz zu den eingangs dieses Kapitels erwähnten Falken kämpfen sie in ihrer natürlichen Umgebung nie. Sie imponieren nur mit weit vorgewölbter Brust gegeneinander an. Unternimmt eine Taube einen Vorstoß, zieht sich die andere sofort zurück. Nur unter den unnatürlichen Umständen enger Käfighaltung, wenn ein Zurückweichen unmöglich ist, fügen sich die »Friedenstauben« Verletzungen zu.

Mit der These vom Kampf ums Dasein ist dies alles nicht zu erklären. Schon Charles Darwin selbst äußerte die Befürchtung, »... daß die Theorie von der natürlichen Zuchtauslese widerlegt sei, sofern es sich bewahrheiten sollte, daß sich Tiere auch selbstlos verhalten können, allein um das Überleben eines anderen zu begünstigen«. Nun, dieser Fall ist inzwischen tausendfach eingetreten. Darwins These vom Egoismus als alleiniger Leitlinie des Handelns in der Natur ist widerlegt.

Dennoch bleibt ein Problem zu lösen: Was geschieht, wenn es innerhalb einer Tiergruppe artgleiche Individuen gibt, die sich zu ihren Kumpanen wie Falken verhalten, und andere, die sich wie Tauben benehmen – etwa so, wie man sagt, daß es auch in einer politischen Partei Falken und Tauben gäbe. Müssen hier nicht binnen kurzem die Falken alle Tauben »gefressen« haben?

Um zu dieser Frage Modellvorstellungen zu erarbeiten, entwickelte Professor John Maynard Smith an der Universität Sussex mit Hilfe der mathematischen Spieltheorie das sogenannte »Falken-und-Tauben-Spiel«, das so ähnlich wie »Monopoli« ausgetragen werden kann.

Dies sind die Regeln: Der Sieger eines Zweikampfes erhält 40 Punkte, der Verlierer null. Wird dieser aber verletzt, bekommt er 160 Minuspunkte, in denen sich Behinderungen bei der Futtersuche und bei der Flucht vor Feinden widerspiegeln. Droht ein Teilnehmer nur, ohne zu kämpfen, werden ihm wegen des Zeit- und Energieverlustes 10 Punkte abgezogen.

Spielen nun in einer Gruppe alle Teilnehmer »Falke«, bekommt jeder in der siegreichen Hälfte 40 Punkte und jeder in der Verliererhälfte minus 160 Punkte. Im Gruppendurchschnitt verbucht jeder also 60 Minuspunkte. Das bedeutet: Für die Gesamtheit gesehen, ist das Ergebnis äußerst ungünstig.

In der Praxis würden hohe Verluste auftreten. Die Zahl der Mitglieder würde kleiner und kleiner, bis nur noch Einzeltiere übrig sind. Die Gemeinschaft zerbräche. Deshalb wenden auch nur solche Tiere die Falken-Strategie an, die als Einzelgänger oder nur paarweise mit großen Abständen zu artgleichen Nachbarn leben und sich deshalb nur selten in die Quere kommen ... eben wie die Falken. Hier hat die intraspezifische Aggressivität einen Sinn. Hier ist das Böse im Sinne von Konrad Lorenz tatsächlich »sogenannt«.

Aber bevorzugen Gemeinschaftswesen wie die Menschen das Falkenspiel, zum Beispiel im Verbrecher-Milieu der Elendsviertel von New York oder Rio de Janeiro, dann handelt jeder nach den angeblichen Gesetzen des Dschungels. Jeder kämpft allein oder in der Kleingruppe äußerst gewitzt, hinterhältig, brutal und erbarmungslos gegen jeden. Aber alle zusammen wie auch jeder einzelne bringen es nie zu etwas. Sie vegetieren in hoffnungsloser Armut dahin, unfähig, je aus dem Elend herauszukommen. Das Darwinsche Gesetz des Stärkeren zwingt sie in die Gosse. Das Böse regiert in Reinkultur – ohne Einschränkung durch den Zusatz »sogenannt«.

Schriftsteller haben sich das Leben der Verbrecher in den Slums zum Thema gewählt, weil sich hier die »Gesetze des Lebenskampfes« angeblich am deutlichsten abzeichnen ließen. Nichts haben sie begriffen. Was sie beschreiben, ist mit keinem Naturgesetz in Einklang zu bringen, allenfalls mit der gräßlich-kannibalischen Selbstzerstörung eines Rattenvolkes in Zeiten der Übervölkerung, wenn ein Tier dem anderen an die Kehle springt: inhumane Entartungserscheinungen des Sozialverhaltens.

Wie aber bewährt sich das Falken-und-Tauben-Spiel in der Praxis des Lebens in freier Wildbahn? Haben die Falken nicht endlich alle Tauben aufgefressen? Als ich 1989 vier Wochen lang die Monsundschungel Indiens durchstreifte, war ich täglich aufs neue überrascht, daß wir Tausende von Frucht-, Palm- und Perlhalstauben, Ringel-, Lach-, Turtel- und Türkentauben, Felsen-, Grün-, Papagei- und Pompadourtauben sahen, kaum aber einen Falken. Die Friedenstauben sind die Sieger im Dschungel, nicht die Beutegreifer.

III. WIE KAM DIE HILFSBEREITSCHAFT IN DIE WELT?

Samariterdienste in der Wildnis

Überleben durch Solidarität

Im Süden Kenias, wo die Dornbuschsteppe schon den Charakter einer Halbwüste angenommen hat und Leben nur noch unter härtesten Bedingungen möglich ist, führen uns die Zwergmungos den einzigen Weg vor Augen, wie Rudel dieser kleinen Wesen dort existieren können: nur durch Solidarität und einen Gemeinschaftsgeist, der mitunter sogar die Selbstaufopferung fordert.

Das herausragende soziale Phänomen in der fünf- bis 28köpfigen Gemeinschaft ist die aktive Krankenpflege. Die Konrad-Lorenz-Schülerin Professor Anne E. Rasa entdeckte sie zuerst an Tieren, die sie im Seewiesener Max-Planck-Institut hielt. Hierüber ist schon eingehend berichtet worden. In noch viel großartigerer Form praktizieren die etwa unterarmlangen Tiere ihren Samariterdienst jedoch in freier Wildbahn.

Dies sind ihre guten Taten: Ein gegen Schlangengift noch nicht völlig immunes Jungtier, das etwa von einer Speikobra gebissen wurde und nun einige Tage lang schwer leidend ist, wird von keinem Kumpan mehr vom Futter vertrieben. Im Gegenteil: Zwei oder drei ältere Rudelgenossen laufen vor dem taumelnden Kranken her. Hat einer eine Eidechse, Maus oder Heuschrecke gefangen, läßt er die getötete Beute liegen

und zeigt sie dem Schwachen, damit er sie fressen kann. Eine ganz erstaunliche altruistische Leistung!
Wenn der Patient kaum noch laufen kann, verzichtet das Rudel auf weite Jagdausflüge mit fetter Beute und stromert nun in der nunmehr immer futterärmer werdenden näheren Umgebung jenes Termitenbaues umher, der gerade als Schlafplatz und Krankenbett dient. Alle hungern, um den Kameraden nicht im Stich zu lassen.
Noch mehr Rücksicht nehmen die Zwergmungos auf den Kranken abends beim Schlafengehen. Sie besteigen eine betonharte Termitenfestung und schlüpfen oben in die Ventilationsschächte der von den kleinen Insekten konstruierten Klimaanlage hinein. Im Inneren des Labyrinths sucht sich jeder einen möglichst warmen und gemütlichen Schlafplatz, der auch vor nächtlichen Überraschungsangriffen von Giftschlangen einigermaßen sicher ist. Den schönsten Platz beansprucht normalerweise das Leitweibchen, das in einem Matriarchat ohnegleichen das Rudel einschließlich aller Männchen anführt. Zudem hält es als Respektsperson Abstand zu allen anderen Mitgliedern der Gemeinschaft. Aber wenn ein Kumpan erkrankt ist, darf er sich sogleich neben die Chefin kuscheln, wo er von ihr gewärmt, abgeleckt, also mit der Zunge durchmassiert, gesäubert und umhätschelt wird. Persönliche Zuwendung als Genesungsfaktor!
In einem Fall war die Krankheitsursache jedoch kein Schlangenbiß, sondern ein Nierenleiden. Teillähmung trat ein und griff langsam immer weiter um sich. Eines Morgens war die Lähmung so weit fortgeschritten, daß der Kranke die Termitenfestung auch mit Hilfe der anderen nicht mehr verlassen konnte. Da verzichteten auch die übrigen Mitglieder der Gemeinschaft auf jegliche Nahrung und blieben sechs Tage lang fastend im Bau. Die Gruppe wollte den Kranken nicht allein sterben lassen!

Erst am Morgen darauf erschien die Gruppe wieder draußen ohne den Kranken. Das Fell des Leitweibchens und eines Männchens glänzte feucht und klebrig. »Sobald die Gruppe sich weit genug entfernt hatte«, so berichtet Frau Professor Rasa weiter, »ging ich zum Hügel und spähte ins Dunkel eines Schachtes. Ein Gestank nach verwesendem Fleisch schlug mir entgegen! Da wußte ich, was es mit der Feuchtigkeit am Körper der beiden Zwergmungos auf sich hatte.« Der Kranke mußte schon vor Tagen gestorben sein, und die anderen Rudelmitglieder hatten bei ihm die Totenwache gehalten.

»Welchen Sinn hat das?« fragt die Verhaltensforscherin und antwortet: »In diesem Fall bin ich mir nicht sicher... oder gibt es bei manchen Tieren doch so etwas wie Mitleid?«

Jedenfalls handelt es sich um einen ganz erstaunlichen Akt der Hilfsbereitschaft, und mich bewegt die Frage, wie je so etwas hat unter Tieren entstehen können, wenn schon der barmherzige Samariter von Christus den Menschen aus gutem Grund als Vorbild hingestellt wurde.

Der biologische Sinn liegt in folgendem: Die kleine Mungogemeinschaft lebt in der Halbwüste stets in der Gefahr des Verhungerns, Verdurstens und Gefressenwerdens, umgeben von einer Vielzahl von Todfeinden. Ein einzelner Zwergmungo kann sich hier keine fünf Tage am Leben erhalten. Sogar zu viert kann sich eine Kleingruppe nicht über längere Zeit behaupten. Früher oder später wird sie von Feinden aufgerieben, noch weiter dezimiert und schließlich vernichtet. Erst von fünf Mitgliedern an aufwärts sind diese Tiere mit Mühe lebensfähig.

Das bedeutet, daß in der Gemeinschaft jedes einzelne Mitglied von vitalem Überlebenswert für alle anderen ist: beim Auffinden von Nahrung, beim Gegenangriff der Gruppe auf Schlangen und andere Feinde und als Wachtposten. Der Verlust jedes einzelnen Rudelgenossen schwächt die Gesamtheit. Jeder Ausfall erschwert den anderen das Leben. Deshalb messen alle Mitglieder jedem Individuum größte Bedeutung bei. Würden diese Tiere mit dem Leben ihrer Kumpane Schindluder treiben, würden sie nicht das Äußerste daransetzen, das Leben aller ihrer Mitstreiter zu erhalten, wäre es nur zu bald auch um sie selbst geschehen.

Für die Zwergmungos gibt es also gar keine andere Überlebenschance, als hilfsbereit zu sein, Gruppengenossen das Leben zu retten, Kranke wieder gesund zu pflegen, zu füttern und zu wärmen. Hilfsbereitschaft als Überlebensstrategie.

Einen weiteren Beleg für die Richtigkeit dieser These finden wir im Phänomen der Wachtposten im Reich der Zwergmungos.

Wenn aus Hilfeleistung Selbstmord wird

Die Wachtposten der Zwergmungos

Ungewöhnlich zahlreiche Feinde bedrohen täglich das Leben der Zwergmungos: Hyänen, Schakale, Schmal-Ichneumons, Zibet-, Ginster- und andere größere Schleichkatzen, Raub-, Steppen- und Kampfadler, Gleitaare, Schakal- und Heuschreckenbussarde, Singhabichte und Lannerfalken, Warane, Puffottern, Speikobras, Schwarze Mambas, Skolopender und Skorpione.

Dreißigmal pro Tag muß Alarm gegeben werden. Jeden vierten Tag erfolgt ein Angriff, bei dem ein Rudelmitglied nur haarscharf dem Tod entrinnt, dank der Warnung eines Wachtpostens.

Ein Beispiel mag das verdeutlichen. Eines Tages spielte ein winziges Mungokind in der Nähe einer Termitenfestung, auf deren Spitze ein Weibchen Wache hielt, das die Forscherin Vanessa nannte. Plötzlich rauschte ein Heuschreckenbussard im Sturzflug auf das Kind nieder. Vanessa sah ihn erst so spät, daß zu einem Alarmruf keine Zeit mehr blieb. So sprang sie im Drei-Meter-Satz direkt auf das Kind, das übrigens nicht ihr eigenes war, und riß es von der Stelle fort, auf der einen Sekundenbruchteil später der Bussard Staub aufwirbelte. Um Haaresbreite wäre die Retterin selber zum Opfer geworden.

Was veranlaßte sie dazu, ihr Leben so selbstmörderisch für ein kleines Kind einzusetzen? Fühlte sie eine Art Verantwortung in Ausübung ihres für die Gemeinschaft so wichtigen Amtes?

Was bringt die Zwergmungos dazu, den Wachdienst zu versehen? Das Amt ist nur mit Nachteilen verbunden. Wer Ausguck hält, kann derweil kein Futter suchen und muß hungern. Aber er ermöglicht den anderen, sich den Bauch vollzuschlagen, und zwar ohne daß diese auch nur eine Sekunde Zeit mit Sichern verlieren. Alle verlassen sich auf den Wächter und richten ihre Sinne nur auf die Nahrungssuche. Vertrauen ist gut. Doch Kontrolle ist besser. Damit die Gruppenmitglieder mit absoluter Sicherheit wissen, daß gegenwärtig ein Posten über ihr Leben wacht, läßt dieser ständig zwitschernde Laute ertönen, etwa wie ein Vogel. Eine sehr sinnvolle Einrichtung, denn dann brauchen nicht alle ständig nachzuschauen, ob der Posten auch tatsächlich noch besetzt ist. In der Verhaltensforschung wird dies als »Watchman's Song«, also als »Nachtwächters Lied«, bezeichnet und findet sich noch in vielen anderen Tiergesellschaften, meist bei Vögeln.

Zum anderen ist das Wacheschieben ständig mit höchster

Lebensgefahr verbunden. Jahrelange Beobachtungen zeigten, daß es 67 Prozent aller von Feinden getöteten Zwergmungos erwischt hat, während sie Ausguck hielten.
Da der Posten nicht nur den gesamten Luftraum nach Greifvögeln absuchen muß, sondern auch den Erdboden nach dort anschleichenden Feinden, muß er sich auf der Spitze eines Termitenhügels, oft zweibeinig hochgereckt, besonders exponieren und ist weithin sichtbar, während die anderen im Pflanzenwuchs umherwuseln.
Folglich sind Hunger und Lebensgefahr das einzige, was den Wächter erwartet. Warum bezieht er trotzdem zum Wohl der anderen seinen Posten? Wer löst ihn wann ab? Natürlich gibt es hier keinen, der befiehlt oder Säumige bestraft.
Maßgebend sind zwei Mechanismen: Der erste ergibt sich aus dem Tagesablauf. Wenn sich die nach Insekten, Würmern und Wurzeln furagierende Gruppe vom ersten Wächter auf einem Termitenhügel vierzig bis sechzig Meter weit entfernt hat, was im Mittel etwa 18 Minuten dauert, fühlt sie sich nicht mehr gut bewacht, und ein neuer Posten besteigt jene Termitenburg, bei der sich die Gruppe nunmehr gerade befindet. Der alte Ausguck bemerkt das sofort, saust wie der Blitz zu seinem Rudel und sorgt nun für sein leibliches Wohl, von der Ablösung gut behütet.
Der zweite Mechanismus ist sozialer Natur. Die Wacheinteilung ist nämlich sehr »ungerecht«. Keineswegs kommt jeder gleichmäßig oft und lange an die Reihe. Zu 89 Prozent ziehen rangniedere Männchen auf Posten, zu nur elf Prozent Weibchen und das Alpha-Männchen sowie die Chefin überhaupt nicht. Die männlichen Tiere scheint eine Art »Ehrenkodex« zum entsagungsvollen Amt anzutreiben. Professor Anne Rasa schreibt: »Ich weiß nicht, worin dieser Ehrenkodex der Mungos gegenüber dem Wächteramt seinen Ursprung hat. Aber er ist bereits den jungen Tieren eingeimpft: Wenn du

auf Wache bist, bleibt du auf Wache, bis dich jemand ablöst!« Häufig Wache zu halten scheint das Ansehen in der Gemeinschaft zu heben. Dies allein macht offenkundig alle die erwähnten Nachteile wieder wett.
Bereits Jugendliche werden von einem Lehrmeister monatelang in der Kunst des Wachehaltens unterwiesen. Folgsam sitzt das Kind neben ihm und blickt stets in dieselbe Richtung wie sein Meister, um dessen Reaktionen auf das Wahrgenommene zu studieren.
Schließlich, wenn die Luft rein zu sein scheint, darf der Lehrling allein den Ausguckposten beziehen und er macht den Eindruck, als gäbe es für ihn nichts Schöneres. Voller Eifer und Überaufmerksamkeit schaut er vom Hochsitz in die Runde und läßt den Warnruf ertönen, so oft sich etwas bewegt, ganz gleich, ob es sich um einen kleinen Singvogel handelt oder um einen Adler. Lieber dreißigmal falschen Alarm geben, als einmal eine echte Gefahr nicht melden! Bald weiß auch das ganze Rudel: Wenn der Lehrling alarmiert, braucht man nicht gleich in Deckung zu flitzen. Aber der Lehrer saust jedesmal schnell nach oben, um die Lage zu überprüfen. In gefahrenträchtigen Situationen steht aber stets ein erfahrenes Tier auf dem Posten.
Allmählich aber lernt der Lehrling, gefährliche Lannerfalken, Adler und Bussarde vom Flugbild ungefährlicher Geier, Sekretäre, Reiher und Störche zu unterscheiden und nur im Notfall zu alarmieren. Frau Professor Rasa gesteht, daß sie als Zoologin Mühe hat, mit dem Feldstecher die Flugsilhouette von Adlern und Geiern in großer Höhe zu unterscheiden. Um so erstaunlicher ist dieser zoologische Lernprozeß bei dem kleinen Mungo und obendrein auch noch mit bloßem Auge!
Die Erfolge dieses Gemeinschaftsgeistes sprechen für sich: In Rudeln von sechs und mehr Tieren opfert ein rangniederes

Männchen zwanzig Prozent seiner Freßzeit dem Wachdienst und der Allgemeinheit. In kopfstärkeren Gruppen vermindert sich der Zeitverlust nicht mehr nennenswert, da dann die Weibchen zunehmend entlastet werden. Bei mehr als zwölf erwachsenen Mitgliedern werden zwei Posten aufgestellt. Aber in kleineren Rudeln wird der Wachdienst zur unerträglichen Belastung. Bei vier Adulten kostet er bereits 34,8 Prozent der Freßzeit. Das ist zu viel. Hunger schwächt die Wächter. Sie vernachlässigen ihre Aufgabe für die Gemeinschaft. Feinde halten grausige Ernte. Mit jedem Verlust wird die Lage bedrohlicher. Und bald ist die kleine Gruppe ausgelöscht, sofern es ihr nicht gelingt, Anschluß an ein anderes Rudel zu finden, das ebenfalls dringend Verstärkung benötigt und bereit ist, sie aufzunehmen.

Dies zeigt die vitalen Lebensinteressen, die zum Entstehen des großartigen Prinzips »Einer für alle!« geführt haben.

Wie Vögel Riesenschlangen besiegen

Die Stufenleiter des Helfens

Wenn ein Tier wie der Zwergmungo sein Leben opfert, um seine Rudelgenossen vor Feinden zu retten, ist dies das Äußerste an Altruismus und Hilfsbereitschaft, was überhaupt denkbar ist. Jahrzehntelang hat die Zoologie gezögert, dieses Phänomen zu erforschen, nur um kein Sakrileg gegen Ersatz-Gottvater Darwin zu begehen. Seit den siebziger Jahren aber gibt es kein Halten mehr. Immer mehr und erstaunlichere Fakten über die Selbstlosigkeit von Tieren werden ans Licht gebracht.

So ergibt sich folgendes Panorama:
Es beginnt damit, daß sich etwa Rehe, Antilopen, Zebras, Wildpferde, Vögel und Fische zu Herden oder Schwärmen zusammenfinden. Nach der Devise »Hundert Augen entdekken Feinde eher als zwei« bilden sie eine Schutzgemeinschaft. Es gibt überhaupt nur drei Gründe zur Herdenbildung: frühestmögliche Entdeckung von Feinden durch gemeinsame Aufmerksamkeit, Verwirrung angreifender Gegner durch irreguläre Massenflucht und rationelles Auffinden von Plätzen mit genügend Nahrung für alle. Bei Raubtierrudeln kommt noch die Gemeinschaftsjagd hinzu.
In der großen Zebraherde ist der Wachdienst bei Tage noch völlig unorganisiert. Während des Weideganges schaut jedes Tier von Zeit zu Zeit, wann es gerade will oder beunruhigt ist, hoch und sichert.
Allerdings bürgern sich in dieser Phase schon Besonderheiten ein. Sie wurden am Beispiel des Iberischen Steinbocks erforscht: Je größer die Herde ist, desto seltener schaut das einzelne Tier auf. Die Individuen am Rande der Herde sind wachsamer als die in der Mitte. Erwachsene, die wissen, wie groß die Gefahr sein kann, sichern häufiger als sorglose Jungtiere. Am Morgen ist die Alarmbereitschaft größer als am Nachmittag.
Ähnliches steckt rudimentär auch dem Menschen noch in den Knochen. In jedem Restaurant kann man beobachten, wie Gäste während des Speisens immer wieder hochschauen und »sichern«, obgleich dort nun wirklich keine Wölfe, Löwen oder Räuber lauern. Einzelpersonen schauen nach jedem Bissen auf. Große Freundeskreise blicken hingegen niemanden mehr an. Damen sichern seltener als Herren, denen ja auch ganz unbewußt die Beschützerrolle obliegt.
Just in dieser Weise geht es auch bei den Stieglitzen zu, wenn sich diese nach der Brutzeit zu kleinen Schwärmen zusam-

mentun. Je größer ihre Gruppe etwa beim Verspeisen von Distelsamen ist, desto seltener sichert jedes Einzeltier und desto mehr kann es fressen. Bereits im Kleinschwarm zu sechst kann sich jeder einzelne zwanzig Prozent mehr Futter einverleiben, weil er nicht mehr so viel Ausschau nach Feinden halten muß.

Doch kommt auch ein Nachteil ins Spiel. Ein großer Schwarm futtert die vorhandenen Distelsamen etwa auf einer Wiese schnell auf. Dann muß die Gruppe meist weit fliegen, bis sie eine neue Nahrungsquelle findet. Je größer die Schar, desto weiter die Wege. Also setzt das Futterangebot der Gruppengröße eine Grenze.

Aus dieser Vigilanz, wie der Fachausdruck heißt, entwikkelte sich eine höhere Form von Wachsamkeit, zum Beispiel die der Steppenzebras bei Nacht. Die Finsternis ist die Angriffszeit der Löwen. Deshalb stellen die Huftiere in der Dunkelheit Wachtposten auf, während die anderen Herdenmitglieder schlafen. Sobald die Wächter etwas Verdächtiges wittern, bellen sie ihr Alarmsignal. In der gleichen Sekunde springen alle Schläfer auf die Beine und preschen davon.

Wer aber teilt die Wachtposten ein? Wer löst sie wann ab? Einen Unteroffizier vom Dienst gibt es hier nicht. Es regelt sich alles durch zwei Faktoren: durch die Angst und die Müdigkeit. Übermannt einen Wächter der Schlaf, so daß er sich niederlegt, bemerkt dies sogleich ein anderes Tier, da die Schläfer immer wieder von Zeit zu Zeit aus dem Schlummer schrecken. Da der Schläfer geruht hat, wird nun seine Angst mächtiger als die Müdigkeit und hält ihn munter. Er springt auf die Beine und übernimmt die Ablösung. Andere Herdenmitglieder, die das bemerken, schlafen nun beruhigt weiter. Befehle vom Leithengst brauchen Zebras nicht.

Den nächsten Fortschritt im Wachdienst haben zahlreiche kleine Singvögel buchstäblich mit in ihre Ehe gebracht, zum

Beispiel der ostafrikanische Schieferwürger. Er lebt in Einehe im Dickicht der Dornbuschsteppe. Während ein Ehepartner im hohen Gras Samen pickt und derweil nahende Feinde nicht wahrnehmen kann, hält der andere auf einem hohen Zweig Ausschau. Da auch die beiden untereinander keinen Blickkontakt haben können und sie sich konzentrieren müssen, der eine auf die Futtersuche, der andere auf sich nähernde Feinde, halten sie mit Tönen Kontakt. Sie singen im Duett. »Gluck-gluck« sagt das Weibchen. Und gleich darauf pfeift das Männchen etwa so, wie Männer hinter Frauen herpfeifen.

Auf der Suche nach einer Begründung für das Duettsingen meinten Ornithologen jahrzehntelang, dies fördere den Paarzusammenhalt der Vögel. Jetzt wissen wir es genauer. Es ist ein »Watchman's song«. Der Posten meldet seine Wachbereitschaft durch Singen. Dann weiß der andere mit Sicherheit, daß er in Frieden Futter picken kann. Alle vier bis acht Minuten lösen sich beide ab: Hilfsbereitschaft auf Gegenseitigkeit!

Diese Erscheinung finden wir sinngemäß nur dort, wo Vögel unter ähnlich unübersichtlich-gefährlichen Bedingungen leben müssen, also in Afrika, Südamerika, Vorder- und Hinterindien, dort aber sehr zahlreich.

Es kann tödlich sein, wenn durch einen Irrtum einmal kein Tier Wache hält und ebenso, wenn alle beide zugleich auf Posten sind, denn dann geht wertvolle Zeit für die Nahrungsbeschaffung verloren. Dies beides zu verhindern, ist die Aufgabe der Lieder der Wächter.

Lautes Gezwitscher kann die Vögel aber auch an Feinde verraten. Deshalb reduzieren einige Arten ihre Errungenschaft auf das Nötigste. Der ostafrikanische Schwarzdroßling ruft nur so leise, daß es der Ehepartner in fünf Meter Abstand gerade eben noch hören kann. Ein Flüster-Duett!

Der Indische Droßling gibt überhaupt keinen Laut mehr von sich. Nur eine Minute, bevor er seinen Posten zu verlassen gedenkt, äußert er ein leises, kurzes Gackersignal. Dann übernimmt sogleich der Ehepartner die Wache.

Eben dieses Verfahren haben die Angehörigen mehrerer Vogelarten von der Ebene des Paarverhaltens auf jene zugunsten einer größeren Gemeinschaft erweitert. Das zeigen uns die Rosakakadus, die in Australien in Schwärmen zu mehreren hundert Vögeln leben. Während der Schwarm der Hundert am Boden Grassamen frißt, steht nur ein einziger Vogel in einem nahen Baum auf Ausguckposten. Wenn ihn der Hunger übermannt, fliegt er herab und zupft einem Schwarmgenossen im Nackengefieder. Dann muß dieser unverzüglich auf Wache ziehen.

Am interessantesten ist aber folgendes: Wenn sich unter den Mitgliedern einer Tierart erst einmal altruistisches Verhalten auf einem speziellen Gebiet eingebürgert hat und alle von den Vorteilen profitieren, entstehen auch noch weitere allgemeindienliche Handlungsweisen.

Diese befähigen zum Beispiel die Mitglieder einer Brutkolonie der Rosakakadus, ihre in den Nestern sitzenden Kinder vor Riesenschlangen, etwa der drei Meter langen Teppichpython, zu schützen.

Das machen sie so: In ruhigen Zeiten entrinden die Papageien den Stamm ihres Brutbaumes in Gemeinschaftsarbeit so, daß in ungefähr drei Meter Höhe ein 60 Zentimeter breiter nackter Ring entsteht. Diese geschälte Fläche ist nun schon viel glatter als die Baumrinde, aber noch nicht glatt genug, daß die Riesenschlange beim Versuch, sich hinaufzuwinden, abrutschen und nach unten stürzen würde.

Deshalb muß der Abwehrring noch glatt poliert werden, täglich dreimal. Dann fliegen die Kakadus im Schwarm so dicht am Stamm vorbei, daß sie ihn mit ihren Federn berühren. Im Gefieder besitzen sie auch sogenannte Puderdunen, die beim Kontakt zu Staub, zu Puder zerfallen, welches die Vögel normalerweise zur Körperreinigung verwenden. In diesem Fall dient es jedoch als Poliermittel, das mit dem Gefieder im Vorbeiflug auf Hochglanz gewienert wird, so daß jede Schlange hier zum Absturz gebracht wird. Eine staunenswerte Gemeinschaftsleistung zum Schutz der Vogelkinder!

Warum die Selbstaufopferung nicht ausstirbt

Evolutionsstabile Strategien

Eine Spitzenleistung im Wachdienst bieten uns die Steppenpaviane. Hier benutzen die Posten nämlich ganz verschiedene Alarmrufe, je nachdem, was für einen Feind sie erspähen. Ruf A bedeutet: »Löwen greifen an! Schnell auf einen Baum!« Ruf B ertönt, wenn sich ein Leopard anschleicht: »Schnell auf den Baum! Aber der Leopard klettert hinterher! Also hinauf in das dünnste Astwerk, in dem der Feind abstürzt!« Ruf C alarmiert vor Adlern: »Runter vom Baum und hinein in dorniges Buschwerk!« Und Ruf D wird angesichts einer Riesenschlange ausgestoßen. Dann richten sich alle Affen zweibeinig auf, schauen, wo der Python steckt, und schlagen in aller Ruhe einen Bogen um ihn.

Grüne Meerkatzen leisten als Wachtposten ähnliches, nur daß sie nicht zwischen Löwen- und Leopardenalarm unterscheiden.

Zwischen 1967 und 1984 wurde dieser Bericht von Verhaltensforschern heiß umstritten, bedeutete er doch soviel, daß

Affen fähig sein sollten, sogenannte semantische Alarmrufe zu gebrauchen, also Lautsignale, denen die Tiere einen sprachlichen Sinn verliehen haben. Damals gab es noch viele Theoretiker, die solch eine Leistung Affen nicht zutrauen wollten. Donald R. Griffin, Zoologieprofessor an der New Yorker Rockefeller-Universität, hat die Diskussion jedoch 1984 in seinem Buch »Wie Tiere denken« zugunsten der hochstehenden sprachlichen Leistung der Affen entschieden. Ausschlaggebend war ein Experiment in freier Wildbahn. Der Forscher zeichnete die verschiedenen Alarmrufe auf Tonband auf und spielte sie den Affenhorden vor, während kein Feind weit und breit zu sehen war. Wenn, wie die Kritiker vermuteten, den Lautsignalen keine spezielle Bedeutung zukam und die Tiere immer schnell selbst nachschauen würden, mit was für einer Feindart sie es zu tun hätten, dann müßten sie beim Erklingen der Tonkonserve völlig verwirrt sein und gar nicht wissen, wohin sie sich flüchten sollten. Das war aber keineswegs der Fall. Kein einziges Tier nahm sich die Zeit, die Feindart erst mit eigenen Augen zu erkunden. Alle flitzten ohne zu zögern in die dem speziellen Alarm gemäße Deckung. So war es auch sinnvoll. Schließlich entscheiden im Ernstfall Bruchteile einer Sekunde über Tod und Leben. Folglich handelt es sich doch um semantische Rufe. Wahrscheinlich haben wir hier sogar einen vormenschlichen Ursprung unseres Sprachvermögens entdeckt.

Indessen gibt eine Tatsache zu denken. Auch in den Affenhorden ist der Wachdienst wie bei den Zwergmungos mit erhöhter Lebensgefahr verbunden. In großen Affengruppen gibt es aber immer einige ganz »Schlaue«, die es verstehen, sich vorm Wacheschieben zu drücken. Warum sind unter diesen Umständen die »Dummen«, die stets bereit sind, ihr Leben für die Gemeinschaft zu opfern, nicht schon längst ausgestorben?

Professor David Sloan Wilson, Zoologe an der New Yorker Staatsuniversität, hat diese Frage am Beispiel des Belding-Ziesels untersucht, eines in Erdhöhlen der nordamerikanischen Prärien lebenden Verwandten des Eichhörnchens.
Eine an Selbstmord grenzende Situation: Als in einer volkreichen Ziesel-Kolonie der Wachtposten einen sich anschleichenden Kojoten erspähte, hätte er sich heimlich, still und leise in Deckung drücken und sein Leben retten können. Aber er zog es vor, die Mitbewohner seiner Kolonie durch einen gellenden Pfiff zu warnen. Blitzartig huschten diese in ihre Erdlöcher. Nur der Alarmrufer verlor eine Sekunde Fluchtzeit, lenkte durch den Pfiff die Aufmerksamkeit des Kojoten auf sich und wurde von ihm verspeist.
Zwar ist längst nicht jeder Alarmruf für Ziesel-Wächter tödlich, aber die Todesrate unter den ihrer Gemeinschaft dienenden Opferwilligen liegt weitaus höher als bei den übrigen Koloniemitgliedern, den Egoisten. Trotzdem gibt es in jeder Kolonie allzeit immer wieder Einzeltiere, die für die anderen ihren Kopf hinhalten. Mit Darwins Selektionsthese ist das nicht zu erklären. Gibt es hierfür trotzdem eine biologische Erklärung?
Folgendes Experiment brachte die Lösung: In einer Ziesel-Kolonie fing der Forscher alle altruistischen Wächter weg und ließ nur die Egoisten dort. Danach gab es im Tierstaat keine Ausguckposten mehr, die ihre Gemeinschaft vor Gefahren warnten. Mehrfach beobachtete er nun Ziesel, die offenkundig einen Feind entdeckt hatten, aber nur an sich selbst dachten und sich leise aus dem Staube machten, ohne einen Warnruf auszustoßen. Von da an dauerte es keine vierzehn Tage mehr, und die gesamte Kolonie war von Feinden ausgerottet und nach und nach gefressen worden. Kein einziges Tier überlebte. Alle Egoisten waren an ihrem Egoismus zugrunde gegangen.

Als Art haben die Belding-Ziesel die Jahrtausende also nur deshalb überstanden, weil es unter ihnen immer wieder Altruisten gibt.

Nach der Gemeinschaftshypothese des Forschers muß es bei diesen Tieren eine Art »altruistischen Gens« geben. Wahrscheinlich ist es rezessiv. Das heißt, bei vielen Tieren liegt diese Erbveranlagung im verborgenen, bricht aber stets bei einigen Individuen durch. Würde die Begabung zur Nächstenliebe aus irgendeinem Grund aus den Chromosomen der Art eliminiert, müßte diese aussterben. Die gutmütigen »Dummen« haben also doch einen größeren Überlebenswert für die Art als die egoistischen »Schlauen«.

Somit ist es die entscheidende Frage, ob die Veranlagung zur Selbstlosigkeit so beschaffen ist, daß sie sich im Wettstreit gegen egoistische Regungen auch mit Sicherheit behauptet und im Verlauf der Evolutionsgeschichte nicht doch ausgetilgt wird. Sie muß, um den wissenschaftlichen Terminus anzuwenden, eine »evolutionsstabile Strategie« verfolgen. Was hierunter zu verstehen ist, wird am Forschungsbeispiel des Mexikanischen Blauhähers besonders eindrucksvoll verdeutlicht.

Der Blauhäher ist in Nord- und Mittelamerika einer der erfolgreichsten Rabenvögel, wenn wir einmal die Anzahl, zu der er sich vermehren konnte, als Erfolg bezeichnen wollen. Er nistet in Kolonien zu 15 bis 20 Tieren in alten, freistehenden Eichen, und zwar so, daß alle Mitglieder im Blattdickicht der Baumkrone gut versteckt sind. Es gibt nämlich zahlreiche Greifvögel, die auf die Blauhäher Jagd machen. Und wenn diese erst einmal eine Häherkolonie entdeckt und enttarnt haben, rauben sie diese innerhalb kurzer Zeit total aus. Schon ein Alarmkrächzer könnte verräterisch sein. Deshalb praktizieren die Blauhäher das Gegenteil eines Wächter-Alarm-Systems: absolute Geräuschlosigkeit. Der wunde

Punkt dabei sind die hungrigen Jungtiere und ihre Bettellaute. Wie sollen die Vogeleltern ihren Kindern klarmachen, daß sie ihren Schnabel halten sollen, wenn Gefahr im Verzuge ist? Ein probates Mittel wäre natürlich, ihnen schnell mit Futter das Maul zu stopfen. Was aber, wenn beide Eltern gerade auf Nahrungssuche ausgeflogen sind, wenn der Feind kommt?

Dieses Problem lösen die Blauhäher auf einzigartige Weise: durch eine Kinderfütter-Kommune! Fast alle erwachsenen Vögel füttern alle bettelnden Jungtiere ihrer Kolonie, ganz gleich, ob es ihre eigenen oder fremde Kinder sind. Und da es für kleine Vogelgehirne zuviel verlangt wäre, zwei unterschiedliche Fütterungssysteme durchzuführen, eines für ruhige und ein anderes für Alarmzeiten, wurde das Nahrungsspenden für fremde Jungtiere allzeit geübter Brauch.

Ohne diese altruistische Verhaltensweise würde die ganze Tierart aussterben. Dies zu verhindern ist in letzter Folgerung der Eigennutz der Selbstlosigkeit. Doch wie mag die Nächstenliebe zu fremden Kindern entstanden sein?

Das bereits erwähnte Prinzip der Gegenseitigkeit der Hilfeleistungen allein reicht zur Erklärung nicht aus. Auch füttern Blauhäher-Eltern, die ihre eigenen Jungen verloren haben, fremde Kinder besonders intensiv, obwohl sie keinerlei Gegenleistungen dafür erhalten.

Andererseits gibt es in jeder Kolonie, wie das Forscherehepaar Jerram und Esther Brown, Biologen an der New Yorker Staatsuniversität, herausgefunden hat, immer einige Vögel, die ihre Jungen von anderen Koloniemitgliedern füttern lassen, ohne selbst zu gleichen Hilfsaktionen bereit zu sein. Sie sind echte Sozialschmarotzer.

Also müßten sich diese auf Kosten der hilfsbereiten Mitglieder immer stärker vermehren, wenn die überholten Prinzipien über das Durchsetzungsvermögen egoistischen Stre-

bens wirksam wären. In der Praxis ist das aber nicht der Fall. Ein biologisches Rätsel?
David Wilson erklärt die Zusammenhänge so: Die Brutkolonien der Mexikanischen Blauhäher lösen sich nach jeder Brutperiode auf. Erst im kommenden Jahr versammeln sie sich aufs neue, jedesmal in neuer, vom Zufall abhängender Zusammensetzung.
Nehmen wir im Gedankenexperiment einmal an, die krassen Egoisten hätten sich aus irgendeinem Grund stark vermehrt, während sich die Anzahl der Altruisten verringert hätte. Dann bestünde die große Wahrscheinlichkeit, daß vielerorts so viele Egoisten in einer Kolonie zusammenträfen, daß es die wenigen Altruisten einfach nicht mehr schaffen könnten, nach Futter schreiende Nestlinge bei Feindgefahr mit Nahrung still zu halten. In diesem Fall hätten sich die Selbstsüchtigen letztendlich selbst betrogen. Denn ihre Brutkolonie würde schnell von Feinden entdeckt und bis zum letzten ausgeplündert werden, während die überwiegend aus hilfsbereiten Tieren bestehenden Gemeinschaften erhalten bleiben und ihre altruistischen Gene weitervererben können.
In der Natur stehen altruistische und egoistische Tendenzen fortwährend miteinander im Wettstreit. Wenn es hierbei dem Gemeinwohl dienenden Handlungsweisen gelungen ist, eine »evolutionsstabile Verhaltensstrategie« wie im vorliegenden Fall aufzubauen, werden die Hilfsbereitschaft und andere Vorstufen zur Nächstenliebe immer die Oberhand über die Selbstsucht behalten.

Können Tiere ein Vorbild sein?

Angepaßte und fehlgeleitete Instinkte

Die hier vorgetragenen sozialen Mechanismen sind leider komplizierter als die falsche Trivialformel früherer Zeiten vom Sieg nur der Stärksten im Kampf ums Dasein, die sich auch in schwächsten Gehirnen festsetzen konnte. Deshalb wird es die neue Naturanschauung schwer haben, zum Allgemeingut zu werden. Wenn die Menschheit überleben will, gibt es aber dazu keine Alternative.

Versuchen wir deshalb, das bisher Dargelegte in eine Kurzform zu bringen: Lebewesen, die von Natur aus zum Leben in einer Gemeinschaft veranlagt sind, können nur mit der Gruppe überleben, also nur dann, wenn innerhalb ihrer Gruppen soziale Verhaltensweisen über egoistische Tendenzen dominieren. Andernfalls sind sie in ihrer Gesamtheit zum Untergang verurteilt.

Aber wie ist es zu erklären, daß trotzdem so viele Menschen hartnäckig die primitiven Brutaltheorien wie die vom »Fressen und Gefressenwerden« verfolgen?

Es ist mehrfach behauptet worden, dies läge an der Raubtiernatur des Menschen. Das ist falsch. Einmal ist der Homo sapiens aus einer Mischung von Raubtier und Pflanzenfresser entstanden und hat in seiner langen Ahnenreihe niemals reine Raubtiere gehabt. Und zum anderen benimmt sich kein Raubtier so ungehemmt aggressiv wie der Mensch.

Löwen bilden innerhalb ihres Rudels eine verschworene Gemeinschaft. Das geht sogar so weit, daß die männlichen Tiere untereinander weder Rangstreit noch Rivalitäten um den Zugang zu den Weibchen kennen. Wenn sie satt sind, können Zebras und Antilopen in ihrer unmittelbaren Nähe grasen, ohne einen Angriff befürchten zu müssen. Die Löwen haben

dann, was sie brauchen. Mehr wollen sie nicht. Jede weitere Aggressivität wäre unnötige Energieverschwendung und überflüssiges Risiko.
Wie unendlich fern ist diese Mentalität von der eines Großwildjägers in Menschengestalt, der auf jedes Tier schießt, dessen er nur ansichtig wird, obwohl er dies zum Leben gar nicht nötig hat. Aber der Mensch geht dabei ja auch kein Risiko ein. Er unternimmt nur dann eine Safari, wenn er sicher ist, daß er oder sein Scout so gut schießen kann, daß jeder Löwe, Elefant, Büffel oder jedes Nashorn schon in sicherer Entfernung gefällt werden kann.
Der Verlust des Risikos bei einer aggressiven Handlung, der dank einer überlegenen Technik erreicht wird, macht aus Menschen Unmenschen.
Und in der Folge davon stellen sich die entsprechenden Brutal-Weltanschauungen ein. Sie kennzeichnen kein Naturgesetz, sondern nur dessen Perversion.
Man stelle sich nur einmal den Menschen ohne technische Machtmittel in afrikanischer Wildnis vor. Dieses seltsame Wesen, das körperlich so schwach ist, daß es im Kampf Mann gegen Mann nicht einmal einen Pavian besiegen kann; das so langsam ist, daß es von jedem Straßenköter im Handumdrehen eingeholt wird; das mit seinem lächerlich kleinen Gebiß keinen Puma beeindrucken kann; das so verwundbar wie eine Nacktschnecke ist – dieses Wesen redet, von allen künstlichen Waffen entblößt, vom Überleben nur des Stärksten! Da erübrigt sich jeder Kommentar.
Jedoch hat sich der Mensch eine so gewaltig überlegene Technik geschaffen, daß er kaum noch ein Risiko auf sich zu nehmen braucht. Trotzdem bemerkt er nicht, wie unsinnig seine barbarische Lebensmaxime unter rein natürlichen Verhältnissen ist. Er ist blind für die viel humaneren Überlebensprinzipien der Schöpfung.

Der Sicherheitsgrad, den technische Errungenschaften dem Dasein des Menschen verleihen, ist so ungeheuer groß, daß es kaum noch auffällt, wenn wir im sozialen Bereich grobe Fehler begehen. Dann muß es immer erst zu Katastrophen kommen, ehe wir beginnen, unsere Fehler einzusehen, zum Beispiel Tschernobyl. Aber die Bedrohung muß nahezu total sein. Kleine Katastrophen genügen nicht.

Ein zunächst harmlos erscheinendes Beispiel: Im Süden der arabischen Halbinsel leben Beduinenstämme, die sich in ihrem Revierverhalten grundlegend von allem unterscheiden, was unter Menschen und vielen Tieren zur Verteidigung eigenen Grundbesitzes gang und gäbe ist. Im allgemeinen töten auch andere Beduinen jeden Fremden, der aus ihren Brunnen Wasser schöpft und Vieh auf ihrem Hoheitsgebiet weiden läßt. Aber in Südarabien zeigen sie sich gegenüber ihren Nachbarstämmen im erstaunlichen Maße tolerant. Wieso?

In jener Region gibt es niemals Regenfälle, die bestimmten Regeln unterliegen, weder jahreszeitlichen noch örtlichen. Man kennt dort nur den sogenannten Punktregen, der örtlich sehr begrenzt und völlig unberechenbar ist.

Bei starrer Reviereinteilung hieße dies, daß ein Stamm in einem Jahr ausnahmsweise einmal Glück haben könnte, die Nachbarn aber alle schlimmste Not leiden müßten, während im nächsten Jahr andere vom Geschick begünstigt würden. Wahrscheinlich wäre eine Besiedlung dieser Wüstengebiete dann überhaupt nicht möglich.

So wurde es unter diesen Beduinen ungeschriebenes Gesetz, daß der mit Regen gesegnete Stamm seine Grenzen für die notleidenden Nachbarn öffnet. Im nächsten Jahr hilft ihm dafür ein anderer Stamm. Das bereits erwähnte Prinzip der gegenseitigen Hilfeleistung ermöglicht allen das Überleben. Es erweist sich sogar als stärker als das Streben nach Grundeigentum. Und wer gegen diese Gastfreundschaft verstieße, hätte hautnah die Katastrophe des Unterganges vor Augen. Das ist es, was die Beduinen so vernünftig handeln läßt. Für Menschen, die in der Zivilisation leben, wird es erheblich schwerer sein, sich zu solchen Einsichten zu bequemen.

An diesem Punkt der Darstellung könnte ein Umstand Verwirrung stiften. Einmal wird tierisches Verhalten, zum Beispiel die Schimpansenpolitik, dazu benutzt, menschliches Verhalten als aus dem animalischen Bereich stammende Regung zu diskreditieren, vom Thron des spezifisch geistigen Ursprungs zu stoßen und als im Grunde vernunftwidrig hinzustellen. Zum anderen aber werden Verhaltensweisen in Tiersozietäten als vorbildliche Überlebenssysteme gepriesen, die von der Schöpfung geprägt wurden. Was ist denn nun richtig: Tierverhalten als abschreckendes Beispiel oder als leuchtendes Vorbild?

Die Frage muß anders gestellt werden: Wann ist das eine richtig und wann das andere?

Tierverhalten basiert zum entscheidenden Teil auf instinktiven Antrieben. Instinkte wurden den Tieren von Natur aus verliehen, um sie auch ohne Verstandesleistungen zu solchen Verhaltensweisen zu befähigen, die ihr Überleben weitgehend garantieren. Das setzt voraus, daß diese Verhaltensweisen an die Umwelt angepaßt sind. Ist das der Fall, kann das hier obwaltende Überlebensprinzip der Schöpfung für uns von vitalem Interesse sein. Besteht zwischen beidem allerdings eine Diskrepanz, ist zum Beispiel die Umwelt in unnatürlicher Weise verändert worden, zwingen die Instinkte die Kreatur zu Handlungen, die unsinnig und verderblich sind, dann haben wir, die wir in unserer Zivilisation alles andere als mit unseren Gefühlsregungen an die Umwelt angepaßt sind, warnende Exempel vor Augen.

Rang- und Machtstreben ist bei den Schimpansen im Urwald ein angemessenes Verhalten. Die Horde muß ein Leittier haben, das im Dienste der Gemeinschaft Gefahren zu meiden, die Seinen zu verteidigen, Streit unter ihnen zu schlichten, Futter- und Wasserquellen zu finden weiß und vieles mehr. Machtbesessene, die bei der Erfüllung dieser Aufgaben versagen, werden abgesetzt.
Im Zoogehege wie in dem von Frans de Waal in Arnheim jedoch, wo sich diese Leittierpflichten erübrigen, wird das Machtstreben zur soziologisch völlig sinnlosen Freizeitbeschäftigung mit den übelsten Auswüchsen: eine völlig unangepaßte Verhaltensweise zur Befriedigung unausgelebter Instinkte.
Man stelle sich bitte einmal vor, in einem Millionenstaat der Ameisen würde jedes Einzeltier nach persönlicher Geltung streben. Das wäre nicht nur biologisch sinnlos, sondern auch lächerlich. Deshalb gibt es dergleichen in großen Ameisenstaaten nicht. Menschliches Prestigedenken ist in der anonymen Massengesellschaft der Großstädte ebenso sinnlos. Dennoch wird es millionenfach von angeblich vernünftigen Menschen praktiziert, leider, ohne daß sich einer der Handelnden dabei lächerlich vorkommt.
Im Gegenteil: Soziologisch entwickelte sich das Rang- und Machtstreben beim Zivilisationsmenschen zu einem der schlimmsten Zerstörer der Vernunft.

IV. MACHT UND OHNMACHT DES STÄRKSTEN

Der Zufall bestimmt die Muskelkraft

Wie wird man Boß?

Wenn man ihm gleich zu Beginn seines Lebens die Zukunft prophezeit hätte, wäre alles nur auf Mittelmäßigkeit hinausgelaufen. Er war von mittlerem Körpergewicht und von mittleren geistigen Gaben. Dennoch schwang er sich bald zum Boß einer stattlichen Schar auf.

Die Methode, mit der das geschah, widerlegt alle bisherigen Anschauungen über das Erkämpfen von Führungspositionen im Tierreich.

Gemeint ist der Streifengänserich namens Alkibiades, den Frau Professor Irene Würdinger, eine Konrad-Lorenz-Schülerin, im Max-Planck-Institut für Verhaltensphysiologie in Seewiesen beobachtete. Als er mit seinen sieben Geschwisterchen aus den Eiern geschlüpft war, saß er mit ihnen in den ersten 36 Lebensstunden friedlich beisammen. Dann aber hackten alle plötzlich, scheinbar grundlos, paarweise aufeinander ein.

Das ist das sogenannte Kükenturnier, das wir von fast allen Gänse- und Hühnervögeln kennen. Bei Haushühnern findet es übrigens erst in der siebenten Lebenswoche statt.

Bei den Gänsen kapituliert der Verlierer, indem er den Hals weit nach vorn streckt und rechtwinklig vom Sieger weg zur Seite schaut. Damit ist das unblutige Turnier der Streifengössel beendet, und der nächste Kampf mit einem anderen Geschwisterchen beginnt sogleich und ohne Verschnaufpause. So legen die winzigen Federflausche innerhalb von vier Stunden pausenlosen Kämpfens die Rangordnung fest, die künftig jeder beim Gänsemarsch hinter der Mutter her und auch sonst im Leben einnehmen wird.

Zufällig hatte der körperlich mittelprächtige Alkibiades das große Glück, im ersten Kampf mit seiner schwächsten Schwester zusammenzutreffen, und errang natürlich einen glorreichen Sieg. Unmittelbar danach fügte es der Zufall, daß er vor einem etwas stärkeren Bruder zu stehen kam. Dieser hatte jedoch gerade eine Niederlage einstecken müssen und war noch ganz deprimiert. Alkibiades griff noch ganz im Rausch seines letzten Sieges schwungvoll an und gewann abermals. Das beflügelte ihn so sehr, daß er auch alle weiteren Gegner glatt über den Haufen rannte.

Schließlich begann der Kampf um die Spitzenposition gegen den muskulösesten Bruder, der bislang auch alle Duelle gewonnen hatte. Erst bezog Alkibiades gehörig Prügel. Aber dann fügte es der Zufall, daß sich der Stärkere mit den Beinen in einem auf dem Boden liegenden Maschendraht verhedderte. Er stürzte und mußte vor Alkibiades kapitulieren und ordnete sich ihm auch in der Folgezeit unter.

Sehr häufig geschieht es im Verlauf eines Kükenturniers auch, daß Mutter und Vater Streifengans, beide total konsterniert über die Zweikämpfe ihrer Kinder, dazwischenfahren und den Streit schlichten wollen. Dabei benachteiligt aber ihre rein zufällige Stoßrichtung ungewollt einen der beiden Kämpfer. Das von den Eltern angegriffene Kind erleidet einen kleinen Schock. So schaffen die Eltern zwar keinen Frieden, denn die Keilerei geht gleich danach weiter, aber sie verfälschen das Resultat abermals im Sinne des Zufalls.

Von nun an, und das ist das wichtige Ergebnis dieser Untersuchungen, entwickelten sich das Körpergewicht und die Muskelkraft jedes Gössels genau im Verhältnis zu seiner Ranghöhe. Alkibiades, anfänglich nur ein Mittelgewicht, wurde später im Leben der schwerste Brocken. Er wuchs zum Stärksten heran, weil er der Boß der Kinderschar war - nicht umgekehrt!

Und daß er zum Anführer wurde, war allein dem Zufall zu danken, dem Zufall in Form der Reihenfolge der Kampfpartner, die ihn psychologisch zum Sieger programmierte.

Bisher galt es als erwiesen, daß es vor allem die ererbte Körperkraft sei, die ein Tier im Zweikampf obsiegen lasse und die daher für die Ranghöhe entscheidend sei. Diese Forschungen zeigen jedoch, daß genau das Gegenteil zutrifft: Es ist allein der gesellschaftliche Rang, der darüber bestimmt, ob ein Tier körperlich groß und stark oder aber mickerig wird.

Trifft dies nur für Streifengänse, die zentralasiatischen Verwandten unserer Graugänse, zu? Diese Frage ist aus weltanschaulichen Gründen nicht ganz unwichtig. Vor dem Ersten Weltkrieg gründete das Bürgertum seine Vormachtstellung über die Arbeiterklasse auf das angebliche Naturgesetz von der Vererbung geistiger und körperlicher Veranlagungen. Aber es war ein schwerwiegender Irrtum anzunehmen, daß dies ein Naturgesetz sei.

Für die geistige Ebene ist dies inzwischen, über jeden Zweifel erhaben, widerlegt. Die mentalen Fähigkeiten eines Menschen resultieren aus dem Zusammenwirken von Erbanlagen und Umwelteinflüssen, vor allem solchen in früher Kindheit, wobei letzteren die weitaus dominierende Rolle zukommt.

Nach den Versuchen von Frau Professor Würdinger keimt nun aber der Verdacht auf, daß es sich im Bereich der Physis ebenso verhält.

Weitere Tierbeispiele untermauern diese Vermutung. Bei allen Gänse-, Enten- und Hühnervögeln liegen die Dinge ebenso. Auch bei Hausschweinen wurde die gleiche Entwicklung beobachtet.

Eine interessante Spielart steuern die Zwergmungos bei. Normalerweise wiegt ein ausgewachsenes Tier, ob Männchen oder Weibchen, nicht mehr als 420 Gramm. Aber wenn die alte Rudelherrscherin gestorben ist und ein anderes Weibchen zum Leittier wird, beginnt dieses plötzlich erneut zu wachsen. Wohlgemerkt: nach der Machtübernahme, nicht schon vorher! Bereits drei Wochen später erreicht es ein Gewicht von 640 Gramm und übertrifft damit an Körperkraft alle anderen Rudelmitglieder um etwa ein Drittel. Diese enorme Überlegenheit gestattet es dem Leitweibchen übrigens, mit großer Freundlichkeit zu regieren, wie Frau Professor Rasa es formuliert hat.

Bei Goldhamstern ist es im Prinzip nicht anders. Sie besitzen eine regelrechte Kriegsbemalung wie die Indianer, nur eben von Natur aus: zwei dunkle Flecke auf der Brust. Je größer diese Flecke sind, desto mehr Furcht jagen sie rivalisierenden Artgenossen ein. Im Imponierduell richten sich zwei Gegner auf den Hinterbeinen auf, um dem Gegner die Rangabzeichen auf der Brust zu zeigen. Wollen sie einen erzürnten Partner besänftigen, verdecken sie die Zeichen auf der Brust mit ihren Vorderpfoten.

In diesen »Plakat-Propagandakrieg« griffen die englischen Zoologen Dr. A. P. Payne und Dr. H. H. Swanson mit Tusche und Pinsel ein. Sie setzten jeweils zwei gleichschwere junge Goldhamster in einen Käfig und vergrößerten bei einem von ihnen die Rangabzeichen auf der Brust beträchtlich. Der Eindruck, den diese Plakatmalerei beim ungefärbten Partner hinterließ, war ungeheuer. Obwohl gleichstark, unterwarf er sich ohne Aufbegehren.

In der folgenden Zeit wuchs das bemalte Tier erheblich schneller als der von der »Propaganda« eingeschüchterte Gegner. An der Futteraufnahme konnte das verstärkte Wachstum nicht liegen, denn jedes Tier bekam im separaten Trog mehr als genug zu fressen. Bereits zehn Tage später war der bemalte Hamster dem anderen körperlich haushoch überlegen und blieb es fürderhin.

Greifen wir aus der Fülle der Beispiele noch eines aus dem Reich der Fische heraus. Die englischen Zoologen Dr. Dennis Frey und Dr. Rudolph Miller veranstalteten eine Serie unblutiger »Gladiatorenspiele« mit den 15 Zentimeter langen Blauen Guramis, Süßwasserbewohnern aus Malaya und von den Großen Sundainseln. Setzt man zwei dieser Tiere in ein Aquarium, bekämpfen sie sich sogleich, indem sie sich an den Flossen zerren wie die Bayern beim Fingerhakeln.

Dies waren die Turnierergebnisse: Wer im ersten Kampf einen leichten Gegner bekam, siegte mit großer Wahrscheinlichkeit auch im zweiten Kampf, selbst wenn der neue Gegner etwas stärker war. Je mehr Siege einer in Folge errang, desto ungestümer, selbstsicherer und sieggewohnter griff er beim nächstenmal an, auch wenn er schließlich als David gegen einen wahren Goliath antreten mußte. Die Versuchsleiter konnten einen Gurami durch geeignete Gegnerauswahl regelrecht zum »Erfolgsfisch« programmieren.

Sportpsychologen wenden neuerdings dasselbe Verfahren auch bei Jugendlichen an, die in einer stark von psychischen Faktoren beeinflußten Kampfsportart, etwa dem Tennis, ausgebildet werden.

Umgekehrt ließen sich die Guramis durch eine Niederlage so deprimieren, daß sie auch den zweiten Gang verloren. Selbst wenn die Verlierer 24 Stunden Zeit hatten, sich moralisch von ihrer Depression zu erholen, glückte ihnen ein »Comeback« nur gegen sehr viel schwächere »Sportfreunde«.

Und auch bei den Fischen zeigte sich: Dauersieger wachsen schneller und werden größer als die ewigen Verlierer. Es ist, als würden vom Körper produzierte Anabolika, also muskelbildende Hormone, in den Blutkreislauf des Siegers ausgeschüttet. So gewaltig spornt ein Erfolg das Wachstum der Muskeln an.

Aus all diesen Forschungen ergibt sich ein Bild, das den gewohnten Vorstellungen von »alle Macht dem Stärksten« und der Vererbung der Muskelkraft zum Erringen der führenden Position in einer Tiergemeinschaft entgegenläuft.
Die Konsequenzen sind weitreichend: Wenn die Erbveranlagung gar nicht die entscheidende Rolle bei der Prädestination zur physischen Führerrolle in einer Tiergruppe spielt, ist es auch gar nicht so ungeheuer wichtig, daß nur die stärksten und ranghöchsten Tiere bei der Fortpflanzung zum Zuge kommen, um, wie man bisher meinte, ihre Kraft weiterzuvererben und so auch in Zukunft nur dem Stärksten zum Siege zu verhelfen.
Das klingt abermals provokativ und ist es auch. Aber das sind nun einmal die Tatsachen, die neueste Forschungsarbeiten ans Licht gefördert haben. Darüber hinaus lassen sich viele andere Erkenntnisse der Soziobiologie nur unter dem neuen Gesichtspunkt erklären.

Nur geringe Chancen für den Chef

Flußpferdbullen zwischen Streß und Tod

Ein Nachteil, Stärkster zu sein, liegt darin, daß man einer großen Schar von Neidern schier pausenlos beweisen muß, daß man tatsächlich stärker ist als alle anderen.

Das mußte auch der Flußpferdbulle namens Tango erfahren, dessen Verhalten der Braunschweiger Zoologieprofessor Hans Klingel beobachtete. Tango badete gerade in »seinem« achtzig Meter langen Uferabschnitt des Ishasha-Flusses in Uganda, als er Besuch von 27 starken Junggesellen erhielt. Alte Flußpferdsitte gestattet es nämlich fremden Bullen durchaus, sich im sogenannten Paarungsterritorium eines Revierbesitzers aufzuhalten, sofern sie sich unterwürfig zeigen, also bis auf Augen, Nase und Ohren untergetaucht. Eine Situation, so richtig geschaffen für Provokationen – und die ließen auch nicht lange auf sich warten.

Zunächst näherte sich der Junggesellenverein dem Revierbesitzer demütig untergetaucht, starrte ihn aber aus 54 Augen unverwandt an, wie er sich nun verhalten würde. Tango nahm die Stolzhaltung ein, drohte mit mächtig aufgerissenem Maul und propellerte unglaubliche Mengen Kot mit seinem Stummelschwanz durch die Luft ins Wasser. Koten ist bei Flußpferden ein Zeichen von Mut.

In dieser Situation erwarten die Mitglieder der Junggesellenbande von den zwei oder drei ihrer Stärksten, daß sie Tango herausfordern. Indessen ist Vorsicht angebracht, denn ein ernsthafter Kampf endet oft mit dem Tod eines der beiden bis zu 55 Zentner schweren Brocken, nicht selten mit dem Tod des Herausforderers, falls er sich selbst überschätzt hat. Zeigen sich die Anführer der »Rockerbande« zu wenig provokativ, sind sie ihre Vorrangstellung bald los. Greifen sie zu ungestüm an, kann dies für sie tödlich sein. Das ist die kampfmoralische Zwickmühle, in der sie stecken.

Indessen war Tango ständig auf dem Schuß, jede Frechheit, jedes Hochrecken aus dem Wasser, jedes Maulaufreißen sofort zu bestrafen. Mit Schußfahrt schäumte er auf den Aufsässigen zu. Dann standen sich beide gegenüber, rissen ihre Mäuler weit auf und rülpsten sich übelriechende Magengase in den Schlund. Das beeindruckt den Herausforderer meist so stark, daß er kampflos kapituliert. Drei Signale zeigen das an: Untertauchen, Schwanzpropellern ohne Kot und das sogenannte Wasserkauen.

Aber mit einem Rückzug ist der Fall für den Revierbesitzer noch längst nicht ausgestanden. Nun provoziert ihn ein zweiter, dann ein dritter Junggeselle und gleich danach wieder der erste. So ein »freundlicher Herrenbesuch« kann mehrere Tage dauern und stellt höchste Anforderungen an die Ausdauer und Nervenkraft des Revierinhabers. Hat er den Test bestanden, zieht die Rockerbande einfach weiter zum Nachbarn und beginnt dort das Spiel von neuem. Beobachten die Junggesellen aber Anzeichen von Schwäche beim »Strandvogt«, kommt es zu einem mörderischen Zweikampf.

Einmal konnte der unterlegene Junggeselle sein Leben nur noch mit einem Trick retten. Zufälligerweise badete gerade eine Gruppe von acht Weibchen ganz in der Nähe. Da flüchtete der Verlierer mitten in ihre Gesellschaft hinein. Das ist gleichsam neutraler Boden. So wurde sein Leben von den Weibchen gerettet. Aber, obgleich er der stärkste Junggeselle war, schwanden damit seine Chancen für amouröse Abenteuer mit den Weibchen für Jahre auf Null.

Bei Flußpferden herrscht nämlich Damenwahl. Die Weibchen suchen in kleineren oder größeren Gruppen den Uferabschnitt eines revierbesitzenden Bullen auf. Aber nach welchen Gesichtspunkten sich ein Weibchen seinen Partner aussucht, das bringt jeden Beobachter, der vom Vorrecht des Stärksten überzeugt ist, zur Verzweiflung. Im Gegenteil, es beweist die völlige Ohnmacht der reinen Muskelkraft.

Das Weibchen läßt sich nicht einmal von seinen Gruppen-Komplizinnen etwas vorschreiben, etwa indem es immer dorthin mitzöge, wo die anderen hingehen oder schwimmen. Es wechselt die Zugehörigkeit zum »Damenkränzchen« täglich, manchmal sogar stündlich und besucht heute diesen Bullen, morgen jenen und übermorgen wieder einen anderen. Von wem das Kind ist, dem es später das Leben schenkt, ob von einem dicken Großmaul, einem aufgeblasenen Angeber oder gar von einem schwächeren Junggesellen, der sich nachts heimlich in ein besetztes Revier geschlichen hat, vermag keiner zu sagen.

Wie man sich ein Weibchen erschleicht

Tricks der Schwächeren im Liebesspiel

Tiermännchen können unter Aufbietung aller Kräfte um ein Weib kämpfen. Dabei können sie schwer verletzt oder gar getötet werden. Aber es gibt auch noch eine andere Strategie, die ohne Risiko und Kraftanstrengung ist und nur viel Geduld erfordert: sich ein Weibchen zu erschleichen. Es ist der Weg, auf dem alle schwächeren Männchen auch noch zum Ziele der Paarung kommen können.

Wenn zum Beispiel verwilderte Ziegen in die Brunft kommen, geht es wüst her. Eine Bande von acht bis zehn Böcken zieht von Herde zu Herde. Haben sie eine empfängliche Geiß gefunden, raufen sie furios um sie. Und genau diese Massenkeilerei benutzt, wie Professor Robin Dunbar von der Universität Stockholm darlegt, ein schwächerer Bock, der ohnehin abgeschlagen würde, zu folgendem: Er schleicht sich davon und sucht auf eigene Faust nach einer anderen heißen Geiß. Falls er eine findet, muß er blitzschnell handeln, denn sobald die Rockergruppe seinen Erfolg bemerkt, fällt sie wie ein Sturmwind über ihn her.

Wie neueste Forschungen zeigen, sind solche Schleicher in fast jeder Tiergesellschaft anzutreffen. Von englischen Zoologen wurden sie mit dem Fachausdruck »sneaker« belegt.

Auch männliche Lachse kämpfen im Bergbach mit Bissen und Flossenschlägen erbittert um ein laichbereites Weibchen. Aber schwächere Tiere halten sich da wohlweislich heraus. Sie verstecken sich hinter einem nahen Stein oder einer Wasserpflanze. Wenn der Sieger eines Zweikampfes unter anderen Tieren dann neben das soeben eroberte Weibchen schwimmt, es mit »elektrisierenden« Körpervibrationen zum Ablaichen zwingt und seine »Milch«, also seinen Samen, darübernebelt, kommt der Schleicher flink aus seinem Versteck heraus. Er legt sich neben die andere Seite des Weibchens und gibt seine »Milch« dazu. Dann werden etwa fünfzig Prozent der Kinder die seinen sein. Simultan-Bigamie nennt man das.

So kennen schwache Tiere zahllose Tricks und Schliche, um bei der Fortpflanzung das angebliche Gesetz des Stärkeren zu unterwandern. Und die Evolution spielt hierbei durchaus mit. Sonst wäre diese Erscheinung im Tierreich nicht so überaus zahlreich.

Zum Beispiel sucht ein kleinerer Laubfrosch die »Freundschaft« eines großen, der etwa auf einem Seerosenblatt seine Quakkonzerte in die Abendluft vibriert. Der Starke nimmt den Schwachen, auch als »Beimännchen« oder »Satellit« bezeichnet, überhaupt nicht ernst und vertreibt ihn nicht, zumal sich der Kleine ganz brav und untertänig verhält und schweigsam bleibt. Sollte ein Rivale erscheinen, der etwas größer ist als das Beimännchen, aber auch kleiner als der große Freund, jagt ihn dieser davon. Der Kleine braucht nicht einmal in den Kampf einzugreifen, mit dem er geschützt wird. Aber sobald sich sein großer »Freund« mit einem Weibchen in stundenlanger Umarmung zur Paarung zurückzieht, fängt der Kleine in diesem von allen bevorzugten Balzrevier lauthals an zu quaken, um auch für sich schnell eine Froschprinzessin herbeizulocken, bevor der Alte wiederkommt.

Andere Tiermännchen müssen sich sogar mit einem Hofstaat von schwächeren »Herren« umgeben, um die »Damen« zu beeindrucken. Ein indischer Wasserbüffel ist ohne zwei oder drei Beimännchen absolut impotent, selbst wenn er noch so muskulös ist. Auch wildlebende Truthähne und Kampfläufer haben bei der Weiblichkeit kaum Chancen, wenn sie sich nicht buchstäblich mit fremden Federn schmücken. Sie können sich noch so sehr aufplustern, in die Brust werfen und das Prachtgefieder spreizen. Es nützt ihnen alles nichts, wenn sie nicht eine Schar von sogenannten Balzgehilfen, also schwächeren Männchen, um sich versammeln, die beim Erscheinen eines Weibchens allesamt wie die Indianer zu tanzen beginnen.

Natürlich hindert der Chef eines solchen Männervereins seine Prunkverbesserer undankbarerweise am Liebesspiel. Aber wenn er gerade Hochzeit hält, und zufällig kommt in diesen Minuten ein zweites Weibchen daher, zeigt einer der sexuell Unterdrückten sehr schnell, daß er auch ein vollwertiger Mann ist, jedenfalls solange der Boß durch Abwesenheit glänzt. Seltsamerweise beachtet das Weibchen die Balzpracht eines einzelnen Beimännchens sofort und verlangt von ihm auch nicht wie vom Boß einen ganzen Hofstaat. Auf solch eine günstige Gelegenheit hoffen die Balzgehilfen, und das ist auch der Grund, weshalb sie sich dazu hergeben, mit ihren Federn den Boß zu verschönen.

Schleicher gibt es sogar bei den Feldgrillen auf unseren Sommerwiesen. Die starken Männchen zirpen laut und locken damit die Weibchen zu sich, die meist auch prompt erscheinen. Eine sehr bequeme Methode des Werbens. Aber oft orten auch ebenso prompt parasitische Fliegen die zirpenden Freier und legen Eier auf deren Körper. Das bedeutet den Tod des Wiesensängers, denn sobald eine Larve aus dem Fliegenei schlüpft, tötet sie die Grille.

Deshalb scheuen viele Grillen dies Risiko und schweigen. So schleichen sie wochenlang stumm im Gras umher und hoffen, daß sie zufällig einer Braut begegnen. So gefährden sie zwar nicht ihr Leben, aber daß sie ein Weibchen finden, wird zum reinen Glücksspiel. So bekommen immerhin auch die Feigen ihre Chance.

Typisch für die Erscheinung der Schleicher sind jene Bienen, die nicht wie die Honigbienen in einem Staat leben, sondern als Einzelwesen. Bei diesen solitären Wildbienen verteidigt ein starkes Männchen einen blühenden Busch, zu dem des öfteren nektarsaugende Weibchen kommen, gegen Rivalen als seinen höchst privaten Balzplatz. Schwache Nebenbuhler, denen von vornherein ein Kampf aussichtslos erscheint, umfliegen diese blühenden Büsche weiträumig und versuchen ein Weibchen, das auf dem Weg dorthin ist, vorher abzufangen. Manchmal gelingt das den körperlich Benachteiligten. Forscher haben es genau registriert: Schleicher kommen nur in 18 Prozent aller Versuche ans Ziel ihrer Wünsche. Und selbst dann noch wird jeder fünfte an der Paarung gehindert, weil der starke Revierinhaber den Vorfall von seinem Busch aus bemerkt und flugs dazwischengeht.

Für die Schwachen stellt sich damit gar nicht erst die Frage nach der wirkungsvollsten Methode der Brautwerbung, sondern allein nach einem Trick, die Starken in ihrer Vorherrschaft zu überlisten. Und, wie diese Beispiele belegen, sagt die Entwicklungsgeschichte des Lebens »ja« zur Strategie der Schwachen.

Geradezu absonderlich gestaltet sich dieses Prinzip bei den Dickhornschafen in den Rocky Mountains. Hier spielen die stärksten Widder mit ihrem gewaltigen Gehörn eine Rolle, die allen bisherigen Anschauungen von den angeblichen Lebensvorteilen des Stärksten hohnspricht. Die muskulösesten Männer sterben nämlich bereits im Durchschnittsalter von zehn Jahren. Die körperlich kümmerlichen Widder können hingegen ein Alter bis zu 24 Jahren erreichen und in dieser langen Daseinsspanne etwa ebensoviel Nachwuchs als Schleicher zeugen wie die kurzlebigen Supermänner.

Wie ist das zu erklären? Der stärkste Widder muß als Leittier einer Herde von männlichen Raufbolden am häufigsten von allen kämpfen. Die Gegner erheben sich auf die Hinterbeine und donnern dann im Sturz nach vorn Kopf gegen Kopf. Nach jedem Rammstoß stehen beide Rammler ein paar Minuten wie benommen und mit glasigen Augen da, bis sie sich von ihrer Fast-Gehirnerschütterung erholt haben und bereit sind, wieder aufeinanderzuprallen. Ein Gefecht kann sich über eine halbe, mitunter sogar über eine Stunde hinziehen.

Zwar sind in die Schädelknochen Hohlraumsysteme eingelassen, die wie Stoßdämpfer oder Schutzhelme wirken. Beim Menschen würde schon nach einem einzigen solchen Schlag der Schädel zerbrechen. Aber auch beim Dickhornschaf ist der Gehirnschutz nicht perfekt. Und so verkürzen die vielen Kämpfe das Leben durch Zerrüttung des zentralen Nervensystems um erheblich mehr als die Hälfte.

Die Schleicher werden also viel älter als die »Helden«, und ebensoviel Nachwuchs zeugen sie auch. Wo bleibt da die »Überlegenheit des Stärkeren«?
Beide Strategien, die des kämpferischen Starken und die des schwachen Schleichers, sind im Instinktgefüge der Art genetisch verankert. Lediglich intelligentere Tiere wie die Affen gehen dieses Problem mit wohlüberlegter Raffinesse an. Bei den Dschelada-Pavianen im Hochland Äthiopiens wäre zum Beispiel ein starkes Jungmännchen schlecht beraten, wollte es für sich einen Großharem von zehn Weibchen erobern. Je mehr Haremsdamen ein Pascha zu hüten hat, desto öfter wird er von Neidern angegriffen, desto weniger kann er fressen, desto schwächer wird er und desto eher wird er wieder von einem Rivalen vertrieben. Er kann zwar viele Kinder zeugen, dies aber nur wenige Monate lang.
Da ist die langjährige Karriereleiter als Schleicher viel erfolgversprechender: Das Jungmännchen bewirbt sich bei einem Pascha als Stellvertreter und Hilfskraft, und zwar in einem viel weniger umkämpften Kleinharem von zwei oder drei Weibchen. Er dient seinem Chef, benutzt hintenrum aber jede Gelegenheit, ihm Hörner aufzusetzen, und wartet geduldig ab, bis der Pascha stirbt und er seine Nachfolge antreten kann. So avanciert er vom Schleicher zum Pascha eines Kleinharems und genießt ein relativ geruhsames Leben.

Das Heldenlied des Gorilla-Stellvertreters

Gründe der Aufopferung Rangniederer

Der Neujahrsabend des Jahres 1977 dämmerte bereits, als der elfköpfige Gorillatrupp beim Verzehren der letzten Dschungelfrüchte von vielstimmigem Hundegebell aufgeschreckt wurde.

Eine Bande von sechs Wilderern mit 18 Doggen kletterte die steile Urwaldschlucht am Hang des 4407 Meter hohen Visoke-Vulkans im Virunga-Massiv, nahe der Grenze zwischen Zaire und Rwanda, bergauf.

Normalerweise regt das keinen Gorilla sonderlich auf, denn im dichten, unwegsamen, steil-glitschigen Dschungel ist er zehnmal schneller als der Mensch. Aber plötzlich kreischte der zweijährige Gorillaknabe Kweli, der an der Spitze der fliehenden Kolonne lief, laut auf. Er hatte sich in einem Drahtnetz, das die Wilderer tags zuvor aufgestellt hatten, verfangen.

Die gewaltigen Menschenaffen hätten nun dem Netz seitlich ausweichen können. Aber die Wilderer wußten genau, daß Gorillas niemals ein Familienmitglied im Stich lassen. So hofften sie, die ganze Gruppe stellen und töten zu können.

Doch sie hatten die Rechnung ohne Digit gemacht. Digit, von der weltberühmten Primatologin Dian Fossey, die dieses Geschehen überliefert hat, so genannt, war der älteste Sohn des Familienoberhaupts und damit dessen Stellvertreter und »Kronprinz«. Wie ein japanischer Selbstmordkrieger raste er bergab, ganz allein dem Feind entgegen, um den Rückzug der Seinen zu decken.

Mit seiner Muskelmasse von 175 Kilogramm raste er wie ein Bulldozer durch den Urwald, kleinere Bäume glatt umrennend, und fegte wie der Wirbelwind durch die Meute der

Hunde hindurch auf die Wilderer zu. Einen Schwarzen, der muskulös wie ein Preisringer war, packte er an einem Arm, schleifte ihn zehn Meter weit und warf ihn drei Meter hoch in einen Baum.

Dann beging er einen verhängnisvollen Fehler. Er stellte sich aufrecht hin, trommelte sich mit beiden Fäusten auf die Brust, daß es weithin dröhnte, und kreischte markerschütternd. Das ist die unmißverständliche Drohgebärde der Gorillas.

Das nutzte ein Wilderer sofort aus und schleuderte einen Speer, der in Digits Oberschenkel steckenblieb. Gleichzeitig fiel ihn die Hundemeute von hinten an. Drei Doggen wischte er weg wie lästige Fliegen. Eine verbiß sich in seinen Arm. Doch eine Sekunde später hob er sie vor seinen Mund und zerbiß ihr den Schädel. Einen zweiten Hund faßte er an beiden Hinterbeinen, riß ihn in zwei Hälften und bewarf mit diesen den Rest der Meute.

Im gleichen Augenblick trafen ihn weitere drei Speere. Einer davon riß ihm den Bauch auf. Aber wie in einer altnordischen Heldensaga der von der Übermacht umzingelte Held trotz aufgerissenen Unterleibs und von mehreren Speeren durchbohrt immer noch weiterkämpft, so kämpfte auch der Gorilla Digit weiter.

Mit seinem todwunden Leib versperrte er den Wilderern den Weg. Die Hunde bellten wie wahnsinnig, wagten sich aber nicht mehr an den Menschenaffen heran. Herbeischwirrenden Speeren wich er jetzt geschickt aus, wurde aber trotzdem ein fünftes Mal getroffen, mitten durch die Schulter.

Da erklang von hinten der Ruf des Anführers der Großfamilie, der ihm signalisierte, daß Kweli, das Kind, aus dem Netz befreit und die Gruppe in Sicherheit sei. Digit schrie noch einmal laut auf und stürzte, ausgeblutet und leblos, zu Boden.

Natürlich hat Frau Professor Dian Fossey diese Tragödie nicht persönlich miterlebt. »Wenn ich dort gewesen wäre«, schrie sie mir einmal ins Gesicht, »hätte ich mich an Digits Seite auch den Speeren entgegengestellt!« Aber die Wilderer wurden gefaßt. Im Gefängnis von Ruhengeri wurden sie von Dian Fossey verhört, und so kam alles ans Licht.
Der Satz der Forscherin waren keine leeren Worte. Als die Wilderer sechs Monate Haft verbüßt hatten, kamen sie wieder frei, und der Gorillamord ging weiter. Zwei weitere Menschenaffen dieser Forschungsgruppe wurden umgebracht, darunter auch Kwelis Mutter, ohne daß es die unbewaffnete Zoologin verhindern konnte. Wenige Tage später starb auch Kweli an »Trübsinn«. In den Weihnachtstagen 1985 wurde dann auch Dian Fossey selbst umgebracht. Salut einer großartigen Forscherin und Naturschützerin!
Eine andere Frage ist die nach dem Grund der heldenhaften Aufopferung Digits für seine Mitmenschenaffen. Er war ja nicht einmal verantwortlicher Anführer der Gruppe, sondern nur Stellvertreter, besaß nur sehr beschränkten und heimlichen Zugang zu Liebschaften mit den Weibchen, und von den fünf Kindern der Gruppe stammte kein einziges von ihm. Was also veranlaßte ihn, sein Leben für das der anderen zu geben?
Im Detail unterscheiden Verhaltensforscher nach der Definition von Professor David Sloan Wilson in der Tierwelt zwischen starken und schwachen Altruisten. Bei den »Schwachen« geht die Nächstenliebe nur so weit, als das Individuum durch seinen Einsatz zugunsten anderer keine schwerwiegenden, sein eigenes Leben unmittelbar bedrohenden Nachteile in Kauf nimmt. Aber zu schweren Arbeitsleistungen für die Gemeinschaft sind auch diese bereit. Die starken Altruisten zeichnen sich hingegen dadurch aus, daß sie selbst durch die Akte ihrer Hilfsbereitschaft einen Schaden erleiden oder

gar ihr Leben opfern wie etwa die Wachtposten der Zwergmungos.
In noch stärkerem Maße trifft das im Fall des Gorilla-Stellvertreters Digit zu. Was veranlaßte ihn dazu, sein Leben für seine Horde zu opfern? Der Beweggrund ist aus den seltsamen Ehesitten der Berggorillas heraus zu erklären.
Ein Pascha kann in seinem Harem bis zu acht Weibchen und ein bis vier jüngere Beimännchen besitzen. Aber die Weibchen laufen ihm freiwillig zu, wenn er sich als Beschützer der Seinen bewährt hat, als Verteidiger gegen fremde Gorillas, gegen Leoparden und Python-Riesenschlangen, als Retter in Notfällen, als Aufspürer von Nahrung, als Warner vor Gefahren.
Versagt ein sogenannter Weißrücken hierbei, stirbt ihm nur ein einziges Jungtier, das er eigentlich hätte retten können, laufen ihm augenblicklich nicht nur die betroffene Mutter, sondern alle Weibchen fort, um sich einem fähigeren Mann anzuschließen. So furchteinflößend muskulös und wild ein Gorillamann auch erscheint, so absolut machtlos ist seine Körperkraft seinen Weibchen gegenüber. Er kann sie nicht einmal durch Prügel bei sich halten, wenn sie ihn nicht mehr haben wollen. Im dichten Blattwerk des Dschungels, in dem man keine zehn Meter weit sehen kann, vermag sich ein zur Untreue entschlossenes Weibchen dem Pascha jederzeit heimlich und spurlos zu entziehen. Seine weit überlegene Muskelkraft nützt ihm da überhaupt nichts.
Ähnliches gilt auch für den Stellvertreter. Für ein junges Gorillamännchen gibt es zwei Wege, zum Anführer einer Gruppe aufzusteigen. Es kann sich als vom Vater sexuell unterdrückter Jungerwachsener von seiner Sippe lösen, allein im Regenwald umherstromern und dabei versuchen, das eine oder andere Weibchen durch Imponierduelle mit einem fremden Pascha so zu beeindrucken, daß es sich ihm an-

schließt. Das ist ein langer, harter, gefährlicher Weg, auf dem viele scheitern und in der Einsamkeit sterben. Im günstigsten Fall dauert es drei Jahre, bis es ihm gelingt, ein Weibchen auf längere Dauer an sich zu binden. Und erst wenn dieses »Experiment« gutgeht, wenn das erste aus dieser Ehe stammende Kind am Leben bleibt, kommen noch weitere Weibchen freiwillig hinzu.

Der zweite Weg führt über den Stellvertreterposten bei seinem Vater. Hier kann sich das Jungmännchen zwar, wenn der Vater stirbt, gleichsam ins »gemachte Nest« setzen, aber dies nur dann, wenn er sich als »Vize« voll und ganz bewährt hat. Andernfalls laufen ihm alle Weibchen am Tage der Übernahme des Regierungsamtes davon. Während der Pascha beim Angriff eines fremden Gorillamännchens allein die Rolle des Verteidigers übernimmt, gehört die Abwehr von artfremden Feinden zu den Hauptaufgaben des Stellvertreters. Versagt er hierbei, wäre also Digit vor den Wilderern geflohen, hätte er mit einem Schlage alle seine Zukunftshoffnungen, je Nachfolger seines Vaters zu werden, begraben und als Eremit in den Urwald auswandern können. Diesem erbärmlichen Schicksal zog er, nach allem, was wir jetzt über Menschenaffen wissen, wahrscheinlich sogar bewußt, den Aufopferungstod zur Rettung seiner Gruppe vor.

Freiwilliger zweiter

Die Angst der Elefanten vor der Spitzenposition

Ein Grund, in einer Tiergemeinschaft den Stellvertreterposten anzustreben, liegt darin, sich zunächst Boßgehabe und dominierende Allüren einzustudieren, Führungsaufgaben zu erlernen und sich dann die Chance der Nachfolge zu erdienen. Nach neuesten Erkenntnissen der Ethologie gibt es aber noch ein weiteres Motiv: Das Individuum will nur zweiter in seiner Gruppe werden, niemals mehr. Es genießt zwar seinen hohen Rang über die anderen sowie den Schutz seines Anführers, aber nie und nimmer ist es bereit, auch dessen Pflichten zu übernehmen. Es bleibt mit allen Signalen der Demut vor dem Boß freiwillig zweiter. Und auch hier stoßen wir wieder auf verblüffende Parallelen im Rangstreben des Menschen.

Eine der schwierigsten Führungsaufgaben im Tierreich hat die Leitkuh einer Herde weiblicher Afrikanischer Elefanten zu erfüllen. In Zeiten der Dürre, wenn ein Wasserloch nach dem anderen austrocknet, muß sie ihre Schutzbefohlenen über viele Hunderte von Kilometern zum rettenden Naß geleiten. Dabei legen die Dickhäuter in wahren Gewaltmärschen bis zu 80 Kilometer in einer einzigen Nacht zurück, die mondlos und absolut finster sein kann, weil sich die Riesen allein mit dem Rüssel riechend orientieren können. Aber wehe, wenn in einem Jahr extremer Dürre nach zehntägigen äußersten Strapazen die Herde an einer Stelle angelangt ist, an der das Wasser auch schon vertrocknet ist! Das bedeutet den Tod für alle.

Die Leitkuh muß sich in der Dornbuschsteppe etwa von Tsavo, in deren Uniformität sich ein Mensch ohne Kompaß schon nach wenigen Stunden hoffnungslos verirrt, zurechtfinden, obgleich sie als Älteste der Gruppe (Elefanten werden bis zu sechzig Jahre alt) jene fernen Gebiete, die ihre jüngeren Herdenmitglieder noch nie in ihrem Leben gesehen haben, aus eigener Anschauung kennt, die vielleicht dreißig Jahre oder noch länger zurückliegt. So phänomenal muß ihr Ortsgedächtnis sein. Zudem muß sie auf dem Wege dorthin Gebirgsketten, Lavazungen, Schluchten und menschliche Siedlungen weiträumig umgehen, Löwenrudel, die Jungtiere gefährden können, von fern wittern und meiden können und tausend Dinge mehr.

So herrscht eine Leitelefantin auch nicht als brutale Tyrannin, die des öfteren eine Auflehnung niederschlagen müßte. Und so lauern die übrigen Herdenmitglieder auch nicht ständig auf das kleinste Zeichen der Schwäche ihrer Anführerin, um sie dann bei erster Gelegenheit im Kampf zu entthronen, wie das in Bullenherden hin und wieder der Fall ist. Das genaue Gegenteil dieser landläufigen Vorstellung ist richtig: Gerade weil die jüngeren Tiere nur zu genau wissen, daß sie auf den Erfahrungsschatz der alten Anführerin auf Gedeih und Verderb angewiesen sind, ordnen sie sich ihr bereitwillig, ja sogar mit Ehrerbietung unter.

Nur leider sind gegenwärtig viele Elfenbein-Wilderer auf Tour, auch in den Schutzgebieten Afrikas. Und diese suchen sich aus einer Herde das Tier mit den größten Stoßzähnen aus, also die Leitkuh. Eine traurige Gelegenheit, viel zu oft zu beobachten, was nun geschieht, nämlich gar nichts.

Keineswegs reißt nun die Stellvertreterin sogleich die Spitzenposition an sich. Vielmehr folgen Wochen der Unsicherheit und Entschlußlosigkeit. Keine Elefantin will die Führung übernehmen, die einstige Stellvertreterin erst recht nicht. Niemand traut sich diese schwere Aufgabe zu. Zwar bleibt die Herde zusammen, aber die Tiere unternehmen nichts.

Allmählich aber wählt sich die Gruppe eine neue Chefin, und zwar gegen deren Willen. Alle scharen sich nur um sie, fressen nur, wenn sie frißt, schlafen, baden, laufen nur, wenn sie dies tut, und folgen ihr auf Schritt und Tritt. So läßt sie sich mit äußerstem Widerstreben von den anderen regelrecht in die Führungsposition drängen.

Nur selten trifft diese »demokratische« Wahl die einstige Stellvertreterin, meist ein Tier aus der mittleren Ranggruppe. Die Mechanismen, die hierbei eine Rolle spielen, wurden bislang am besten in Wolfsrudeln erforscht.

Der Vize hat keine Chance, Chef zu werden

Regierungsregeln im Wolfsrudel

Die Bereitschaft, freiwillig nur zweiter zu werden, unter keinen Umständen aber erster, hat im Wolfsrudel noch mehr Methode als bei den Afrikanischen Elefanten. Dort gibt es nach Forschungen von Professor Erich Klinghammer in der freien Wildbahn Kanadas immer einen starken Rüden, der jeden Verstoß Subalterner gegen die Regeln des Gemeinschaftslebens mit Angriff, bösem Knurren und Zähnefletschen, mitunter auch durch Bisse ahndet. Aber nur oberflächliche Beobachter halten ihn für das Leittier. Tatsächlich ist er nur der Stellvertreter, die Leibwache des Chefs, der »Wachhund« und Strafvollstrecker. Niemals kann er zum Chef aufsteigen.

Der wahre Anführer tritt den Mitgliedern seines Rudels nämlich stets mit ausgesprochener Freundlichkeit gegenüber.

Zu den Hauptaufgaben eines Leitwolfs gehört es, eine Bande von Natur aus reißender Bestien zu einer verschworenen Gemeinschaft zusammenzuhalten, in der jeder für jeden durch dick und dünn geht. Würde er mit Terror regieren, liefen ihm alle seine Rudelmitglieder davon in alle Winde und keiner hätte mehr etwas von den unschätzbaren Vorteilen der Gemeinschaftsjagd. Sie würden alle vor die Hunde gehen, einschließlich des Leittieres.

Manchmal muß bei Verstößen gegen die Regeln der Gemeinschaft aber doch hart durchgegriffen werden, zum Beispiel wenn sich ein Tier unsozial verhält oder das Sexualtabu mißachtet. Aber dann delegiert der Chef die Vollstreckung der Strafe an seinen Stellvertreter. So verliert der Anführer bei den Seinen nicht an Beliebtheit und sozialer Anziehungskraft und hält das einigende Band des Rudels in allgemeiner Freundschaft aufrecht. Jedoch der zweite in der »Firma Wolf und Co.« zieht den Haß aller auf sich und verscherzt sich jede Chance, von der »Belegschaft« je als Anführer akzeptiert zu werden, wenn das Leittier ausfällt. Das ganze Rudel würde ihm davonlaufen.

Gleichzeitig ist der Stellvertreter, wie Professor Erik Zimen erforscht hat, auch die »Beschwerde-Instanz« der Rudelmitglieder, ihr Aggressionsableiter und »Rammbock« bei Aufstiegskämpfen der unteren Chargen. Wenn ein Tier aufsässig wird, richtet es seine Angriffe nicht gegen den Anführer, sondern versucht es erst einmal mit der Opposition gegen dessen Stellvertreter. Dieser muß gleichsam die ganze Dreckarbeit erledigen, während sich der Boß erfreulicheren Dingen zuwendet.

Bei Zweikämpfen eines Rebellen mit dem Vize kann es mitunter zu bösen Beißereien kommen. Dann muß doch noch der Leitwolf eingreifen, um den Streit im Interesse der Einheit des Rudels zu schlichten. Wie er das vollbringt, ist typisch für sein ganzes Sozialverhalten. Weit davon entfernt, knurrend dazwischenzufahren und dem Übeltäter an die Kehle zu springen, führt er seine Friedenstat ohne Wut, Drohung und Strafe aus. Vielmehr tänzelt er grazil und freundlich herbei und macht dem Stärkeren der beiden Raufbolde einen Spielantrag. Dieser fühlt sich gleichsam geschmeichelt und geht augenblicklich auf das lustige Umhertollen mit dem Chef ein. So löst sich die Gefahr einer den Rudelzusammenhalt gefährdenden Beißerei in Spaß und Wohlgefallen auf.

Ganz allgemein ist das Spiel auch bei anderen Alltagsschwierigkeiten der probate Problemlöser. Wenn ein Rudel im Gänsemarsch durch hohen Schnee trabt, übernimmt der Stellvertreter als Spitzenläufer das anstrengende Amt des »Loipelegens«, während die anderen, mit dem Chef in der Mitte, genau in die Fußstapfen des jeweiligen Vorgängers treten.

Dabei kann es geschehen, daß der Vize eine Richtung einschlägt, in der sein Chef eine Gefahr wittert. Wie kann er den Vordersten zur Kursänderung bringen? Nach vorn laufen und ihn zur Seite beißen? Niemals! Statt dessen macht das Leittier seinem Stellvertreter einen »Hasch-mich-Spielantrag«, tut so, als risse er aus,und lenkt so die Nachfolgenden in die von ihm gewünschte Richtung.

Die Hauptbewährungsprobe aber hat der Leitwolf in Notzeiten zu bestehen. Normalerweise gilt die Regel: Je höher der Rang eines Tieres ist, desto häufiger wird es in Begleitung anderer Rudelmitglieder gesehen. Das ist der Chefarzt-Visiten-Effekt im Tierreich. Aber bei Hungersnot wäre es ein tödlicher Fehler, die ganze Gruppe tagelang vergebens durch den hohen Schnee zu hetzen. Deshalb zieht in dieser Situation der Chef allein los, während die anderen in einer Höhle warten.

Zwei bis drei Tage und Nächte lang streift er dann auf der

Suche nach Beute allein umher. Hat er Aas oder krankes Wild aufgespürt, stimmt er ein gewaltiges Geheul an, in das die Seinen aus der Ferne einstimmen, ehe sie herbeieilen. Angesichts gesunder Beutetiere aber muß er leise arbeiten und sein Rudel persönlich abholen und führen. Wenn er dann im Lager erscheint mit hoch erhobener Rute als Zeichen des Erfolges, wird er von allen geradezu stürmisch begrüßt. Sie springen ihn an, lecken ihm über das Gesicht und springen in einem Freudentaumel umher. Alle nehmen sich die Zeit, die Wiedersehensfreude zu feiern, ehe sie zur Jagd aufbrechen. Derjenige Leser, der einige Zeilen zuvor das Wort »Beliebtheit« im Zusammenhang mit dem Leitwolf für eine unzulässige Vermenschlichung gehalten haben mag, sei hiermit eines Besseren belehrt.

In Freiheit ist ein Wolf niemals ein Diktator oder Tyrann. Professor Zimen hat eingehend die Frage untersucht, wie im Rudel Entscheidungen gefällt werden. Seine Antwort ist überraschend: Kein Rudelmitglied bestimmt allein über den Aufbruch zur Pirsch, über das Einlegen von Ruhepausen, die Marschrichtung und die Geschwindigkeit. »Den allesbefehlenden Leitwolf gibt es nicht. ... Gegen den Willen der Mehrheit kann sich nicht einmal der Leitrüde durchsetzen.« Einige Tiere, etwa der Chef, sein Stellvertreter und das Alpha-Weibchen, beeinflussen die Entscheidungsbildung im Rudel stärker als andere und die sogenannten Mitläufer. Auch kommt es sehr auf die Situation an, wer zu bestimmen hat. Ist zum Beispiel ein Tier, das sich beim Angriff auf ein wehrhaftes Beutetier verletzt hat, zu erschöpft, um auf dem Heimweg das Tempo mitzuhalten, wird es nicht einfach abgehängt. Dann richten sich die anderen nach dessen Leistungsvermögen.

Auch gibt es im Rudel Spezialisten, etwa zum Aufspüren von Niederwild, zum Beobachten feindlicher Nachbarwölfe, zum Entdecken von Aas, zum Überschreiten von Flüssen und dergleichen mehr. Sie sind meist auf ihrem Spezialgebiet die sogenannten Initiatoren, die Ideenträger. Aber ob auf ihren Vorschlag eingegangen wird, darüber befindet die Gesamtheit des Rudels, niemals der Leitwolf allein.

Ihm ist offenkundig auch gar nicht daran gelegen, aus Prinzip immer seinen Willen durchzusetzen, nur um den anderen zu zeigen, daß er der Chef ist. Dieses Handlungsmotiv, das in der menschlichen Gesellschaft leider gang und gäbe ist, erweist sich in freier Wildbahn als tödlich. Sollte sich nämlich etwas später herausstellen, daß eine vom Leittier stur oder »aus Prinzip« gefällte Entscheidung falsch war, daß er also seinem Rudel geschadet hat, und geschieht ähnliches innerhalb kürzerer Zeit öfter, dann sind die Tage des Chefs gezählt. Dann wird er davongejagt und muß das Ende seiner Tage kärglich als Einzelgänger fristen.

Als Nachfolger scheidet der einstige Stellvertreter von vornherein aus, und zwar aus folgenden zwei Gründen. Einmal ist er, wie gesagt, zu verhaßt, um vom Rudel anerkannt zu werden, und zum anderen ist ihm die Servilität dem alten Leitrüden gegenüber schon unauslöschlich in Fleisch und Blut übergegangen. Bisher konnte er seine Stellung als Vize nur dadurch behaupten, daß er ständig durch Unterwürfigkeit dokumentierte, daß er nie und nimmer an eine Rivalität zum Boß denke und keinesfalls je für diesen zur Gefahr werden würde. Er ist zum Radfahrertyp geworden: nach oben buckeln, nach unten treten. Aber mit dieser Einstellung hat er gleichsam jeden Gedanken an einen weiteren Aufstieg in seiner Karriere begraben. So wird nun ein anderes Tier des Rudels zum neuen Leitrüden. Und der Stellvertreter bleibt, was er war: freiwillig der ewig zweite.

Hündische Ergebenheit ermöglicht Terror von oben

Die Bereitschaft, sich unterzuordnen

Beim Überdenken des Wolfsverhaltens bleibt ein unguter Geschmack: Wenn bei diesem Tier, wie aufgezeigt, ein Terror-Regime zum sofortigen Untergang führen würde und daher gar nicht erst entsteht, warum ist dieses diktatorische System dann in der Gesellschaft des Menschen so häufig praktiziert worden, wobei der Weg in die Katastrophe oftmals die Folge war?

Zunächst eine Ergänzung: Auch im Wolfsrudel kann es zur Tyrannei kommen, zwar niemals in freier Wildbahn, aber fast regelmäßig im Zoogehege. Ich beobachtete einmal im Gatter des Wildparks von Nindorf, wie das Leittier einen rangniederen Rüden hart angriff. Dieser warf sich sofort mit Demutsgebärde zu Boden und stoppte damit die Aggression des Chefs. Aber dieser fing nun an, den Unterlegenen zu schikanieren. Erst entfernte er sich ein wenig, aber sobald sich der Schwächere erheben wollte, sprang das Leittier wieder herzu und zwang ihn erneut zu Boden. So ging das über 72 Minuten.

In freier Wildbahn hat ein Leitwolf niemals die Zeit zu solch langwieriger Quälerei. Andere Dinge sind viel wichtiger: Jagd, Verteidigung gegen äußere Feinde, Erziehung der Jungtiere, Maßnahmen zum Rudelzusammenhalt – alles Tätigkeiten, die im Gatter nicht ausgeübt werden müssen. So verlagern sich die Aktivitäten auf die Befriedigung des Rang- und Prestigestrebens. Wie schon bei den Schimpansen von Frans de Waal zeigt sich auch hier die Entartung des natürlichen Sozialverhaltens durch unnatürliche Lebensbedingungen sowie die frappante Ähnlichkeit mit der Entartung menschlicher Wesenszüge in Zivilisation und Masse.

In Freiheit ist ein Leitwolf durch die Lebensumstände gezwungen, sich extrem sozial zu seinen Rudelmitgliedern zu verhalten. Im Zoo schlägt das ins Gegenteil um: in asoziale Herrschsucht, in Unterdrückung und Schikane.

Dieser Artefakt des Asozialen, des Terror- und Knechtungsverhaltens würde jedoch wirkungslos verpuffen, wenn es bei allen in Gemeinschaften lebenden Wesen nicht die Bipolarität von Dominanz- und Submissions-Verhalten gäbe. Herrschen kann einer nur dann, wenn es eine Volksmasse gibt, die eine starke Bereitschaft zeigt, sich unterzuordnen. Dies beruht auf einer angeborenen Disposition und ist von Natur aus etwas Gutes, denn welche Jagderfolge könnte ein Wolfsrudel erzielen, wenn jedes Gruppenmitglied nach Lust und Laune seiner eigenen Wege gehen wollte.

Beim Haushund, der vom Wolf abstammt, ist die Unterwerfungs-Veranlagung bereits zur sprichwörtlich hündischen Ergebenheit gegenüber seinem Herrn degeneriert. Er kennt nicht einmal mehr das »gewisse Mitbestimmungsrecht« rangniederer Tiere im Wolfsrudel – sofern sich der Hund nicht zum Herrn über Herrchen aufgeschwungen hat. Beim Menschen schließlich ist die Bereitschaft zur Unterordnung, die im Stammesleben der Naturvölker durchaus ihre Berechtigung hat, in der anonymen Massengesellschaft im Wechselspiel zu einer horrenden Sinnlosigkeit entartet, die Katastrophen an Unmenschlichkeit und Selbstvernichtung heraufbeschwört, wie die Hitlerzeit gezeigt hat.

Man vergleiche dies Unterwerfungsverhalten einmal mit der Lebensweise einer Hauskatze, einem nur schwach zum Gemeinschaftsleben veranlagten Tier. Sie tut nur, was ihr gerade genehm ist, und läßt sich allenfalls durch äußerste Freundlichkeit ihrer Vertrauensperson dazu bewegen, dieser kurze Zeit zu Willen zu sein. Und hält man sich wie ich einige Zeit einen extrem einzelgängerischen Waschbären im Haus, dann erfährt man zur Genüge, was eine eingefleischte nichtsoziale Wesensart bedeutet und daß es einer inneren Disposition dazu bedarf, sich unterordnen zu können und damit die Voraussetzung zum Gemeinschaftswesen in sich zu tragen. Aber beim Zivilisationsmenschen treibt der Gehorsamstrieb bar jeder Anpassung an natürliche Gegebenheiten tödlich-irrsinnige Blüten, und zwar auch und gerade dann, wenn der Führer der betreffenden Gruppe in Verfolgung rein egoistischer Ziele seiner Gemeinschaft Schaden zufügt, was bei Wölfen sofort zu einer Revolution führen würde.

Dazu gehört sogar der Gehorsam gegenüber »Führern«, deren Verbrechertum klar erkennbar ist. Während einer Flugzeugentführung kann ein einzelner Passagier, der Widerstand leisten will, gar nichts unternehmen, weil er bereits von seinen lieben Mitreisenden, die sich sogleich bedingungslos den neuen Machthabern unterwerfen, daran gehindert wird. »Man muß doch Verständnis für die berechtigten Motive der Terroristen haben.« – »Es wird schon nicht so schlimm kommen, wenn wir uns fügen.« – »Die Entführer sind doch auch Menschen.« So und ähnlich lauten die Argumente, die hernach von untersuchenden Psychologen aufgezeichnet wurden.

Im Fall der Geiselnahme von Mogadischu wurde eine jüngere Dame zum Tode verurteilt, weil sie sich verbotenerweise für eine Sekunde vom Sitzplatz erhoben hatte. »Melden Sie sich in genau zwei Stunden zum Erschießen!« schrie sie ein Entführer an. Von da an, so berichten Augenzeugen, saß die Dame starr da, den Blick immer nur auf ihre Armbanduhr gerichtet, damit sie den Termin nur ja nicht verpasse. Die Verhaltensforschung interpretiert diese Reaktion als Bitte um Bestrafung.

Und dieses Bitten um Bestrafung kommt auch im Tierreich vor, etwa in folgendem Fall:

Bei Mutter Wölfin Milch zu nuckeln ist den Welpen nur während der ersten zwei bis drei Lebensmonate gestattet. Später wird es zum strafbaren Delikt. Das wußte der einjährige Jungrüde, der, wie Professor Klinghammer schreibt, in einem kanadischen Rudel lebte, sehr genau. Dennoch konnte er es sich in einer plötzlichen Anwallung nicht verkneifen, eines seiner kleinen Geschwisterchen von Mutters Zitze zu vertreiben und selbst ein paar Schluck zu saugen. Doch nun geschah das Bemerkenswerte. Die alte Wölfin entzog sich dem Sohn nur. Bestrafungen sind nicht ihre Sache, sondern die des Stellvertreters. Aber der döste gerade hinter einem fernen Busch und hatte von der strafbaren Handlung nichts bemerkt. Da trottete der Missetäter mit unter den Bauch geklemmter Rute und erbärmlich fiepend auf den Zuchtmeister zu. Dieser erhob sich verwirrt und unschlüssig, was es hier wohl zu tun gäbe. Aber, man kann es gar nicht anders beschreiben: Der Jungwolf bettelte ihn geradezu an, ihm die wohlverdiente Strafe zu verpassen. Der große Schwarze öffnete sein Maul, und der Junge steckte demütig seinen halben Kopf hinein. Natürlich biß der Zuchtmeister nicht zu. Die Strafe ist mehr symbolisch zu verstehen. »Über-die-Schnauze-Beißen« nennt das der Verhaltensforscher.

Das Bitten um Bestrafung ist auch Humanpsychologen bei Menschenkindern bekannt. Hier erwächst dies Verhalten aus dem Schuldgefühl bei einem Regelverstoß. Im Fall der Geiselnahme motiviert es sich aber aus einer anderen Quelle: dem Streben nach persönlicher Sicherheit bei bedingungsloser Unterwerfung unter die Machtausübenden, ganz gleich, was sonst geschieht.

So sagen die meisten Geiseln, wenn alles vorüber ist, auch übereinstimmend aus, daß sie gut behandelt worden wären und sich in guter Verfassung befänden. Aber bald darauf beginnt das seelische Trauma zu wirken. Nächtliche Angstpsychosen schütteln die Patienten, und hinzu tritt die Scham in dem erst nachträglich erwachenden Bewußtsein, Unrecht gutgeheißen zu haben. Verdrängungen sind die Folge, die wiederum zu seelischen Schäden führen. Das sind die katastrophalen Folgen des Kadavergehorsams.

Wie leicht es ist, Menschen aufgrund ihrer Veranlagung zur bedingungslosen Unterwerfung unter eine Autorität zu zwingen oder ganz simpel auch nur zu bringen, zeigen Experimente von Professor Stanley Milgram mit 280 Studenten der California-Universität sowie mit einfachen Leuten von der Straße. Gegen sehr geringes Honorar sollten sie einzeln als »Lehrer« den Einfluß von schmerzhaften Strafen auf den Lernerfolg von »Schülern« testen, wie ihnen vorgetäuscht wurde.

Die Strafen für mangelhaftes Lernen bestanden aus Elektroschocks, die von 15 Volt auf 450 Volt gesteigert werden konnten (70 Volt sind bereits tödlich, wie jedes Kind weiß!). Die Schmerzensschreie wurden vom Schülerzimmer über Lautsprecher ins Lehrerzimmer übertragen. Das Zittern, Zappeln, Gestikulieren, Krampfen und Zusammenbrechen des Schülers konnte der Lehrer durch eine Glasscheibe miterleben.

Natürlich wurden auch die Strafen nur vorgetäuscht. Der »Schüler« war ein Schauspieler. Aber die »Lehrer« hielten alles für echt und offenbarten nun, wie weit sie beim Quälen ihres Mitmenschen zu gehen bereit waren. Das Ergebnis ist erschreckend: 62,5 Prozent aller »Lehrer« erteilten ihrem »Schüler« trotz Bitten, Flehen und Schreien immer stärkere Elektroschocks, sogar dann noch, wenn das »Opfer« fast tot in den Riemen des elektrischen Stuhls hing. Nur 37,5 Prozent weigerten sich.

Allerdings wurden auch einige »pflichtbewußte Lehrer« unsicher. Sie fragten einen in ihrem Raum stehenden Laborgehilfen, der einen weißen Mantel trug und vorgab, den Doktortitel zu besitzen, ob sie wirklich weitermachen sollten. Von dieser »Autorität« bekamen sie dann keineswegs einen strengen Befehl, sondern nur die monoton-stereotype Antwort: »Sie haben keine andere Wahl. Sie müssen weitermachen.« Mehr nicht. Aber das genügte schon, um den Befehlsausführer zu bewegen, mit der Menschenschinderei fortzufahren.

Weder die Sorge um »die Familie daheim« noch erstrebenswerter Geldlohn, noch die Sorge um die eigene akademische Zukunft spielten hier eine Rolle. Die »Autorität«, der »Doktor«, war allen Teststudenten unbekannt, die Gefahr, daß er ihnen bei einer Verweigerung die Prüfung vermasseln konnte, gleich null. Kein Terror-Regime bedrohte sie bei Befehlsverweigerung mit Vernichtung der Existenz.

Und trotzdem zeigen 62,5 Prozent der Menschen die Bereitschaft, sich einer x-beliebigen Autorität bedingungslos unterzuordnen und ihre Mitmenschen zu quälen oder gar umzubringen. Unter verschärften Bedingungen steigt der Prozentsatz der Inhumanen noch weiter an. Der Beispiele vom Exerziergefreiten bis zum Gashahnöffner im NS-Vernichtungslager sind Legion.

Dies ist eine erschütternde tiefenpsychologische Tatsache, vor der wir die Augen aber nicht verschließen dürfen. Die Submissionsveranlagung ist in der anonymen Massengesellschaft, an die sie nicht angepaßt ist, einer der katastrophalsten Zerstörer der Vernunft. Denn die Verstandeserkenntnis, in der Gefolgschaft eines Führers zum Komplizen bei kriminellen und inhumanen Handlungen zu werden, wird leider nur allzu leicht von der Autoritätshörigkeit verdrängt.

Sogar eine Revolution kann dies Problem nicht lösen, gelingt sie doch nur dann, wenn sich ein anderer zum Führer der Rebellion aufschwingt, wenn also eine große Anhänger-

schaft mit ihrem Submissionsgeist auf eine neue Führerfigur überwechselt. Wobei es dahingestellt bleibt, ob damit eine Verbesserung der zwischenmenschlichen Beziehungen erreicht wird oder, allen Illusionen zum Trotz, eine Verschlechterung.
Eine Lösung des Problems kann es nur auf individueller Basis geben. Denn nur, wenn sich der einzelne all dieser der Vernunft zuwiderlaufenden Zusammenhänge bewußt ist, kann er dem rational gegensteuern und den bisherigen Anteil von 37,5 Prozent derjenigen Leute, die sich einer kriminellen und inhumanen Obrigkeit verweigern, so erhöhen, daß eine deutliche Mehrheit die Menschlichkeit des Menschen wahren kann.

Sieger- und Verlierertypen

Der ewige zweite

Die Loyalität hat auch noch ein anderes Janusgesicht. Wie es eine Veranlagung zu Machtstreben und Führerschaft gibt, so auch eine zur immerwährenden Zweitrangigkeit. Das ist in brillanter Weise an, man lache bitte nicht, Mäusen und Hausmeerschweinchen untersucht worden. Große Dinge fangen immer klein an.
Weil bei den Hausmeerschweinchen die Nagezähnchen ziemlich harmlos sind, benehmen sich die innerhalb einer Sippe im Kampf Unterlegenen ziemlich respektlos vor »gekrönten Häuptern«. Schlimme Strafen sind ja nicht zu erwarten. So denkt der stärkste Jüngling eines Wurfes auch, er brauche vor dem Boß, seinem Vater, nie zu kuschen.

Das geht solange gut, bis er geschlechtsreif wird. Dann kommt es in Gegenwart eines Weibchens unweigerlich zu einer »Interessenüberschneidung« mit dem Alten. Statt sich in Demutsgebärde zu ducken, wendet das Jungmännchen dem Allgewaltigen seinen Allerwertesten zu. Das heißt auch in der Meerschweinchensprache: »Du kannst mich mal ...« Und schon wird es von Vaters Zähnchen nicht nur blutig geschlitzt, sondern auch noch wochenlang verfolgt und gebissen. Wie Professor Norbert Sachser und Dr. Ekkehard Pröve an der Universität Bielefeld beobachtet haben, sinkt der zunächst stärkste Sohn auf den niedersten Rang in der Halbstarkenschar. Er verdreckt, verkümmert, magert ab, bekommt ein struppiges, glanzloses Fell und versteckt sich tagsüber in Ecken, Löchern und Winkeln. Die anderen Geschwister wachsen ihm schnell über den Kopf. Aus seinem warnenden Beispiel haben sie gelernt und begegnen dem Vater mit größerem sozialem Geschick.

Also kann auch in der Meerschweinchen-Sippe der zunächst stärkste Sproß niemals Boß werden und Nachwuchs zeugen. Wieder ein Beispiel mehr, daß die gängige Klischeevorstellung über das angebliche »Naturgesetz vom Recht des Stärkeren« und vom »Primat der ererbten Veranlagung« weiter nichts ist als eine horrende Fehlinterpretation menschlicher Vorurteilskraft.

Aber die Dinge kommen noch schöner, wenn man sie genauer untersucht, wie es die Professoren Dietrich v. Holst und Norbert Sachser an der Universität Bayreuth getan haben.

Drei Tröpfchen Blut genügen den Forschern, um mit ihrer neu entwickelten genialen Methode die Mengen von 150 verschiedenen Hormonen darin exakt zu bestimmen. Und diese Zusammensetzung gestattet wiederum tiefe Einblicke in körperinnere, »seelische« Vorgänge, die dem Betrachter des äußeren Erscheinungsbildes eines Tieres verborgen bleiben.

Wenn zum Beispiel zwei männliche Meerschweinchen miteinander streiten, wirkt der psychische Reiz der Kampfsituation physisch auf die Vermehrung oder Verminderung zahlreicher Hormone im Blut. Hierdurch werden wiederum psychische Weichen im Verhalten derart gesteuert, daß hiervon – und nicht etwa von der Muskelkraft – Sieg oder Niederlage abhängt.

Es zeigte sich, daß es unter diesen Tieren nach ihrer hormonalen Sozialdisposition zwei Typen gibt: Kämpfer und Nichtkämpfer. Letztere tun, wenn sie angegriffen werden, nichts oder weichen dem Gegner widerstandslos aus, auch wenn sie ein überlegenes Körpergewicht besitzen.

Sind die Nachgebenden etwa die »Klügeren«? Nein, denn die »Friedensengel« leiden viel stärker an Streßhormonen, die ihre inneren Organe - besonders das Herz - in zerstörerischer Weise angreifen, als die Raufbolde, die diese schädigenden Hormone durch ihre körperliche Aktivität abbauen. Die Nichtkämpfer können sogar, wenn sie oft nachgeben müssen, Gesundheitsschäden erleiden, die tödlich verlaufen.

Unter den zum Verlieren veranlagten Meerschweinchen gibt es wiederum zwei Typen, die auch schon lange vor Kampfbeginn an ihrer hormonalen Sozialveranlagung zu erkennen sind. Die einen, als Submissive bezeichnet, unterwerfen sich bedingungslos, verkriechen sich, vegetieren struppig und dreckig dahin und sterben bald. Die anderen Verlierer, als Subdominante bezeichnet, respektieren zwar künftig den Sieger, bleiben aber als Bei- oder Satellitenmännchen in dessen Nähe und verteidigen sich vehement, falls sie einmal von ihrem Chef angegriffen werden. Sie sind gleichsam ihrer hormonalen Veranlagung nach zum Stellvertreter prädestiniert, zum ewigen zweiten.

Da es nun also möglich ist, die einzelnen Typen im voraus zu erkennen, bietet sich die interessante Chance, Gruppen aus bestimmten Typen künstlich zusammenzusetzen. Was geschieht daraufhin bei den Meerschweinchen?
In den nach Zufallsverteilung neu zusammengesetzten Gruppen beginnen sogleich die Rangordnungskämpfe. Sie dauern vier Tage. In dieser Zeit steigen bei allen Tieren die Aggressions- und Angsthormone auf hohe Werte. Dann ist die Hierarchie dauerhaft festgelegt. Der Spiegel ruinöser Hormone sinkt wieder auf normale Werte ab, ohne körperliche Schäden verursacht zu haben. Es herrscht Frieden.
Stellt man aber eine Gruppe zusammen, die nur aus Kämpfer- und Siegertypen besteht, so ist das ungefähr das Schlimmste, was man tun kann. Das Kämpfen nimmt kein Ende, niemand will sich unterwerfen. Bei allen Beteiligten treten schnell hoher Blutdruck und arteriosklerotische Schäden auf. Und der Muskulöseste und Bissigste, also der »Häuptling der Häuptlinge«, stirbt binnen kurzem an Herzversagen. Die »Managerkrankheit« rafft ihn in diesem »Betriebsklima« schnell dahin.
Eine ähnliche Situation schuf Dr. D. Ely an der Universität von Akron, Ohio, bei Hausmäusen. Nur gönnte er dem Boß, kurz bevor dieser total entnervt war, einen Erholungsurlaub im Einzelkäfig. Hier sank der gefährlich hohe Blutdruck binnen einer Woche wieder auf normale Werte. Der »Kurgast« genas von seinen Leiden.
Wenn man ihn nun aber zu seiner Gruppe zurückbrachte, in der fünf Männchen um zwölf Weibchen rivalisierten, zeigte es sich, daß es auch in dieser Situation zwei Typen gibt, die entsprechend ihrer Veranlagung unterschiedlich reagieren. »Es gab einige«, so berichtet der Forscher, »die sich sofort wieder aggressiv in den Betrieb stürzten, um die verlorene Spitzenstellung zurückzuerobern. Andere aber hatten offen-

kundig die Schnauze voll und begnügten sich fortan mit einem gemächlicheren Geschick in der zweiten Reihe.« Die Tatsache, daß es Wesen gibt, die beim Karrierestreben, beim Erklimmen der Rangstufenleiter, getrost mit dem zweitobersten Platz vorliebnehmen und sich sogar weigern, noch eine Sprosse, die letzte, höherzusteigen, wirft ein Schlaglicht auf einen Umstand, der Vermittlungsbüros für Führungskräfte im Wirtschaftsleben in Amerika und Europa zunehmend Kummer bereitet.

Die Agenturen locken mit Chefposten höchster Dotierung, ausgestattet mit allen Insignien der Befehlsgewalt und Entscheidungsfreiheit, mit firmeneigenem Privatjet und luxuriösem Penthouse-Büro. Aber fast alle Vizedirektoren großer Unternehmen, bei denen sie anfragen, lehnen dankend ab. »Ich bin geschockt«, so berichtet Thomas Neff, Präsident der bedeutenden amerikanischen Spencer-Stuart-Personalberatung, »wie viele Nummer-zwei-Leute es rundweg ablehnen, die Nummer eins zu werden.«

Sich der unterschwelligen Motivation nicht bewußt, schützen die Karrierebremser andere Gründe vor: Der Spitzenjob sei zu hart. Es würden zu viele Entscheidungen verlangt. Dort oben fühle man sich zu isoliert. Alles Mäusetypen, die die »Schnauze voll haben«.

Es gibt eben nicht so viele Alpha-Menschen, wie die Wirtschaft verbraucht. Allerdings haben sich Methoden eingebürgert, mit denen sich Beta-Typen als Alphas kaschieren können, etwa durch die akademische Schulung. Jeder Unterricht ist didaktisch darauf ausgerichtet, auch Mittelmäßigen das Rüstzeug, wenn schon nicht die Begabung, für Höheres zu vermitteln.

Soziologisch schwerwiegender ist der zweite Tarnanzug. Nach der Devise »Nur ein erstklassiger Chef beschäftigt erstklassige Mitarbeiter, ein zweitklassiger Boß aber nur drittklassige« gestaltet der Minderbemittelte sein soziales Umfeld auf einem Niveau, das seine Vormachtstellung nicht antastet. »Soll doch lieber die ganze Firma zum Teufel gehen, ehe ich Einbußen an meinem Prestige hinnehme!« so lautet das unausgesprochene Prinzip.

Das ist der Weg, auf dem die Dummheit die Welt zu regieren versucht, und zwar in einem Ausmaß, daß man sich fragt, weshalb das Erdengetriebe überhaupt noch funktioniert. Jede freilebende Tiergesellschaft hätte sich unter diesen Umständen schon längst selbst zugrunde gerichtet.

So bleibt noch die Frage zu klären, was es mit der erwähnten »hormonalen Veranlagung« zum Alpha-, Beta- oder Gammatier auf sich hat. Handelt es sich um eine ererbte Disposition? Erste Versuche von Professor Sachser scheinen dagegen zu sprechen.

Er würfelte Meerschweinchen zu neuen Gruppen zusammen, und zwar in der ersten Versuchsreihe nur solche Tiere, die als Mitglieder anderer Gruppen aufgewachsen waren und dort Sozialverhalten gelernt hatten. Sie arrangierten ihr neues Zusammenleben schnell, problemlos und ohne viel zu kämpfen. Bestand die neue Gruppe hingegen aus Tieren, die als Einzelwesen asozial großgeworden waren, nahm es des Streitens und Kämpfens kein Ende. Es gab weder erste noch zweite oder dritte, nur Chaos. Das beweist, daß die Lernkomponente bei diesem Rangphänomen zumindest eine sehr große Rolle spielt.

V. DAS GEWISSE ETWAS DER PERSÖNLICHKEIT

Des Führers Weg in den Untergang

Hirnverlust prädestiniert zum Boß

Die hervorragendsten Eigenschaften, die ein Einzeltier zum Anführer einer anonymen Masse (nicht einer individuellen Kleingruppe!) prädestinieren, sind eiserne Sturheit, asoziale Rücksichtslosigkeit, unbelehrbare Uneinsichtigkeit. Besonders eindrucksvoll zeigt uns das der Heringsschwarm.

Normalerweise besitzt ein Heringsschwarm keinen Anführer. Wer gerade vorn, hinten oder an den Seiten schwimmt, bestimmt der Zufall in einer ständigen Umwälzbewegung. Jeder einzelne Fisch ist bestrebt, nach der Regel von der Bestimmung der Gesamthandlung durch die Mehrheit in der großen Masse mitzulaufen. Sie gewährt ihm die notwendige Sicherheit vor Feinden und garantiert das relativ schnelle Auffinden von Nahrungsgründen.

Wenn jedoch ein Hering, der etwa an einer Seite schwimmt, einen angreifenden Raubfisch entdeckt, ändert sich das Prinzip. Er flieht mit Höchsttempo geradlinig vom Feind weg durch den Schwarm seiner Artgenossen hindurch und reißt dabei alle seine Kumpane mit, die ihm, dem einzelnen, nun blindlings folgen. Durch Tempo und zielbewußte Geradlinigkeit bestimmt ein einziges Tier für kurze Zeit die Handlung der Gesamtheit in einer Notsituation.

Beim Aufspüren von Nahrung, also Schwärmen lupenkleiner Ruderfußkrebse oder Fischlarven, verhält es sich ähnlich. Der Entdecker schwimmt auffällig schnell und geradlinig aus der Masse seines Schwarmes heraus und reißt dadurch seine Nachbarn mit – hin zum Futter. Vom Hubschrauber aus betrachtet, sieht ein fressender Heringsschwarm wie eine riesige Amöbe aus, die Scheinfüßchen nach verschiedenen Seiten futterwärts ausstreckt.

Bis hierher gestaltet sich alles ganz natürlich, sinnvoll und lebenerhaltend. Doch vor einigen Jahren hat ein Zoologe Experimente gemacht, die grausam, aber auch sehr aufschlußreich waren. Er schaltete bei einem Hering jene Region im Vorderhirn aus, die als sogenannte Sozialisierungssphäre die eigenen Verhaltensweisen des Fisches mit denen der übrigen Schwarmgenossen koordiniert.

Der Kieler Zoologieprofessor Adolf Remane referiert hierüber: »Das Tier kümmert sich von nun an nicht mehr darum, ob seine Genossen mit ihm mitschwimmen oder nicht, und schwimmt stur und scheinbar entschlossen seine eigene Bahn. Wahrhaft erschütternd aber ist die Reaktion der Schwarmmitglieder auf dieses grundsätzlich asoziale Verhalten: Weit davon entfernt, sich nicht um den Außenseiter zu kümmern, schwimmen sie ihm fortan getreu auf allen seinen Wegen nach. Der großhirnlose Fisch ist eben durch seinen geistigen Defekt zum Anführer geworden.«

Er ist ein abnormer Außenseiter, aber nicht von jener Art, die in der Regel von der Gemeinschaft ausgestoßen wird. Vielmehr besitzt er Persönlichkeitsmerkmale, die den Nachfolgetrieb der Menge in Situationen der Gefahr und der Freßlust mobilisieren.

Es fällt nicht schwer, gewisse Parallelen vom hirnrissigen Fisch zu vernunftbeschränkten Führerpersönlichkeiten in Gesellschaften des Homo sapiens zu ziehen. Alle Grundelemente des Verhaltens finden wir auch hier: Der Boß verhält sich asozial, während er soziale Gefolgschaft verlangt. Auch er legt ein geradliniges Tempo vor, das andere mitreißt. Und dieses entspringt geistiger Beschränktheit, obwohl es mit Mannestugenden wie »eisernem Willen«, »Entschlußkraft« oder gar »göttlicher Berufung« kaschiert wird.

Kurz: Das faschistoide Prinzip der Führerpersönlichkeit kennt im gesamten Naturgeschehen nichts Entsprechendes. Im Gegenteil: Es ist die Perversion desselben.

Und ein Heringsschwarm, der einem großhirnlosen Anführer folgt, endet binnen kurzem in der Katastrophe. Er findet keine Nahrung mehr oder wird von Raubfischen vernichtet.

Ein anderes Beispiel einer wahrhaft umwerfenden Führerpersönlichkeit im Tierreich ist das Leittier einer Schafherde, das bekanntlich kein »Leithammel« ist, sondern ein Weibchen, obwohl dieses keineswegs durch hervorstechendere Geistesgaben ausgezeichnet ist als ein Hammel oder ein Widder.

Zum Beispiel stürzten sich am 14. Dezember 1978 nahe der norditalienischen Stadt Reggio Emilia 200 Schafe von der sicheren Weide in den Crostolofluß, der nach starken Regenfällen in einer Schlucht zum reißenden Strom angeschwollen war, und ertranken allesamt.

Ein Massenselbstmord, wie anderntags die Zeitungen berichteten? Keineswegs. Die Dinge hatten sich vielmehr wie folgt abgespielt: Spaziergänger hatten angesichts der friedlich und ruhig grasenden Herde versäumt, ihre beiden Schäferhunde an die Leine zu nehmen. So rannten diese plötzlich aggressiv auf die Schafe zu, trafen durch einen unglücklichen Zufall auf das Leittier und versetzten es in Panik. In Sekundenschnelle griff diese durch den Akt der Stimmungsübertragung auf die ganze Herde über. Eine typische Situation für kopfloses Nachfolgeverhalten. Das Leitschaf rannte auf die Schlucht zu, obwohl es den Abgrund seit Jahren genau

kannte, und stürzte sich hinein. Und alle die 200 anderen Schafe folgten ihm im Laufschritt in den sicheren Tod.
Sogar eine viel harmlosere Situation kann schon eine sinnwidrige Massenreaktion auslösen. Als zehnjähriger Junge wollte ich einmal neugeborene Lämmer in einer Schafherde fotografieren. Ganz langsam näherte ich mich, so daß die Tiere ruhig weiter Gras rupften. Dann machte ich den Fehler, vor einem Lamm blitzschnell in die Hocke zu gehen, um es zu knipsen. Ein Schreck zuckte durch die umstehenden Tiere, und schon galoppierte das links von mir stehende Leitschaf weiter nach links davon. Aber nicht nur alle links von mir weidenden Schafe folgten ihm mit Tempo, sondern auch alle rechts von mir grasenden Tiere. Diese kamen also direkt auf mich, den vermeintlichen Feind, zu. Hautnah spürte ich die Urgewalt, mit der es die Tiere hinter ihren Anführer herzog. Wäre ich ein Wolf gewesen, hätte ich mir ein Opferlamm spielend leicht fangen können.
Die Erfahrung lehrt, daß Menschenmassen in Panik auch nicht vernünftiger und sinnvoller handeln als diese Herdentiere.
Oder gehen wir in unseren Beispielen noch eine Harmlosigkeitsstufe weiter in eine Brutkolonie der Stare. Hier übt die »Führerpersönlichkeit« des stärksten Männchens eine ungeheure Anziehungskraft auf die Vogelweiblichkeit aus. Zunächst prügelt der Boß bis zu fünf schwächere Männchen aus deren Nistkästen heraus und nimmt alle deren Wohnungen in Alleinbesitz. Sogleich kommen ihm die Weibchen zugeflogen, ein jedes in ein Nest. Und so wird er zum Pascha über einen Harem von fünf Weibchen.
Ein Triumph der Zeugungskraft des Stärksten? So interpretierte man es früher. Jetzt aber hat Professor John Dittami diese Vorgänge an der Universität Wien im Detail untersucht und ist dabei zu ganz überraschenden Resultaten gekommen:

Im Fünf-Weiber-Harem genießt der Star unter den Staren zwar vermehrte sexuelle Freuden. Aber das ist dann auch schon alles. Er unterläßt es, seinen Weibchen beim Füttern der Jungen zu helfen. Allein schaffen sie es nicht. Ein Kind nach dem anderen verhungert oder erfriert im Nest. Hatte jede Mutter zunächst im Durchschnitt fünf Eier gelegt, war der Boß also stolzer Vater von insgesamt etwa 25 Küken, so überlebten bis zum Ende der Nestlingszeit meist nicht mehr als insgesamt drei.

Die schwächeren Starenmännchen, deren mindere Persönlichkeitswerte nur jeweils ein Weibchen in ihren Bann zu schlagen vermochten, lebten indessen mit ihrer Partnerin in Einehe, halfen fleißig beim Wärmen der Brut und beim Füttern der Jungen und schafften es fast durchweg, je alle fünf Kinder großzuziehen. Der Schwache entläßt also fünfmal Nachwuchs in die Welt, der Superstarke, trotz seiner fünf Weibchen, aber nur dreimal.

Aber immerhin scheinen die Starenweibchen, die dem Herkules zufliegen, dem gleichen Vorurteil zum Opfer zu fallen wie wir Menschen: der Anbetung von Kraft und Gewalt – zum eigenen Schaden.

Der Kampf um die Macht in den Sozietäten der Tiere und Menschen wird mitunter auch von Umständen bestimmt, mit denen keineswegs immer nur die »Besten« zur Spitze gelangen. Manchmal sind es sogar geradezu destruktive Verhaltensweisen, mit denen ein Usurpator seine »starke Führerpersönlichkeit« demonstrieren will und die ihn dann auch auf den Thron heben. Das geschieht unter außergewöhnlichen Umständen bei Asiatischen und Afrikanischen Elefanten, etwa wenn diese mit der Zivilisation des Menschen in schmerzhafte Berührung kommen.

Solch ein tragischer Fall begann anno 1972 in Indien, wie A. E. Johann berichtet. Inmitten eines schwer zu durchdringenden Dschungels errichteten Waldarbeiter ein Holzhaus, und zwar so, daß es einen jahrhundertealten Pfad wildlebender Elefanten versperrte. Eines Tages walzte die Herde der grauen Riesen heran. Die Inder stellten sich ihnen entgegen und schossen drei Tiere ab. Da ergriff die übrigen übermächtiger Zorn. Laut trompetend setzten sie sich in Trab, überrannten die Menschen, zerstampften das Haus, traten alles kurz und klein und zogen schließlich ihrer Wege.

Dies Ereignis hat das Leben dieser Herde von Grund auf verändert. Wahrscheinlich war das Leittier erschossen worden, und ein anderer Bulle, der gewalttätigste, der beim Sturmangriff die Spitze übernommen hatte, war neuer Boß geworden. Gewalt als Erfolgsrezept beherrschte künftig alle seine Handlungen und übertrug sich auf die gesamte Herde. Sie verwüstete nicht nur die Felder der Bauern, sondern brach auch weit abseits ihrer angestammten Wanderwege in geschlossener Formation in Dörfer ein und ließ dort in einem Rausch sinnloser Zerstörungswut keinen Stein auf dem anderen. »Den Menschen blieb nichts übrig als besinnungslose Flucht«, so berichtet A. E. Johann. »Und wer sich nicht dabei beeilte, den brachten die tobenden Riesen vom Leben zum Tode.« Natürlich wurden umgehend Scharfschützen herbeigerufen. Und so nahm die Geschichte auch für die Elefanten, die dem Wüterich gefolgt waren, ein furchtbares Ende.

Geradezu ein Lehrstück über den Wahnsinn einer Eskalation der Gewalt über Jahrzehnte hinweg liefert ein ähnliches Beispiel aus Südafrika. Nur knapp 60 Kilometer nördlich der Stadt Port Elizabeth liegt der sogenannte Addo-Busch, eine Dornbuschsteppe, die so dicht verwachsen ist, daß Menschen nicht in sie eindringen können. So hielten sich hier seit 1919, als in den umliegenden Regionen schon alle Elefanten abgeschossen worden waren, noch 16 Tiere der sogenannten Addo-Elefanten, einer Unterart der Süd- oder Kapelefanten.

An der Peripherie ihres Lebensraumes, in der Übergangszone zu landwirtschaftlich genutzten Flächen, kam es immer wieder zu Zusammenstößen der Dickhäuter mit Farmern, die Schußwaffen einsetzten. Somit kannten die Tiere den Menschen nur als Todfeind. Dies erfüllte die grauen Riesen mit maßloser Wut gegen alles, was nach Mensch oder Auto roch. Sie überfielen auch jeden Touristenbus, der sich in ihre Nähe wagte.

In der nächsten Eskalationsstufe bekamen Großwildjäger den Auftrag, alle Tiere abzuschießen, ein Unternehmen, das nur zum Tod einiger Nimrode führte, da ihnen die Elefanten im dichten Dornbusch überlegen waren. Unter den Tieren überlebten das Massaker die schlauesten, listigsten, aggressivsten und mordlustigsten Elefanten, die die Naturgeschichte Afrikas kennt.

Sie scharten sich alle um einen Leitbullen, der »Schlitzohr« genannt wurde, weil sein linker Lauscher von einer Kugel zerfetzt worden war. Er entsprach offensichtlich den kriegerisch gewordenen Neigungen der Herde und wußte immer, wann und wo die Gruppe ungestraft ein Dorf überfallen, Felder und Gärten verwüsten und Zäune niederwalzen konnte. Er hatte auch ein Gespür dafür, wenn ein ortsunkundiger Großwildjäger in den Busch vordrang. Solchc Leute blieben bis heute spurlos verschwunden. Einige Wochen lang terrorisierten die Elefanten sogar die Eisenbahnstation von Addo an der Strecke nach Port Elizabeth.

Da sich der Abschuß von Schlitzohr und weiteren Mitgliedern seiner »Rockerbande« als unmöglich erwies, wurde das Buschland, das 1931 zum Nationalpark erklärt worden war, im Jahre 1954 mit einem Zaun aus Straßenbahnschienen, die in Johannesburg nicht mehr benötigt wurden, und mit gewaltigen Stahltrossen umgeben. Doch nun verlangten Touristen, die »berüchtigten« Tiere auch zu sehen. Diese waren jedoch nicht dazu zu bewegen, aus dem dichten Busch herauszukommen, bis die Parkverwaltung auf den unseligen Gedanken verfiel, die Tiere durch regelmäßiges Verfüttern großer Mengen von Apfelsinen herauszulocken.

Was folgte, ist nur als Wohlstandsverwahrlosung zu bezeichnen. Schlitzohr machte den Anfang, schwächere Herdengenossen von den Leckerbissen wegzustoßen, was ein Elefant in freier Wildbahn nie tun würde.

Die anderen eiferten ihm sofort nach. Das Faustrecht regierte. Raufereien waren an der Tagesordnung, bis ein Tier im Zweikampf von den Stoßzähnen des Gegners erstochen wurde. Die Herdengemeinschaft brach auseinander und versank im Chaos.

1979 brach die Parkverwaltung diese blödsinnige Fütterung endlich ab. Zwar kommen nun kaum noch Touristen. Aber die Elefanten wählten sich nun einen neuen Anführer, der nicht mehr so gewalttätig war. Die Kriegskunst Schlitzohrs war nicht mehr gefragt. Doch das neue Leittier beherrschte alle Fertigkeiten zum Überleben in freier Wildbahn. Es kehrte wieder Frieden ein. Die soziale Gemeinschaft wurde wiederhergestellt. Die Geburtenrate stieg steil an. Sogar Touristen dürfen heute wieder in ihren Autos durch den Nationalpark fahren. Kein Elefant tut ihnen mehr etwas zuleide.

So wird am Beispiel von Schlitzohr deutlich, wie im Tierreich terroristische Führerpersönlichkeiten nur aus anormalen, unnatürlichen Situationen erwachsen und wie sie gleichsam von selbst wieder verschwinden, sobald die Verhältnisse renaturiert wurden.

Der Hirsch gilt soviel wie sein Geweih

Was ist eine Persönlichkeit?

An dieser Stelle wird es höchste Zeit zu erläutern, was es mit dem Begriff der Persönlichkeit auf sich hat, wenn wir ihn auf Tiere anwenden.

Das Wort Persönlichkeit leitet sich vom lateinischen »persona« ab, was früher soviel hieß wie Maske, das im römischen Schauspiel dargestellte Wesen. An dem Begriff »Maske« ist viel Wahres dran, denn im Phänomen der Persönlichkeit finden wir viel Schauspielerei und Bluff, und zwar ebenso bei Tieren wie bei Menschen.

Erst später, durch das Humanitätsideal der Klassik, wurden innere Werte, seelische Anlagen, die dem Begriff des Charakters nahestehende individuelle Ausprägung der Person mit einbezogen. Nur: Um hiernach einen Partner verläßlich einschätzen zu können, muß man ihn persönlich schon aus längerer Erfahrung gleichsam in- und auswendig kennen. Innere Werte zeichnen sich ja gerade dadurch aus, daß sie äußerlich nicht erkennbar sind.

Die allgemeine Menschenkenntnis in heutiger Zeit, die Art der Wertung anderer im direkten Kontakt oder via Fernsehen, Presse und politischer Agitation, leidet heute an der Unfähigkeit, beides auseinanderhalten zu können. Die Praxis der Werbung lehrt täglich, wie die Masse Mensch stets vom sogenannten Image, das künstlich aufgebaut wurde, auf charakterliche Eigenschaften der dargestellten Person schließt ... und sich prompt betrügen läßt. Deshalb soll im folgenden der Versuch unternommen werden, beides strikt zu trennen: die inneren Persönlichkeitswerte von der zur Schau getragenen Maske.

Zunächst ein Beispiel: Ende September, zur Brunftzeit,

trabte der Rothirsch Rex ruhelos in fremden Waldrevieren umher, als er auf ein Rudel weiblicher Tiere stieß. Doch diese hatten schon einen kapitalen Platzhirsch bei sich, der sogleich laut röhrend und mit gesenkten Stangen auf Rex losging. Gegen dessen Geweih waren Rex' Stirnwaffen nur recht mickerig. Unter den »Königen« unserer Wälder ist das Geweih eine Art Rangabzeichen, ähnlich den Schulterstücken beim Militär. Das gilt allerdings nur für einander fremde Hirsche, nicht für alte Bekannte ein und desselben Rudels, die sich allesamt durchschauen. Während der Brunftzeit jedoch streifen alle einzeln weit in der Fremde umher und können daher die Kampfkraft, gleichsam die Persönlichkeit, eines Unbekannten nur an der Größe des Geweihs abschätzen. Daher wußte Rex sofort, daß er hier nichts zu gewinnen hatte, und zog sich ein wenig ins Gehölz zurück, vom Platzhirsch noch argwöhnisch beäugt.

Doch nun gelüstete es ihn, seine Minderwertigkeitskomplexe abzureagieren. Mit voller Wucht stieß er sein Geweih in einen Haufen kahler Fichtenzweige und forkelte kräftig darin herum, als kämpfe er mit einem viel schwächeren Gegner. Da rückte der Platzhirsch wieder näher heran. Ruckartig richtete sich Rex auf und riß mehrere Äste mit hoch, so daß sein Geweih erschien, als hätte es sich aufs Doppelte vergrößert.

Jetzt war es der Platzhirsch, dem der Schreck in die Knochen fuhr. Er floh und überließ Rex kampflos den Harem.

Dieses Beispiel zeigt Typisches: Im Erscheinungsbild eines Tieres gibt es Merkmale, an denen Artgenossen die Gewichtigkeit des Betreffenden ablesen und im Verhältnis zur eigenen Person einschätzen können, ohne ihn zuvor – und das ist das Wichtige – eingehender kennengelernt zu haben.

Das ist die Definition dessen, was ich als biologische oder Scheinpersönlichkeit bezeichne, und zwar im Gegensatz zur mentalen oder Humanpersönlichkeit. Letztere ist eine spezifisch menschliche Eigenheit, erstere finden wir auch im Tierreich, und zwar in großer Verbreitung. Das Unbegreifliche ist nur, daß der Mensch – vor allem als Mitglied einer anonymen Masse – weniger nach spezifisch menschlichen Werten urteilt als nach biologisch-animalischem Prestigedenken. Deshalb wollen wir uns hiermit näher befassen.

Es gibt am Individuum also etwas mehr oder weniger Achtunggebietendes, das mit den wahren Qualitäten eines Menschen, mit Klugheit, Humanität, künstlerischer Begabung, Leistungsvermögen im Beruf und anderen wesentlichen Eigenschaften, nicht das mindeste zu tun hat, aber dennoch enorme Wirkung erzielt. Und dies, ich muß es noch einmal sagen, ohne vorhergehende genaue persönliche Kenntnis der Person.

So paradox es klingt, aber die biologische Persönlichkeit ist ein unpersönlicher Begriff, denn die äußeren Merkmale lassen sich abstrahieren, verfälschen, zu Betrug und Bluff mißbrauchen und sind unabhängig von der Person, die sie zeigt. Das primitivste Merkmal der biologischen Persönlichkeit ist die Körpergröße. So zum Beispiel bei den Riesenschildkröten. Hier wird durchweg der Größere, etwa ein hundertjähriger Greis, von allen kleineren Artgenossen als überlegene Persönlichkeit anerkannt. Der Winzling, der das nicht wahrhaben will, wird von dem gewichtigeren »Panzerwagen« einfach zur Seite gerammt.

So verhält es sich auch bei einander fremden Elefanten, Flußpferden und Nashörnern. Aber sobald hier mehrere Tiere zu einer Gruppe zusammenkommen und sich näher kennenlernen, kann sich die Rangordnung nach Körpergröße abrupt ins Gegenteil kehren. Bemerken die anderen, daß ein Großer nur ein sprichwörtliches »Elefantenbaby« ist, zwar riesig, aber ohne Pep und Elan, ohne Durchstehvermögen, dafür

aber dumm, naiv und wehleidig, entpuppt sich also sein wahres Gesicht, dann hacken plötzlich alle auf ihm herum, bis das »Dickerchen« zur lächerlichen Figur, zum Schlußlicht geworden oder aus der Gemeinschaft ausgestoßen ist.
Nächst der Körpergröße springen die Ausmaße der Bewaffnung als Persönlichkeitsbildner ins Auge. Ein riesiger Hummer, der nur kleine Kampfscheren besitzt, weil er die großen im Gefecht verloren hat und die neuen noch nicht voll nachgewachsen sind, hat unter seinesgleichen gar nichts zu bestellen. Aber die kleine Giftschlange mit dem tödlichen Zahn jagt Löwen und Büffel in die Flucht.
Der stärkste Rothirsch eines Männchenrudels, also derjenige mit dem imposantesten Geweih, wirft alljährlich Ende Februar als erster seine mächtigen Stangen ab. Schlagartig ist er entwaffnet. Sobald seine Untergebenen das bemerken, gibt es für sie nur noch eins: In der ganzen Meute den einstigen Chef durch den Wald zu jagen, ihn zu stoßen und zu piesakken und ihm all die Gängelung während des letzten Jahres aus ganzem Herzen heimzuzahlen.
Ähnlich ergeht es auch vielen Führungskräften in der menschlichen Gesellschaft von dem Tage an, an dem ihnen alle Macht genommen wurde und sie nun von den einstigen Untergebenen in irgendeiner Weise abhängig sind, und zwar ganz gleich, ob sich die Szene in politischen Parteien, im Betrieb oder im Sportverein abspielt. Sogar innerhalb einer Familie kann dergleichen geschehen, wenn man einmal an Shakespeares »König Lear« denkt.
Mehr prophylaktisch geben Pavian-Paschas von Zeit zu Zeit mit den Insignien ihrer Macht an: mit dem leopardenstarken Gebiß. Obgleich Ruhe und Frieden in der Horde walten, tut der Boß so, als müsse er gähnen. Er reißt das Maul so weit auf, wie es geht, und bläkt mit seinen Zähnen. Sogleich erstirbt in der Gefolgschaft schon der geheimste Gedanke an

Aufsässigkeit. In der Ethologie wird dies als Drohgähnen bezeichnet.

Hierin erkennen wir schon den Übergang zur nächsthöheren, subtileren Form der biologischen Persönlichkeits-Selbstdarstellung: Nicht mehr die Größe der Waffe allein ist entscheidend, sondern die Absichtserklärung, die Waffe auch einzusetzen, also die unverhüllte Drohung, das aggressive Gehabe.

Näheres wird an folgendem Beispiel deutlich: Der Ethologe Dr. Johannes Kneutgen hielt sich in einer Voliere des Max-Planck-Instituts für Verhaltensphysiologie in Seewiesen fünf kleine Vögelchen, Weiden-Laubsänger. Wie üblich handelten die Tiere eine Rangfolge vom Boß bis zum »Schlußlicht« untereinander aus. Eines Tages wurde dem Forscher ein sechster Laubsänger gebracht, der krank war. Er litt unter einer Handschwingenlähme und ließ ständig beide Flügel, leicht gespreizt, auf den Boden hängen. Auf uns Menschen machte das Vöglein einen kränklichen, verkrüppelten Eindruck.

Johannes Kneutgen wollte diese Gelegenheit benutzen, um einmal nachzuprüfen, ob verkrüppelte Tiere tatsächlich, wie oftmals behauptet, von gesunden Artgenossen umgebracht werden. Das genaue Gegenteil geschah. Das mißgestaltete Tier wurde von allen anderen Laubsängern nicht nur in Ruhe gelassen, sondern auf die Spitzenposition befördert. Die Erklärung des absonderlich Erscheinenden: Abgespreizte und nach unten hängende Flügel gelten unter Laubsängern als Drohgebärde. Der Neue sah für die fünf alteingesessenen Vögel gleichsam »sehr böse« aus, obwohl er in Wirklichkeit ein armes, kleines, lahmes Würstchen war. Ein Mißverständnis erhob den Krüppel zu einer »umwerfenden Persönlichkeit«.

Das gefährliche Aussehen, die unverhüllte Drohgebärde sind

also weitere Merkmale einer ungeprüft anerkannten Autorität. Ähnliches trifft auch für viele Mütter in Tiergemeinschaften zu. Eine Henne, die normalerweise auf dem Hühnerhof zu den unteren Chargen gehört, steigt vom selben Tag an, da sie Küken führt, also als Glucke, in der Rang- und Hackordnung auf dem Misthaufen weit nach oben. Sogar der Hahn nimmt auf einmal Rücksicht auf sie.

Dies alles geschieht jedoch nicht aus der Einsicht des übrigen Federviehs heraus, daß Mütter und Kinder besonderer Rücksichtnahme bedürfen. Vielmehr steigt durch Ausschüttung von Hormonen ins Blut die Aggressivität einer Henne, wenn sie sich zur Kücken führenden Glucke wandelt, derart an, daß sie durch ständige Drohgebärden das übrige Hühnervolk einschüchtert. Allein die Erscheinung der aufgeplusterten, streitbaren Persönlichkeit schützt ihre Kinder vor Übergriffen anderer.

Statt des geschwollenen roten Kammes eines streitbaren Gockels tragen aggressive Menschen, die andere gern unterdrücken, bösartige Gesichtszüge, so, als wollten sie gleich beißen. In einer zivilisierten Gesellschaft ist das zwar nie der Fall, wenigstens nicht im wörtlichen Sinne, aber seine einschüchternde Wirkung verfehlt es trotzdem nicht. Auch hier also die Herrschaft des Biologischen über das Humane.

Und wie es in den Herden der Giraffen nur kaum wahrnehmbare Details sind, mit denen sich hohe Tiere vor niederem Volk ausweisen, so gibt es dergleichen subtile Gebärden auch beim Menschen, ohne daß es uns bewußt wird. Giraffen, so glaubten Zoologen früher, besäßen überhaupt kein Rangreglement untereinander. So friedlich geht es hier zu. Aber jetzt wissen wir: Es genügt bereits, die Nase nur um einen Zentimeter höher zu halten, um den entgegenkommenden Herdenkumpan zu veranlassen, den Platz frei zu machen. Hochnäsigkeit in des Wortes ureigener Bedeutung als Rangsignal!

Solche Feinheiten im menschlichen Bereich sind unter anderem folgende:

1. Statt eines hünenhaften Körpers genügt bereits ein großer Kopf, oft noch von einer »Löwenmähne« umwallt, um Bedeutsamkeit vorzutäuschen. Aber wer kann schon sagen, ob die »Melone« des Großkopfeten viele graue Denkzellen enthält oder nur Stroh?

2. Wenn sich zwei Personen zum erstenmal begegnen, stufen sie sich nach Signalen der Augenregion ein. Wie Professor Brian Champness an der Universität Exeter nachgewiesen hat, erweist sich derjenige, der beim ersten Augenkontakt als erster den Blick vom anderen abwendet, unbewußt als rangniedriger. Und der andere fühlt sich ebenso unbewußt überlegen. Deshalb sagt man auch, der erste Eindruck wäre der beste. Nun, der beste ist er zwar nur nach biologisch-instinktiven Impulsen, aber am dauerhaftesten ist diese Impression zweifellos, sogar entgegen besserem Wissen aus späterer langer Erfahrung. Auch hier also wieder: ein Verhaltens-Urerbe als Widersacher der Vernunft!

3. Eine andere typische Dominanzgebärde ist die Vielrednerei. Psychologen der Universität Ulster untersuchten an mehreren Gymnasien, welche Eigenschaften Schüler besaßen, die später im Berufsleben die höchsten Führungspositionen einnahmen. Es waren nicht die mit den besten Zensuren, dem höchsten Intelligenzquotienten oder dem ausdauerndsten Arbeitseifer und Lernvermögen, es waren nicht die Aufmerksamsten oder Diszipliniertesten, sondern ganz simpel die mit der »größten Klappe«. Mit einer Einschränkung allerdings: Es gab auch einige »freche Rübchen«, die, im Berufsleben plötzlich schutzlos auf sich selbst gestellt, Existenzangst vor der eigenen Dreistigkeit und deren eventuellen Folgen bekamen und zu ganz zahmen Schäfchen in »mittleren gehobenen« Stellungen wurden.

Andere Soziologen untersuchten an der California-Universität, welcher Charaktertyp von Kommilitonen zum Sprecher der studentischen Vereinigungen gewählt wurde. Es waren nicht diejenigen, die in den Diskussionen die konstruktivsten Ideen hervorbrachten, sondern die Viel- und Schönredner. Eigentlich mochte keiner diese Typen so richtig, wie nachträgliche Untersuchungen ergaben. Aber ihr schwadronierendes Boßgehabe machte das »Volk« zu Mitläufern.
Zwischen unseren geistigen Fähigkeiten und dem Vermögen, diese bei anderen zutreffend zu beurteilen, klafft noch ein Abgrund von erdgeschichtlichen Ausmaßen.
Die Nutzanwendung dieser Erkenntnis sollte sein, künftig nicht mehr zu glauben, das äußere Erscheinungsbild einer Persönlichkeit spiegele ihre inneren Werte. Vielmehr sollte man der Menschenkenntnis auf den ersten Blick mißtrauen und Wege zum geistigen Erfassen innerer Werte beschreiten.

Der Vogelhauptmann von Köpenick

Bluff mit falschen Rangabzeichen

Eine hohe Rangstellung zu erklimmen, ist vielen sozial lebenden Tieren ebenso ein Bedürfnis wie ehrgeizigen Menschen. Unter diesen Umständen müßten Tiere eigentlich auch über ein Pendant zu unseren Rangabzeichen verfügen. Lange Zeit hatten selbst Fachleute dergleichen für unmöglich gehalten. Jetzt wissen wir es besser, dank zahlloser, von der modernen Verhaltensforschung erarbeiteter Beispiele. Um gleich ein krasses Beispiel zu wählen: In Afrika leben Tiere, die sogar schon den Namen Epauletten(= Schulterstück)-

Flughunde tragen. Bei der Balz stülpt das Männchen aus ledrigen Schultertaschen lange, weiße Haarbüschel heraus, die fürs nächtliche Rendezvous obendrein noch betörend duften und nach dem Eindruckschinden wieder verstaut werden. Der Flughund, ein Verwandter der Fledermäuse, sieht dann tatsächlich aus wie ein Tambourmajor bei der Pfingstparade.

Von diesen Tieren haben Zoologen einige zum »General befördert«, indem sie ihnen zusätzliche Kunststoff-Plüschfransen an die Epauletten nähten, und andere mit der Schere zum einfachen »Soldaten degradiert«. Die Weibchen, immer auf der Suche nach den höchstdekorierten Mannsbildern, wählten stets nur die Träger der imposantesten Rangabzeichen, auch wenn er nur ein »Hauptmann von Köpenick« war.

Dies ist keineswegs ein Einzelfall. Unter freilebenden Berggorillas zeichnet sich der Anführer einer Horde durch den Silberrücken aus, durch silbern glänzende Fellhaare. Dem Feldhamster dient die Größe des schwarzen Fleckes auf der Brust als Statussignal, wie der ethologische Fachausdruck für Rangabzeichen heißt, dem männlichen Löwen die Mähne, dem Walroß die Länge der elfenbeinernen Hauer, dem See-Elefanten die Größe des beim Imponieren weit aufgeblasenen Nasensackes, dem Dickhornschaf die Mächtigkeit der gewendelten Hörner, den Garnelen die Länge der Antenne, dem Elefantenbullen der Abspreizwinkel seiner Ohren, dem Steppenpavian die Höhe seiner Schwanzhaltung.

Zebubullen tragen auf dem Rücken einen Höcker. Je ranghöher sie sind, desto gewaltiger wölbt sich dies Gebilde, das nicht wie beim Kamel ein Fettspeicher ist, sondern ein kräftiger Muskel. Er hat nur den Nachteil, an keinem Knochen angewachsen zu sein, mithin also nichts bewegen zu können. Er ist ein Angeber-Organ in Reinkultur.

Impala-Antilopen lesen ihren sozialen Status nicht an der Länge der Hörner ab, sondern erschnüffeln ihn an der Duftintensität einer Drüse im Gesicht des Partners. Katzenwelse beduften ihr sie umgebendes Wasser mit nach Ranghöhe gestaffelten Parfüms.

Bei einigen Anolis, süd- und mittelamerikanischen Echsen, sowie bei den Siedleragamen, entfernten Verwandten in Afrika, färbt sich der Kopf desto intensiver, je ranghöher das Tier ist, just wie bei einem laut brüllenden Unteroffizier. Und die verschiedenartigsten Fische entfalten im Korallenriff eine prächtige Plakatfarben- und Musterschau entsprechend ihren Dominanzverhältnissen.

Wozu der ganze Mummenschanz? Am besten läßt sich das am Beispiel von Vögeln erhellen. Ein Gefiederter kann die Körperkraft eines anderen niemals durch bloßen Augenschein abschätzen, wie viele Säugetiere es tun. Das Federkleid läßt sich beliebig dick aufplustern, nicht nur zur Wärme-Isolation, sondern auch beim Imponiergehabe. Es maskiert Umfang und Tonus der Muskulatur. Der Angeber ist vom wahren Supermann nicht zu unterscheiden.

Dieses Unvermögen ist gegenwärtig zu einem tiersozialen Problem geworden, und zwar in all jenen Hühnerfarmen, die eigentlich ganz lobenswerterweise von der quälerischen Batterie-Einkerkerung zur freien Bodenhaltung mit Tausenden von Vögeln in einem großen Stall übergegangen sind. Hier könnte eigentlich jedes Individuum völlig frei weit umherlaufen, wie es das Herz begehrt. Aber bezeichnenderweise sind die Tiere dazu völlig unfähig, und zwar aus folgendem Grund: Ein Huhn kann sich in seinem kleinen Hirn das Aussehen von nur etwa zwanzig Artgenossen individuell merken. Für das einstige Leben der Haushuhn-Vorfahren, der Süd- und Südostasien bewohnenden Bankivahühner, und für das Dasein auf dem Bauernhof alter Prägung genügte das vollauf. Aber im anonymen Volksgemenge der modernen Massenhaltung, gleichsam in der Hühner-Großstadt, muß sich ein Huhn fremd, verlassen und feindumgeben vorkommen. Jede andere Henne ist für jedes Einzeltier der große Unbekannte, vor dem man sich fürchten muß. Aus dieser Angst heraus hat es nur einen Ausweg gefunden: Obwohl es überall hinlaufen könnte, bleibt es allzeit im Umkreis der etwa zwanzig Artgenossen, die es persönlich kennt.

Von diesem Fremdeln sind auch besonders ängstliche Gemüter in der menschlichen Massengesellschaft nicht ganz frei. Vor lauter Reiseangst bleiben sie am liebsten daheim, oder sie fahren jedes Jahr immer wieder nur zum gleichen Ort, am liebsten sogar ins altvertraute Hotelzimmer. Flugpassagiere, plötzlich mit lauter Fremden zusammengewürfelt, verhalten sich dann auch wie Hühner im Massenstall, die versehentlich einmal unter Unbekannte geraten sind: Sie plustern sich mächtig auf und ziehen, scheinbar gelangweilt, alle Register des Imponiergehabes einschließlich bewußt eingesetzter grober Unhöflichkeit. Genau dies ist aber auch das Problem all jener Vögel, die zwar paarweise separat brüten, sich nach der Aufzucht der Jungen aber zu Schwärmen zusammenschließen, die so groß sind, daß sich unmöglich alle Mitglieder persönlich kennen können. Hier immer nur innerhalb seiner eigenen kleinen Clique zu bleiben wie die Hühner, wäre bei Großschwarmvögeln während der Futtersuche in freier Wildbahn eine zu große Freiheits-Selbstberaubung.

Deshalb »stecken« sich diese Vögel speziell gefärbte Federn als Rangabzeichen an. Dann weiß jeder wie beim anonymen Militär sofort, wie hoch oder niedrig er einen Fremden bei der Begegnung einzuschätzen hat. Das hilft, ständigen, energieverschwendenden Streit zu vermeiden.

Zum Beispiel ist der Rang eines Wellensittichs um so höher, je größer seine beiden blau-violetten Flecken links und rechts am Hals sind. Bei einem Honigfresser erfüllt der gelbe Hautfleck hinter den Augen den gleichen Zweck. Die Kohlmeise zeigt ihre Ranghöhe durch die Breite des schwarzen Streifens längs über der Brust an. Der nordamerikanische Weißkehl-Ammerfink steckt sich sein Abzeichen gleichsam an den Hut. Es ist der Kontrast der schwarz-weiß-braunen Streifen auf dem Kopf. Und der kanadische Großammerfink genießt unter seinesgleichen um so mehr Ansehen, je mehr sein »Lätzchen« mit grau-schwarzen Flecken »bekleckert« ist.

Bei alledem ist es nur die Frage, ob die erwähnten »Schulterstücke« wirklich echte, abstrakte Rangabzeichen sind oder nur nebensächliche Folgeerscheinungen etwa der Körpergröße, des Alters, der muskelbildenden innersekretorischen Hormone oder anderer Eigenschaften. Dann hätten Statussymbole im Tierreich gar nichts zu bedeuten.

Oder nur sehr wenig, wie erste Versuche zu zeigen schienen. Amerikanische Forscher nahmen einige Großammerfinken aus einer Schwarmvoliere, degradierten sie durch Bleichen ihrer Brustflecke und beförderten andere durch zusätzliche schwarze Pinseltupfen zu ganz hohen Tieren. Aber als diese Vögel in die Voliere zurückgebracht wurden, zeigten die übrigen Käfiggenossen nicht den geringsten Respekt vor den neuen, höheren Rangabzeichen. Im Gegenteil, die »Angeber« wurden in eine Reihe heftiger Kämpfe verwickelt, in deren Verlauf sie sogar noch unter ihren einstigen echten Status hinuntergehackt wurden.

Findet also im Vogelschwarm eine Überprüfung der Rangsymbole durch Kämpfe statt, ob sie auch wirklich dem wahren Rang entsprechen? Ist dies ein probates Mittel, Betrüger, Blender und Angeber zu entlarven? Doch was hätten die Statussignale dann für einen Sinn, da sie ja eigentlich ständige Kämpfe im Schwarm und Begegnungsängste wie im Massenhühnerstall verhindern sollen?

Anfang 1986 konnte Professor Gary Fugle an der California-University nachweisen, daß die Experimentatoren einen groben Fehler begangen hatten, als sie die Vögel mit manipulierten Rangabzeichen zu ihren altbekannten Schwarmgenossen zurückbrachten. Diese müssen die auf der Rangleiter unrechtmäßig emporgestiegenen Genossen wiedererkannt und über deren »Amtsanmaßung« wütend geworden sein. Aufsteiger haben in der eigenen Gruppe immer Subordinationsprobleme.
Ganz anders sahen die Ergebnisse jedoch aus, als der Forscher die mit Tuschfarbe zu »Generalen beförderten« Großammerfinken in andere Gruppen tat, die erst neu zusammengestellt waren und in denen keiner den anderen kannte. Hier wurde den bemalten Tieren sofort und ohne Testkampf diejenige Rangposition eingeräumt, die ihnen nach der Größe ihrer unechten Rangabzeichen zustand. Also doch ein Hauptmann-von-Köpenick-Effekt in der Vogelwelt!

Kleider machen Leute

Warum die Evolution Bluff begünstigt

Noch eindrucksvoller sind Experimente, die Dr. Torbjorn Jarvi und Martin Bakken an der Universität Drontheim, Norwegen, ersannen. Sie ließen ein Futterhäuschen von einer ausgestopften Kohlmeise verteidigen. Dieser Balg hatte einen Motor im Leib, konnte über Funk ferngesteuert werden und auf diese Weise gegen jede frei und natürlich lebende Meise, die das Häuschen anflog, Front machen. Dabei reckte das automatische Spielzeug den Kopf hoch und die Brust raus

und konnte so ihr Rangabzeichen vorweisen: den schwarzen Längsstrich auf der Brust. Bei diesem Vogelroboter konnte zudem durch Schwarzfärben oder Bleichen der Brustfedern glatter Betrug mit dem Statussymbol betrieben werden.
Und die lebenden Meisen fielen prompt darauf herein. Nur Vögel mit höheren Rangabzeichen getrauten sich, im Futterhaus zu landen und zu picken. Alle niederen Chargen drehten noch im Anflug ab, ohne die wahre Kampfkraft des ihnen unbekannten Roboters zu überprüfen. Somit gibt es keinen Zweifel mehr: Auch Tiere tragen abstrakte Rangabzeichen, denen Respekt gezollt wird, ohne die Echtheit zu überprüfen. Kleider machen Leute. Damit sind dem Betrug Tür und Tor geöffnet, und zwar nicht nur im wissenschaftlichen Experiment, sondern auch in unbeeinflußter Natur.
Statt starker Muskulatur wächst einem Vogel nur eine bunte Feder. Statt reißender Zähne verleiht die Erbanlage nur ein eindrucksvolles Kuschelfell. Statt dynamischer Kampfkraft ist einem Tier nur ein lauter Schreihals eigen. Der Ethologe bezeichnet das als Rangmimikry oder Statussignalfälschung. Sehr verbreitet ist das wiederum bei Vögeln.
Genauer untersucht wurde dies Phänomen beim Rotschulter-Stärling, der im östlichen Nordamerika in starenverbandsgroßen Schwärmen lebt. Das schlicht grau-braune Weibchen ist weniger von den knallroten Epauletten des rabenschwarzen Männchens beeindruckt als vielmehr von seinen Sangeskünsten. Hier liegt im hohen Tremolo das gewisse Etwas ranghoher »Heldentenöre«. Ein Jungvogel kann aber diesen weibchenlockenden Minnesang von ranghohen Schwarmgenossen lernen, auch wenn er nur ein mikkeriger Wicht ist. Und die Folge: Beim Liebeswerben bezirzt er nicht nur ein, sondern mehrere Weibchen und kann sich einen kleinen Harem zulegen. Also ein typischer Fall akustischer Rangmimikry bei einer polygynen Vogelart.

Um so rätselhafter wird die Frage nach dem Entstehen dieses Phänomens im Verlauf der Evolutionsgeschichte. Die Möglichkeit zum Betrug begünstigt schwächere Tiere. Wenn ihnen Federn mit hohen Rangabzeichen wachsen, wenn ihnen das Erlernen einiger Triller genügt, dann steht ihnen auf denkbar billige Weise und ohne großen Muskelaufwand der Vortritt am besten Futter, am sichersten Schlafplatz und bei der Partnerwahl offen. Mittelmäßige oder niedere Vögel können sich in solchen Fällen also erfolgreicher fortpflanzen als starke. Auch dieses Prinzip widerspricht allen bisherigen Anschauungen vom Sieg des Stärksten, von der Auslese der Elite im Kampf ums Dasein.

Stimmt also mit den Rangabzeichen etwas nicht, oder sind die alten Anschauungen vom Lebenskampf falsch? Der Verhaltensforscher Professor Tim J. Roper von der Universität von Sussex in Brighton ist mutig genug, alte Zöpfe abzuschneiden: »Seine Ranghöhe mag dem Einzelwesen in einer Tiergesellschaft ungeheuer wichtig erscheinen, fürs Überleben der Gemeinschaft als Ganzes und für das Zeugen von Nachwuchs ist sie von minderer Bedeutung.«

Einen eindrucksvollen Beleg hierfür haben Professor Michael Studd und Dr. Raleigh Robertson an der Queen's-Universität in Ontario am Beispiel des Gelbspötters erarbeitet. Hier zeigt sich, daß die ranghohen Vögel zwar Zugang zu den besten Nahrungsquellen besitzen, aber auch gezwungen sind, diese ständig gegen Neider zu verteidigen und somit viel länger und härter zu kämpfen haben, während die rangniederen Vögel die Gelegenheit zum Fressen nutzen. Was die Schwarmoberen aufgrund ihres hohen Ranges an Nahrung gewinnen, geht in etwa gleicher Menge an Energie durch Kämpfen wieder verloren. Tatsächlich ziehen die hohen Tiere ebenso viele Junge ebenso gesund auf wie die Schlußlichter der Gesellschaft, wenigstens bei dieser Tierart.

Dieser Befund stützt die neue These des weltberühmten Professors John Maynard Smith, der ebenfalls an der Universität von Sussex lehrt. Nach dem Prinzip seiner sogenannten »evolutionsstabilen Mischstrategie« verfolgen in einer aus hohen und rangniederen Tieren zusammengesetzten Gruppe die Einzelwesen unterschiedlicher Ranghöhe verschiedenartige Lebensstile, die jedoch allen die gleiche Überlebensfähigkeit garantieren. Danach ist der soziale Rang, ob hoch, mittelmäßig oder tief, für jedes Mitglied von Vorteil, nur eben auf unterschiedliche Weise.

Wenn dies alles stimmt, bedeutet das die Abkehr von der alten Ansicht, nach der ein hoher Rang biologische Vorteile böte, also im Kampf ums Dasein etwas Besseres wäre. Es bedeutet auch, daß wir die alte Meinung fallen lassen müssen, nach der in einer Tiergesellschaft hohe und niedere Einzelwesen im direkten Wettstreit, also in einer Art Klassenkampf mit- oder gegeneinander stünden. Und es bedeutet gleichfalls, daß unser Rätsel von der evolutiven Entstehung fälschungsanfälliger Rangabzeichen gelöst werden kann: Wenn die Ranghöhe für den Fortpflanzungserfolg unwichtig ist, erscheint es auch entwicklungsdynamisch unerheblich, ob Rangabzeichen gefälscht werden können oder nicht. Aber der Vorteil der Statussymbole für die Gruppe insgesamt liegt auf der Hand: Rangabzeichen vermeiden Kämpfe, sorgen für Frieden in einer größeren, anonymen Gesellschaft, sparen Energie und steigern somit das Wohlbefinden der Gesamtheit und damit wiederum jedes einzelnen.

In der anonymen Massengesellschaft des Menschen wird das Geltungsstreben mit Rangabzeichen vor allem im zivilen Bereich jedoch ad absurdum geführt. Kostspielige oder auf Pump, Pomp und Bluff basierende Statussymbole dienen fast durchweg der Fälschung. Sinnloses Protzentum führt zu kräfteverschleißendem Aufwand, zu Streß und Rivalität. Es steigert nur ein verkrampftes Selbstgefühl, mindert aber das Wohlbefinden und ist durch und durch antisozial – ganz im Gegensatz zu den Verhältnissen im Tierreich.

Wenn Samson seine Haare verliert

Der Imponierpelz bei Tieren und Menschen

Die Szene erinnerte an die Urzeiten des Neandertaler: Ringsum in den Bäumen hockte eine Horde Berberaffen und starrte auf den Kampfplatz. Dort fauchte ein muskulöses Männchen mit Namen »Manitu« seine ganze Wut einem englischen Marine-Feldwebel entgegen, der nicht minder grimmig, Grimassen schneidend, mit den Armen wilde Drohgebärden gegen das Tier fuchtelte.

Feldwebel Holmes ist der »Affenunteroffizier« auf dem Felsen von Gibraltar, auf dem noch zwei Horden freilebender Berberaffen, auch Magots genannt, ihr Wesen treiben wie sonst nur noch in ihrer Heimat, den marokkanischen Rif- und Atlas-Gebirgen. Allerdings müssen die Tiere ein wenig unter Kontrolle gehalten werden, weil sie sonst Touristen bestehlen, Gärten plündern und in die Häuser eindringen würden. Feldwebel Holmes muß ihnen also gelegentlich zeigen, wer hier der Chef ist.

Da die Affen aber keine Schulterstücke und Tressen als Rangabzeichen respektieren, muß er von Zeit zu Zeit in einem nicht ungefährlichen Imponierduell nach Affensitte seine Autorität über den Boß der Horde unter Beweis stellen. Bisher war ihm das auch immer gelungen. Doch an diesem Tag griff der Berberhäuptling so furios an, daß der Mensch

den schmachvollen Rückzug antreten mußte. Bald wurde Holmes die Ursache seiner Niederlage klar: Tags zuvor hatte ihm ein neuer Marinefriseur einen militärisch kurzen Haarschnitt verpaßt, nicht wissend, daß in den Augen der Berberaffen nicht Epaulettensterne den Star machen, sondern allein die Länge des wallenden Kopfhaares, der Imponierpelz.
Nun half nur noch eine Maßnahme: Auch Manitu mußten die prächtigen Schopfhaare abgeschnitten werden. Nach der Betäubung mit einem Narkosegewehr gelang dies. Doch nun waren die Folgen für Manitu verheerend. Zu Holmes verhielt er sich zwar wie geplant friedlich, aber jetzt gehorchte ihm kein einziger Untergebener aus seiner Horde mehr. Er war zumRanguntersten degradiert worden. Ohne Imponierpelz war er total entmachtet wie einst Samson in der biblischen Erzählung, nachdem ihm Delila im Schlaf die Haare abgeschnitten hatte. Mit seiner Muskelkraft allein vermochte der Affenhäuptling gar nichts mehr auszurichten ... bis sein Pelz wieder zur vollen Länge nachgewachsen war.
Wer hätte je gedacht, daß bei Affen der prächtige Pelz hauptsächlich dazu da ist, um anderen damit zu imponieren!
Besonders eindrucksvoll stellt das der Mantel des Mantelpavians dar. Dies Tier lebt in den Gebirgswüsten des äthiopischen Hochlandes, wo es nachts bitterkalt ist. Eigentlich könnten hier alle Tiere ein wärmendes Fell gebrauchen. Aber es wächst allein dem Haremsherrscher wie eine plüschige Feudal-Joppenrobe. Achtungheischend wirkt auch die Mähne des Löwen, die kopfschützende Fechtmaske und Protzorgan zugleich ist.
Und wer ist Chefin in einer Herde von Merino- oder Karakulschafen? Dasjenige Weibchen mit dem dicksten Fell! Ähnlich ist es auch bei einer Schar von Chinchilla-Meerschweinchen, nur daß hier ein Männchen im luxuriösesten Gewande prunkt.

Erheblich spärlicher nimmt sich der Imponierpelz bei den Gemsen aus. Diesem Bergsteiger darf es bei der Kletterpartie ja nicht zu heiß werden. Ein dick bepelzter Boß würde hier schnell am Hitzschlag sterben. So reduziert sich bei diesen Tieren der Respektgebieter auf den sogenannten Gamsbart, der jedoch kein Bart ist, sondern eine schmale Zeile längerer Haare auf dem Nackengrat, die bei Erregung steil nach oben gesträubt werden können und seinem Träger, von der Seite gesehen, ein martialischeres Aussehen verleihen. Keine Grenzen kennt die Prestige-Staffage bei vielen Vogelarten. In einer Schar afrikanischer Strauße trägt nur das ranghöchste Männchen die herrlich schwarz-weiß kontrastierenden Prachtfedern des Schwanzes steil aufgerichtet – also genau jenen Zierat, mit dem einst die Ritter ihren Helmbusch schmückten und später die Damen der »feinen Gesellschaft« ihren Chapeau.

In nicht wenigen Fällen überträgt der Mensch dieselben Ornamente, die bei Tieren hohen Rang signalisieren, via Pelz oder Schmuckfeder auf seine eigenen Imponier-Attribute, ... nur daß jenes Statussymbol meist von einem Tiermännchen auf eine Menschendame überwechselt, obwohl etwa ein Ozelotfell auf der Wildkatze viel eleganter aussieht als auf einer Menschenmieze.

Häuptlinge der Papuastämme auf Neuguinea schmücken sich mit den fremden Federn der Paradiesvögel in atemberaubender Pracht. Aztekenkönig Montezuma II. umflorte sein Herrscherhaupt mit einem Strahlenkranz aus Schmuckschwanzfedern vieler Quetzal-Vögel.

Die Mode, sich Reiherfedern an den Hut zu stecken, um damit nach begüterten Männern zu balzen, kostete um die Jahrhundertwende jährlich 800 000 Silberreihern das Leben. Eine Feder war doppelt soviel wert wie ihr Gewicht in Gold. Und die bildschönen Vögel wären beinahe ausgerottet worden, wenn ihre Federn nicht schlagartig aus der Mode gekommen wären.

Der Grund ist typisch für Imponiersignale: Übertreibt man die Pose, vermindert sich die Wirkung. Der Beschauer kriegt schnell die Nase voll. Oder die ganze Chose wirkt lächerlich. Wenn einer ein eitler Geck ist, rät man ihm sprichwörtlich, sich eine Pfauenfeder in den Po zu stecken, und die Karikatur ist fertig. Wie überhaupt ganz allgemein Pseudo-Ranggehabe auf echte Persönlichkeiten nur lächerlich wirkt.

Bedeutende Modeschöpfer berücksichtigen dies. Die Kulturgeschichte der Kleidung folgt, bewußt oder unbewußt, biologischen Imponiergesetzen. Bald betonen die Kreationen für die Damen den Busen durch Freizügigkeit, durch ostentatives Verbergen oder durch in Tüll gehüllte Attrappen, die der Ethologe als »übernormale Auslöser« bezeichnet. Dann wieder wird die Enge der Taille zum Thema zahlreicher Variationen oder die Länge der Beine oder, etwas unweiblich, die Breite der Schultern. Modisten, die in ihrer gestalterischen Phantasie die biologische Basis nicht beachten, handeln nur mit Ladenhütern.

Gegenüber dem breiten Spektrum an Formen und Farben in der Damenoberbekleidung sind die Straßenanzüge der Herren von ernüchternder Profanität. In besonders teuren englischen Anzügen ist im Revers, fast unsichtbar, ein Signalfaden eingewebt: ein Exklusivitätsabzeichen für alle in das Geheimwissen eingeweihten Gleichrangigen und zum Naserümpfen über alle Unbedarften. Das ist der Snob-Appeal vom Giraffentyp.

Früher war das bei den Herren anders. Was einst etwa bei einem Lever Ludwigs XIV. oder bei einem Galaabend an militärischen Parade-Uniformen glitzerte, wallte, rauschte und wippte – dagegen ist das herausgeputzte Federvieh einer Luxus-Fasanerie armselige Aschenputtel-Trostlosigkeit.

Heute verlegen die Herren ihre Renommier-Utensilien in einige Entfernung von ihrem Corpus, etwa so, wie die Liebeslaubenvögel in Australien. Da ist die chromblitzende Blechkarosse einer bedeutungsträchtigen Fabrikationsmarke, die Luxusvilla, vor allem aber die Büroeinrichtung. Es gibt Firmen, die genauestens festlegen, wie viele Quadratmeter der »Hühnerbatterie« einer Sekretärin, dem Gruppen-, Abteilungs- und Hauptabteilungsleiter zustehen. Auch der Schreibtisch ist ein Importanz-Popanz: untere Führungsebene Kunststoff, mittlere Ebene Holzfurnier, obere Ebene Massivholz. Bei der Vorstellung eines Neuen fragt man: »Sind Sie noch Furnier oder schon massiv?« und verschafft sich Klarheit. Ganze Urwälder an Teak und Palisander sind dieser Unsitte bereits zum Opfer gefallen.

Bei anderen Firmen darf der Halbbevollmächtigte Gardinen vors Fenster hängen, der Prokurist zusätzlich Blumen auf den Schreibtisch stellen. Das sind gleichsam Ehrungen von des Chefs Gnaden – und ein Trick, Verdienste nicht durch höheren Verdienst zu lohen, sondern mit denkbar billigen Mitteln. Es ist schon immer am preiswertesten gewesen, Orden zu verteilen. Sie kosten nicht viel, aber die Leute sind unheimlich scharf darauf und lohnen wiederum dem Chef die Auszeichnung mit hingebungsvoller Treue.

Das sind die Blüten, die unsere Rangabzeichen-Putzsucht treibt. Innerhalb einer anonymen Masse artet das zu totaler Sinnlosigkeit aus. Was hier an Juwelen und Schmuck, an immer neuen Kleidern, an Renommierreisen in fernste Winkel der Erde, an Luxus, Pomp auf Pump und an »Nebenfrauen« zum Repräsentieren aufgeboten wird, das hat schon so manch einen in den Ruin gestürzt, statt ihn wirklich zu erheben. Wie heißt es so schön: »Man kauft sich Dinge, die man nicht braucht, mit Geld, das man nicht hat, um Leuten zu imponieren, die man nicht leiden kann.«

Es ist doch wirklich nicht so, daß man mit Imponierprunk der Schönheit zum Siege verhelfen oder eine kulturelle Leistung vollbringen will! Am imposantesten kleidet man sich nicht, wenn man anderen Leuten einen ästhetischen Anblick verschaffen, sondern jemand ausstechen, sich in derRanghöhe über andere erheben will.

Was in diesem Sinne an Geld ausgegeben, an Überstunden, Nacht- und Schwarzarbeit geschuftet, an Kreditbelastung auf sich genommen, an den eigenen Kindern vernachlässigt wird, was hierdurch an Hektik, Krampf und Frust in die Welt kommt, an Kreislaufbeschwerden, Magengeschwüren und Neurosen, was auf diese Weise an Leid, Konkurrenzdenken, Feindschaft und Zerstörung zwischenmenschlicher Beziehungen entsteht, das ist geeignet, das Streben nach Statussymbolen als den Vernunftzerstörer Nummer eins zu bezeichnen.

Unterwerfung im Affenstaat

Die Sache mit der Höflichkeit

Eine lebensgefährliche Situation hatten die beiden Primatologie-Professoren S. L. Washburn und Irven DeVore in der ostafrikanischen Amboselisavanne zu bestehen. Es war ihnen gelungen, das Vertrauen einer vierzigköpfigen Horde von Steppenpavianen zu gewinnen. Als »vollwertige Truppmitglieder« durften sie mit den Tieren umherstreifen.

Oft stöberten neugierige Affenkinder in ihrem Gepäck herum, zerfetzten Handtücher, verschmierten Zahnpasta und stahlen Konservendosen. Dagegen waren die Forscher machtlos, denn unter Pavianen ist Kindern jede Frechheit und jeder Schabernack erlaubt. Hätten sie versucht, die »Lausejungen« fortzujagen oder ihnen einen Klaps zu geben, wären sofort alle kampferprobten Paviankrieger über sie hergefallen und hätten sie wahrscheinlich getötet.

Nun gibt es bei Wissenschaftlern aber eine Grenze des Zumutbaren, und die liegt bei belichteten Filmen, bei Ton- und Videobändern und Notizbüchern. Eines Tages entdeckten die Pavianrabauken auch diese Dinge. An einem Riemen des Beutels zogen die Zoologen, am anderen die kleinen Frechdachse. Als diese nicht gleich »gewannen«, begannen sie schrill zu kreischen: ihr Notruf! Sogleich formierte sich die Schutztruppe der großen Paviankrieger und rückte zähnefletschend gegen die Gelehrten vor.

In höchster Not versuchten diese etwas, das sie sich von den Umgangsformen der Affengesellschaft abgeguckt hatten: Sie warfen sich vor der anrückenden Streitmacht zu Boden wie Muselmanen zum Gebet, wendeten den Kriegern ihr weit herausgestrecktes Hinterteil zu, blickten sie über die Schulter an, grinsten breit und schmatzten dann laut hörbar. In der Paviansprache heißt das so viel wie: »Entschuldige vielmals. Es war nicht böse gemeint, und ich will es bestimmt nie wieder tun!«

Zwanzig furchtbare Sekunden lang verharrten die Tiere auf der Stelle. Und als die Professoren dann immer noch grinsten und schmatzten und ihren Po vorzeigten, nahmen die Krieger die Entschuldigung an und gingen friedlich ihrer Wege, ohne den Menschen ein Haar zu krümmen.

Dieser Vorfall zeigt wesentliche Elemente des Demutsverhaltens: Extreme Unterwerfungsposen schützen (meist!) vor Strafe. Der Kniefall ist gleichsam eine Höflichkeitsfloskel, aber sie wird nur vom schwächeren, rangniederen Partner dem Überlegenen dargeboten. Und es liegt im Ermessen der

Dominierenden, die Geste huldvoll zu akzeptieren oder auch nicht.

Nüchtern ausgedrückt: Das Präsentieren des Allerwertesten hat bei Pavianen einen Bedeutungswandel durchgemacht vom sexuellen Antrag eines Weibchens an ein Männchen zur Aggressionsvorbeugung nach einem Regelverstoß Untergeordneter, wobei die Geschlechtszugehörigkeit aller Beteiligten keine Rolle mehr spielt. In kopfstarken Horden benutzen es sogar im Rang sehr tief stehende Tiere, um auf dem Wege über diese »Huldigung« wenigstens hin und wieder mit den Oberen in Kontakt zu treten und die soziale Bindung aufrechtzuerhalten.

Zur lächerlichen Karikatur ist dies auf dem Pavianfelsen im Zoo geworden, wo die Tiere den ganzen Tag nichts anderes zu tun haben, als Ranggerangel und Reglementierungen zu praktizieren. Hier geht es oftmals zu wie im Thronsaal eines orientalischen Potentaten zur Zeit von 1001 Nacht: Auf der Spitze eines Felsens oder im Schatten räkelt sich der allmächtige Boß, streckt genüßlich alle viere von sich und läßt sich von seinen Hofdamen den imposanten Pelz lausen.

Währenddessen muß jedes Hordenmitglied, das in der Nähe passieren will, dem Anführer den Gruß seiner Ergebenheit darbieten. »Bitte vorbeigehen zu dürfen«, hieß es früher beim Militär. Dabei versteht es sich, daß der Gruß um so lässiger ausgeführt wird, je weiter der Passant vom Hordenführer entfernt ist und je höher der Untergebene in der Rangordnung der Affen steht. Das mindeste, was die Obrigkeit erwartet, ist, daß der zum Gruß Verpflichtete sein mit roten Sitzschwielen verziertes Hinterteil kurz zu ihm herüberschwenkt: ein Hüftzucken wie bei einer Bauchtänzerin.

Etwas mehr Ehrerbietung wird durch kurzes Stehenbleiben und Salutieren mit Seitschwenken des Schwanzes gezollt. Von dieser Geste gibt es zahlreiche Übergangsstufen bis hin zum demütigen Kniefall wie bei den beiden eben erwähnten Forschern, bei dem im Unterschied zum höfischen Zeremoniell des Menschen nicht der Kopf, sondern der Allerwerteste dem Herrscher zugewendet und mitunter direkt vor die Nase gehalten wird.

Das bedeutet jedoch nicht: »Du kannst mich mal . . .!« Vielmehr ist es der Gipfel der Unterwürfigkeit: eine Paarungsaufforderung. Der Boß darf aufreiten. Ein Vorrecht, das er indessen meist nicht sexuell, sondern nur symbolisch ausübt, auch bei Männchen, und zwar als Zeichen, daß er die Unterwerfung akzeptiert.

Meist aber reagiert der hohe Chef auf ihn grüßende Untertanen . . . überhaupt nicht. Er schaut irgendwo in den Himmel oder tut so, als schliefe er. Aber aus den Augenwinkeln blinzelt und schielt er doch. Und wehe dem, der ihn nicht in geziemender Weise oder gar überhaupt nicht grüßt! Dann schießt der scheinbar Verschlafene hoch und rast quer über den ganzen Felsen hinter dem Unbotmäßigen her, um ihm zur Strafe einen Nackenbiß zu verpassen. So also verhält sich das mit der Höflichkeit im Tierreich. In menschlicher Gesellschaft gibt es leider Tendenzen, ähnlich zu verfahren.

Die Grundelemente sind immer die gleichen: Der Rangniedere grüßt den Höheren stets zuerst. Dadurch, daß er als erster die Ehrerbietung erweist, dokumentiert er geradezu seinen niederen Rang. Somit ist der Gruß bei einer Begegnung gleichsam ein vorsorgliches Bitten um Frieden, Freundlichkeit oder um Entschuldigung, daß man dem hohen Tier so nahegetreten ist.

Dieses »Tief grüßt Hoch« ist einst in der höfischen Etikette bis ins äußerste Filigran hochstilisiert worden – nur mit einem Unterschied: starker Herr grüßt schwache Dame. Ist wenigstens dieser Akt eine rein kulturelle Leistung des Menschen, eine echte Galanterie?

Nicht ganz! Denn auch hierin steckt noch ein gut Teil Verhaltens-Urerbschaft. Immer dann, wenn Tiermännchen liebesdurstig sind, wenn sie also vom Weibchen etwas wollen und dieses die Möglichkeit hat, sich zu verweigern, werden die ruppigsten Burschen mit einemmal höflich und heucheln untertänigste Ergebenheit.

Herr Löwe gibt Frau Löwin Köpfchen, reibt seine Backen an den ihrigen und schnurrt wie ein verliebter Hauskater. Der Boß eines Wolfsrudels nähert sich dem Alphaweibchen mit allen Zeichen hündischer Demut, bis dieses mit einem Schnauzenstups gegen seine Weichen ihre Zustimmung gibt. Der Stockerpel vollführt vor dem Kopf der Erwählten eine Serie tiefer Verbeugungen als sogenanntes Paarungsvorspiel. Der männliche Zahnkarpfen legt vor der Geliebten alle Flossen an und trudelt scheinbar hilflos um seine Körperachse. Totenkopfaffen, Präriehunde, Ziesel, Murmeltiere und viele andere geben ihrer Partnerin zur Einleitung ausgiebig Küßchen. Vöglein schnäbeln miteinander. Und so ließe sich die Reihe beliebig fortsetzen. Nach der Paarung aber sind die höflichen Umgangsformen wieder wie weggeblasen.

Die Gesetzmäßigkeit, der all dies unterliegt, läßt sich am besten bei den Somali-Wildeseln studieren.

Galante Hengste werden zu Flegeln

Wie gute Umgangsformen zerstört werden

Eine Paarung zwischen Somali-Wildeseln gehört zum Schrecken jedes Zoodirektors, der diese vom Aussterben bedrohten Tiere hält. So geschehen in München-Hellabrunn: Als der Hengst in das Gehege zu den sechs Stuten hineingelassen wurde, stürzte er sich wie ein Tiger auf sie. Er sprang mitten in das Häuflein angstzitternder Weibchen hinein und sprengte sie auseinander. Drei versuchten, über den Zaun zu springen, blieben mit den Beinen hängen und hätten sich fast die Knochen gebrochen. Dann fiel der Hengst über sie her, jagte sie bis zur totalen Erschöpfung, keilte mit den Hinterbeinen aus, versetzte ihnen Huftritte, die jeden Menschen umgehauen hätten, und biß die Weibchen ins Genick. Irgendwie vollzog er an jeder Stute dann aber doch eine barbarische Paarung. So gelten Wildesel-Hengste als Inbegriff satanischer Vergewaltiger im Tierreich.

Im Freileben sehen diese Dinge jedoch ganz anders aus, wie der Braunschweiger Zoologieprofessor Hans Klingel in der Danakil-Wüste im Nordosten Äthiopiens erforscht hat. Selbst unter den Wüsten ist dies eine der ödesten: absolut flach, nicht einmal mit Sanddünen durchzogen.

Wenn die Brunstzeit naht, besetzt jeder Wildeselhengst sein vorjähriges Paarungsrevier. Schon dieses nach Märschen über mehrere hundert Kilometer in einer Landschaft wiederzufinden, die so flach und strukturlos ist wie ein Ozean bei Windstille, grenzt an ein Wunder. Aber die Tiere hatten im Jahr zuvor ihr Territorium mit einer Reihe von Misthäufchen längs der Grenzen zu rivalisierenden Nachbarn markiert. Bei einer Grenzlänge von 16 Kilometern eine beachtliche Leistung dieser Tiere, die Inhaber der größten Privatgrundstücke in der Tierwelt sind. Hieran erkennt er seine Liegenschaft, während die Nachbarn in Entfernungen von vier bis sieben Kilometern von ihm stehen.

Hier kann jeder Hengst zunächst nichts anderes tun, als wochenlang zu warten, ob vielleicht eines Tages die Stuten geruhen, freiwillig zu ihm zu kommen. Dann trifft aber gleich eine ganze Herde auf einmal bei ihm ein. Die sexualneidischen Nachbarn unternehmen jedoch keinen Vorstoß in Feindesland, um sich die »Sabinerinnen« zu rauben. Sie respektieren die Grenzen.

Dennoch muß der Glückliche, ganz im Gegensatz zu den im Zoo eingesperrten Artgenossen, mit äußerstem Feingefühl und großer Behutsamkeit zu Werke gehen, um sich nicht alles zu verderben. Einerseits lieben die Wildeselinnen eine »wilde Zärtlichkeit«, aber nur bis zu einem ganz bestimmten Grade. Andererseits darf der Hengst auch nicht zu stürmisch lieben. Dann galoppieren die Stuten nämlich sofort allesamt auf und davon, geradewegs zu einem der verhaßten Nachbarn. Zwischen beiden Extremen des Temperaments gilt es also, die Balance zu halten.

So ergibt sich aus dem Vergleich des Liebeswerbens im Zoo mit dem in Freiheit folgendes: Von Natur aus ist der Hengst angesichts von Weibchen ein ganz Wilder. Aber diese erziehen ihn zu gemäßigten Manieren, indem sie ihn einfach in der Wüsteneinsamkeit stehenlassen, wenn er sich nicht zügelt. Nur im Zoo, wo ein Zaun die Stuten am Ausreißen hindert und wo auch kein anderer Hengst da ist, zu dem sie flüchten könnten, darf sich das Mannsbild ungestraft die schlimmsten Brutalitäten herausnehmen. Und das tut es dann auch regelmäßig.

Moral: Allein die Macht, sich alles erlauben zu können, verdirbt die guten Sitten und die Höflichkeit.

So müssen wir die Kulturleistung des Menschen in Sachen

Kavaliersverhalten des starken Herren gegenüber der schwachen Dame ein wenig reduzieren: In allen Fällen der Abhängigkeit des Mannes vom Wohlwollen der Frau wäre zuvorkommendes Betragen auch auf tierpsychologischem Niveau erklärbar. Erst wenn sich der Herr auch dann ritterlich verhält, wenn er nichts von der Dame erwartet, können wir dies spezifisch menschlichen Werten beimessen. Andernfalls ist das sogenannte Kulturelle nur Dekor des Triebhaften.

Geschliffene Umgangsformen versuchte das Bürgertum vor dem Ersten Weltkrieg als echte kulturelle Leistung zur Verhaltensnorm (aber nur als »diskreten Charme der Bourgeoisie« unter Gleichgestellten!) zu erheben. Auch in der Nazizeit gedachte ein Teil dieser Klasse, sich durch das Ideal des humanistisch Gebildeten von den proletarischen Schreihälsen der Machthaber zu distanzieren. Ein Blümchen, das zwangsläufig nur im verborgenen existieren konnte.

Und nach dem Zweiten Weltkrieg sorgte die Ellbogenmethodik des Wirtschaftslebens dafür, daß Höflichkeit nicht zum kategorischen Imperativ, zum ethischen Gebot des gegenseitigen Umganges werden konnte. Das Animalische lebte wieder auf. Wer als Boß erscheinen will, gibt sich grob, es sci denn, er will von jemandem etwas haben. Höflich sind nur die Dummen, die Niederen, die Unterwürfigen. Die Herzensbildung, die als hoher menschlicher Wert anerkannt werden sollte, steht denkbar tief im Kurs.

Bis zur Lächerlichkeit verzerrt, offenbart sich das auch im Straßenverkehr. Der insektenhafte Blechpanzer des Automobils, die dadurch maskierte Anonymität, gelegentliche Schrecksekunden und Angstzustände setzen in einer Art Zeitmaschinen-Rückdrift kreatürliche Aggressionen frei und zerstören gute Umgangsformen. Sogar die Frau am Steuer wird wieder, ganz animalisch, zum Unterjochungsobjekt durch den Mann am Lenker anderer Wagen.

Verschärfend auf den Ungeist unter Autofahrern wirkt sich eine total idiotisch ausgeführte Erfindung der Techniker aus: die Hupe! Sie reduziert das menschliche Kommunikationsvermögen auf einen einzigen Bell-Laut. Das ist primitiver als das Schweinegrunzen, denn vom Borstenvieh kennen wir immerhin zwölf verschiedene Lautäußerungen. Selbst der Friedlichste kann mit der Hupe nur schimpfen. So geht die Höflichkeit auf der tierpsychologischen Basis des Autofahrens zu Bruch.

Die Herkunft der Höflichkeitsformen vom animalischen Rangduell erklärt auch die bedauerliche Unausrottbarkeit von Flegelei, Unverschämtheit und Rücksichtslosigkeit. Diese Unarten sind deshalb unaustilgbar, weil Grobheit zumindest dem Groben das Gefühl der Überlegenheit über seinen Ansprechpartner eingibt, kurz: weil ungehobeltes Benehmen unheimliche Freude bereitet, so bierernst und bitterböse der Betreffende bei diesem seinem Spaßvergnügen auch dreinblicken mag. Dieses sinnlose, ausschließlich das Selbstwertgefühl des mit Minderwertigkeitskomplexen beladenen Massenmenschen hebende Element ist die vernunftneutralisierende Sperre der humanen Form der Höflichkeit. Erst wenn die Wahrheit Allgemeingut geworden ist, daß nämlich der Höfliche der bessere Mensch ist, läßt sich diese Zeitkrankheit kurieren.

Was uns die Amseln flöten

Ein Gruß, der »Freundschaft« heißt

Für mich ist der Gruß eine der erfreulichsten Verhaltensweisen, die wir in Tiergesellschaften studieren können. Gegenwärtig werden immer neue Variationen dieses »Friede sei mit dir!« erforscht, sogar bei einem nur scheinbar so profanen Vogel wie der Amsel.

Wenn in der Abenddämmerung die Amseln in den Hausgärten ihre Serenaden in die linde Frühlingsluft flöten, wenn der süße Schmelz ihrer Stimmen, die einmal wehmütig klagend, dann wieder strahlend und silberhell erklingen und sich mit Läufern und Trillern zum schluchzenden Crescendo steigern, dann zieht dieses Konzert selbst den unmusikalischsten Menschen in seinen Bann.

Vor allem bezaubert uns der kompositorische Reichtum der 90 Gramm leichten Vögel. Während die Singdrossel jede ihrer Tondichtungen dreimal wiederholt, reiht die Amsel, auch Schwarzdrossel genannt, eine Melodie an die andere, wenngleich ihr Repertoire auch nicht unbegrenzt, dafür aber persönlich kennzeichnend ist.

Materialisten unter den Vogelgesangsforschern fragen natürlich nach Sinn und Wert dieser kunstvollen Fähigkeit, wo doch dem Haussperling ein profanes Schilpen, unisono stundenlang herausgezwitschert, vollauf genügt, sich unter seinesgleichen verständlich zu machen. Wozu also die Flötenkonzerte der Amselmännchen?

Der Berliner Zoologieprofessor Dietmar Todt hat 1982 folgendes herausgefunden: Hört ein Amselhahn einen altbekannten Reviernachbarn singen, antwortet er ihm mit jener Strophe aus seinem eigenen Liederschatz, der dem eben verklungenen Song des Nachbarn am ähnlichsten ist. Dann fühlt

sich dieser sozusagen von seinem Kumpel persönlich angesprochen.
Seine Antwort kann der Vogel geben, kurz nachdem der Nachbar seine Melodie beendet hat. Das ist dann ein freundschaftlicher Gruß. Haben Reviernachbarn erst einmal ihre Grenzen abgesteckt, liegt es im beiderseitigen Interesse, miteinander ein gutnachbarschaftliches Verhältnis aufrechtzuerhalten. Meist reagiert der entfernte Sänger dann seinerseits in gleicher Weise. Das heißt, er erwidert den Gruß: »Alles bestens hier. Keine besonderen Vorkommnisse!«
Die Amsel kann mit ihrer Antwort aber auch schon einsetzen, bevor der Sänger im Nebengrundstück sein Lied zu Ende gesungen hat. Sie kann ihn nicht »ausreden« lassen oder ihm ins »Wort« fallen. Das kommt dann einer gutgemeinten Warnung gleich: »Du, hör' mal, weißt du, daß du dich reichlich dicht an meinem Privatbesitz breitmachst!«
Die Reaktion ist überraschend: Fast immer zieht sich der in ziemlich »netter« Weise gewarnte Vogel sofort und bereitwillig tiefer in sein Gebiet zurück, als wolle er sagen: »Entschuldigung, es war nur ein Versehen!«
Die individuelle Abstimmung der Melodienfolge auf die des Sangesbruders, um ihm etwas mitzuteilen, ist also ein Grund für die Schönheit und Vielfalt der Amselkompositionen. Selbstverständlich gilt dies nur in Fällen normaler Siedlungsdichte. Bei Übervölkerung wie in den völlig veramselten Villenvororten sind derart subtile Formen des Zusammenlebens längst zerstört und durch böses Federnrupfen ersetzt worden.
Davon abgesehen, zeigt das Amselbeispiel etwas sehr Wichtiges. Mochte in den Kapiteln zuvor vielleicht der Eindruck entstehen, daß es heutzutage im zwischenmenschlichen Verkehr überhaupt nicht mehr ratsam sei, sich höflich aufzuführen, weil das sofort als Unterwerfungsgebärde mißdeutet

wird, so erlauschen wir aus der Sprache der Vögel eine Idee zum Ausweg aus diesem Dilemma: Unsere Gartenmusikanten legen, sobald sie ihr Revier abgegrenzt haben, großen Wert auf gutes Auskommen mit den Nachbarn. Die Umgangsformen sind durchaus als höflich zu bezeichnen. Beim Singen grüßt man sich, ohne daß damit eine Rangeinstufung präjudiziert würde, wie gleich zu gleich. Aber sobald einer dem anderen zu nahe tritt, auch wenn es nur ganz geringfügig ist, wird ihm das prompt, aber gleichsam höflich vorgehalten, so daß er seinen »Irrtum« leicht korrigieren kann, ohne sein Gesicht zu verlieren und ohne daß dies freundnachbarschaftliche Verhältnis getrübt wird oder sich gar in Feindschaft kehrt.

Dieses sofortige, aber gemäßigte Gegensteuern, indem man auf »einen Schelm nicht anderthalbe, sondern nur dreiviertel draufsetzt«, erinnert stark an das bereits weiter vorn behandelte Verhaltensprinzip vom Ganovendilemma und zeigt einmal mehr die Weisheit der Schöpfung, die ihren Gebilden jene streitvermeidende Verhaltensnorm eingegeben hat.

Man kann also durchaus »ungestraft« höflich sein, sofern man allerdings das volle Spektrum der Verhaltensweisen in diesem Zusammenhang gut beherrscht.

Eine andere Methode ist die, nicht nur Ergebenheitsgebärden in den Gruß zu legen, sondern auch Andeutungen von Herrscherallüren. Das ist die Wurzel der Leutseligkeit. Unter anderem zelebriert dies das ranghöchste Männchen im Rudel der Zwergmungos in anschaulicher Weise.

Jeden Morgen verläßt es, wie Frau Professor Anne Rasa beobachtet hat, als einer der ersten den Schlafplatz in den Lüftungsschächten eines Termitenbaues und begrüßt die Seinen auf recht seltsame Weise. Es springt auf ein Grasbüschel drauf und zaust und fetzt es, daß die Halme fliegen. Daraufhin ducken sich die anderen Männchen demütig nieder. Was dies zu bedeuten hat, wird augenfällig, wenn ein Untergebener einmal nicht zurückgrüßt: Mit einem Satz wechselt der Chef der Männerabteilung vom Grasbüschel auf den Unbotmäßigen über und »krault« diesen in gleicher Weise, nur daß es jetzt die Haare sind, die fliegen. Folglich bedeutet diese Geste in etwa: »Ich, der Boß, grüße euch. Aber wenn ihr mir nicht Reverenz erweist, verfahre ich mit euch ebenso wie mit diesem Grasbüschel!«

In den meisten Fällen tut das seine Wirkung, manchmal aber auch nicht. Dann kann es zu einem ernsthaften Kampf kommen. Da dieser blutig enden kann, weil Zwergmungos berserkerhaft zu fechten pflegen, muß dieser Streit im Interesse der gesamten Gruppe unbedingt geschlichtet werden. Das geschieht bei diesen einzigartigen Tieren wiederum in einzigartiger Weise ... durch Grüßen. Friedensstifter ist nicht etwa die Rudelchefin, also das größte und stärkste Tier der Gruppe, sondern die Schar der jüngsten Kinder.

Frau Rasa beschreibt es so: »Bevor er richtig wußte, wie ihm geschah, sah sich der Mungomann von mehreren flach an den Boden gepreßten, jugendlichen Artgenossen umgeben, die herbeigeeilt waren und ihn nun wie wild begrüßten, indem sie ihm mit den Vorderpfoten derart auf dem Kopf herumtrommelten, daß er die Augen zumachen und den Rückzug antreten mußte.«

Der freundliche Gruß der Schwachen als Aggressionsbeschwichtiger! Auch so etwas kommt im Tierreich vor. Allerdings sorgte hier die instinktive Unantastbarkeit des Kindchenschemas dafür, daß die Angriffswut des Männchens nicht auf die extrem schwachen Friedensstifter umadressiert wurde. Ohne diesen Schutz kann das Rezept nicht zur Nachahmung empfohlen werden.

Die Macht des Lächelns

Lustgebärden lockern sozialen Krampf

Wie der Gruß, so kann auch das Lächeln eine entwaffnende Wirkung haben, und zwar bei Kindern ebenso wie bei respektgebietenden Persönlichkeiten:

Als das Orang-Utan-Kind sechs Wochen alt war, geschah etwas Erstaunliches. Wie jeden Abend, so baute die Mutter im Urwald des Gunung-Leuser-Schutzgebietes auf Nord-Sumatra auch heute das gemeinsame Schlafnest in der Wipfelregion, nahm ihr Kind vom Klammersitz und bettete es ins weiche Laub. Da beugte sie sich zärtlich über sein Gesicht und lächelte so breitmundig, wie es nur ein Orang-Utan kann. Sekunden später begannen die Augen des Kindes zu strahlen. Dann verzog sich auch sein kleiner Mund zu einem Lächeln, während das Kerlchen auf und nieder wippte und vor Freude gluckste und quietschte – genauso wie ein Menschenbaby in dieser Situation. Wer hätte so etwas bei Menschenaffen für möglich gehalten! Jeder Tierpfleger im Zoo, der Orang-Utan-Kinder aufzieht, kann dies bestätigen. Dieses gegenseitige Sichanlächeln von Mutter und Kind ist von außerordentlicher Bedeutung für eine harmonische Entwicklung des wechselseitigen, liebevollen Vertrauensverhältnisses. Korrespondiert hier einer von beiden nicht mit, was infolge eines Instinktdefekts gelegentlich der Fall ist, erfriert das Lächeln auch beim anderen Partner. Die Beziehung verhärtet sich. Die Mutter beginnt, das Kind zu vernachlässigen. Die Bindung bricht, und oftmals stirbt das Kind eines baldigen Todes. Hier ist es also die Freundlichkeitsgebärde des Lächelns, der die Macht des Überlebens innewohnt.

Die meisten Leute schauen höchst skeptisch, wenn sie etwas

vom Lächeln und Lachen bei Tieren hören. Sie sind der Meinung, dies wären nur dem Menschen eigene Verhaltensweisen. Welch Unwissen! Welche Fehleinschätzung! Alle, aber auch alle in auf persönlicher Basis organisierten Gemeinschaften lebenden Tiere kennen den lebhaften Ausdruck der humorvoll getönten Freude und Freundschaft. Nur lächeln sie nicht so menschenähnlich wie die Orang-Utans und begegnen daher unserer Verständnislosigkeit.

Wie lacht eigentlich ein Hund? Die Hundeforscherin Frau Dr. Ulla Schultz-Roth beschreibt es so: »Beim Lachen entblößt der Hund durch Hochziehen der Oberlippe nur die Vorderzähne und nicht wie beim Fletschen und Knurren auch die gefährlichen Teile des Gebisses. Die feine Haut des Nasenrückens wird dabei krausgezogen. Dieses Lachen zur Begrüßung lieber Menschen kann das ganze Hundegesicht aufhellen. Es kann auch nur einseitig verzogen sein. Geringgradiges Lachen ohne Entblößen der Zähne, das Grinsen, drückt die gleiche freundlich-freudige Stimmung aus.«

Hierbei ist eines schon bezeichnend: Lachen und Fletschen ähneln einander sehr. Grinsen und Beißen liegen dicht beieinander. Lachen und Auslachen sind nur schwer zu unterscheiden.

Die intensivste Form hündischen Lachens sieht nach Forschungen des New Yorker Tierarztes Dr. Michael Fox so aus: Der Hund kriecht mit nach vorn gestreckten Vorderbeinen und nach oben durchgedrücktem Hinterteil auf Herrchen zu, schaut ihm ganz treu in die Augen, entblößt, wie eben beschrieben, nur die vorderen Schneidezähne und blafft einmal kurz anspornend. So flackert das Tier vor heller Erwartungsfreude.

In genau gleicher Weise kann auch der Mensch den Hund hündisch anlachen. Das meint jedenfalls Dr. Fox allen Ernstes. Allerdings sollte man das nur dann tun, wenn niemand

zuschaut, weil es sonst zu albern aussieht. Aber Hunde verstehen dies viel besser als das Menschenlachen. Aber immerhin verstehen sie unsere Gestik besser als umgekehrt. Sie können sogar genau unterscheiden, wenn sie von uns angelacht und wenn sie ausgelacht werden, und reagieren bei letzterem zutiefst beleidigt.
Der amerikanische Tierarzt wendet dies Lachen in der Hundesprache bei seelisch kranken Tieren mit großem Erfolg an. Wenn ihm ein vierbeiniger Patient gebracht wird, der neurotisch oder depressiv ist, heitert er ihn mit dieser Lachtherapie wieder auf und gibt ihm neuen Lebensmut. So gelang es ihm sogar, sexbesessene, zerstörungswütige Hunde und Angstbeißer wieder gesundzulachen. Ein Erfolg, der natürlich nur dann von längerer Dauer ist, sofern auch die Besitzer lernen, auf Hundeart mit ihren Tieren fröhlich zu sein.
Diese Art, mit einem Tier locker und lustig umzugehen, beseitigt nämlich die Ursache vieler neurotischer Störungen beim Hund. Sie liegt darin, daß Frauchen oder Herrchen den vierbeinigen Freund nicht versteht. Um seine Wünsche oder seine Ablehnung dem Menschen deutlich zu machen, muß der unverstandene Hund zu den schärfsten Äußerungen greifen, die ihm zur Verfügung stehen. Alle die vielen anderen, feineren Formen, sich mitzuteilen, kapiert der Mensch nicht. Aus der Sicht des Hundes müssen viele Menschen außerordentlich dumm oder schwer von Begriff erscheinen. So kommt es dann, daß die unverstandenen Tiere nur noch kläffen, knurren und beißen, wenn sie bei ihren Besitzern etwas erreichen wollen.
Und genau dies ist es, was sie in ihrer Vereinsamung zu neurotischen Bellern und Beißern werden läßt ..., bis dann eines Tages Frauchen oder Herrchen es gelernt hat, auf hündisch zu lachen und die frustrierte Seele ihres Lieblings aufzuheitern.

Das ist die Macht, die das Lächeln oder Lachen auf das Gemüt eines Tieres ausübt und damit auch auf das gesamte Spektrum seines Verhaltens. Auch dies untermauert, daß es in einer Tiergemeinschaft, etwa im Wolfsrudel, in gewisser Weise lustig und locker zugehen muß, wenn das seelische Wohlbefinden aller Mitglieder gedeihlich sein soll. Der Lustigste im ganzen Rudel ist immer der Leitrüde. Trotz aller Späße und Tollerei bricht ihm kein Zacken aus der Krone. Die Persönlichkeit des wahren Anführers verträgt eine gehörige Portion Humor. Nur der ewig zweite, der Zuchtmeister, versteht niemals Spaß. So offenbart sich wahre Überlegenheit gerade in der Fähigkeit zu Spiel, Spaß und Lachen als Signum einer Tierpersönlichkeit.

In diesem Zusammenhang bringt das Imponierduell der Dschelada-Paviane eine weitere Variante ins Spiel.

Wenn im äthiopischen Hochland eine Horde nach des Tages Mühen in gelöster Stimmung beieinander hockt, geschieht sehr häufig folgendes: Ein etwas ranghöheres Männchen schaut ein tieferes freundlich an. Schon das ist im Tierreich etwas Besonderes, denn das Anblicken eines anderen gilt fast durchweg als Akt der Aggression. Der Löwe starrt die Antilope nur an, kurz, bevor er sie fressen will. Künstliche Katzenaugen, auf dem neu eingesäten Beet aufgehängt, machen kleinen Vögeln angst. »Mein Herr, Sie haben mich fixiert!« sagte früher in Studentenkreisen der sich angegriffen Fühlende, bevor man die Klingen kreuzte. Erst von den Affen kennen wir auch den freundlichen Blick, zum Beispiel der Mutter zu ihrem Kind oder des Paschas zu seinem Lieblingsweibchen. Hierbei schaut man sich an, signalisiert aber mit zusätzlichem Lächeln, daß es ganz und gar nicht böse gemeint ist, und zieht außerdem die Augenbrauen hoch, nicht viel, aber doch deutlich erkennbar.

Nun kann der so angeblickte Pavian die freundliche Geste als

Schwäche mißdeuten. Dann blickt er ebenso zurück, nur zieht er seine Augenbrauen weiter hoch. Im gleichen Moment wandelt sich das Aufmerksam-Gütige im Blick zum Bedrohlichen. Auch hier liegen also Freundlichkeit und Feindseliges dicht beieinander.

Prompt reagiert der erste Pavian eingeschnappt und droht zurück. Die Begegnung eskaliert zum Imponierduell und schließlich zum Wettkampf im Grimassenschneiden, das bei diesen Tieren extreme Formen annehmen kann, da sie ihre gesamte zähnebleckende »Hundeschnauze« bis zur Nase und zum Kinn von den Lippen entblößen können. Wer hierbei am wenigsten droht, ist schon der Verlierer. Gleich schaltet dieser wieder auf scheinfreundliches Grinsen um. Der Sieger zieht gleich. Und so löst sich die Dämmerstunden-Grimassier-Kraftprobe wieder in Wohlgefallen auf.

So nimmt es nicht wunder, daß es im menschlichen Bereich etwas Ähnliches gibt: den von Professor Irenäus Eibl-Eibesfeldt entdeckten sogenannten Augenbrauengruß: Treten sich plötzlich zwei Menschen mit freudiger Überraschung und Zuneigung gegenüber, spielt sich auf ihren Gesichtern eine typische Folge mimischer Signale ab: Blickkontakt – Lächeln – schnelles Anheben und Senken der Augenbrauen innerhalb einer Sechstelsekunde – gleichzeitig leichtes Anheben des Kopfes – kurzes Nicken.

Alles dies geschieht, wenn es echt ist, unbewußt. Damit signalisieren sich beide Partner ihre Sympathie. Schon ohne Worte ist ein herzliches Einvernehmen zwischen beiden hergestellt. Allerdings erwartet der zuerst mit den Augenbrauen »Grüßende« unterschwellig eine gleiche Antwort. Bleibt sie aus, reagiert er ernüchtert oder gar sauer, ohne eigentlich zu wissen, warum.

Dieser Augenbrauengruß enthält jedoch Elemente, die auch vom Willen gesteuert werden können, ähnlich wie beim

Lächeln. Daß man durch Lächeln Zuneigung gewinnen kann, weiß schon jedes Kind. Aber wenn man dieses Lächeln künstlich aufsetzt, als Maske und »Attrappe«, fehlt mit Sicherheit das schnelle Heben und Senken der Augenbrauen. Und sofort sagt sich der andere: »Vorsicht! Dies Lächeln hat etwas Falsches an sich.« Wenn man nun um diese Dinge weiß, kann der Mienenfalschspieler auch noch den Augenbrauengruß einstudieren. In einigen Lehrgängen für Führungskräfte im Wirtschaftsleben wird er regelrecht trainiert. Aber das ist gar nicht so einfach. Meist übertreibt man dann diese Gebärde. Und sofort wirkt sie entweder komisch oder, wie beim Pavian, als Drohung und verkehrt damit die erhoffte Wirkung ins Gegenteil. So subtil arbeitet dieser instinktive Freundlichkeitsauslöser.

Inzwischen kennen wir eine weitere aufschlußreiche Variante dieser Geste: Begegnet eine hochgestellte echte Persönlichkeit einer niederen, etwa einem Jugendlichen, mit Wohlwollen, so lächelt sie kaum merklich und deutet den Augenbrauengruß auch nur extrem kurz an. Dann aber senkt sie die Augenlider betont langsam, gleichsam herablassend, ganz über die Augen. Sofort faßt der Jugendliche instinktiv Zutrauen, bleibt sich dabei aber bewußt, daß er zur Ehrerbietung verpflichtet ist.

VI. HILFSBEREITE LEBEN BESSER

Vom Egoismus der Selbstlosen

Tiere helfen Tieren

Die fünf Jungen im Nest waren noch keine sieben Tage alt, als sie zu verhungern drohten. Die Eltern, ein Graufischerpärchen, afrikanische Verwandte unseres Eisvogels, waren pausenlos auf der Jagd nach Fischen im ostafrikanischen Victoriasee. Aber die meisten Tauchstöße schlugen fehl. Trotz unermüdlicher Arbeit gelang es ihnen nicht, genug Futter für den täglich immer größer werdenden Hunger ihrer Jungen heranzuschaffen.

In dieser verzweifelten Lage änderten die Vogeleltern ihre Einstellung zu einem fremden Graufischer. Schon seit Tagen kam er des öfteren, wenn die Mutter ihre Jungen füttern wollte, ebenfalls herbeigeschwirrt und trug einen Fisch im Schnabel, und zwar, umgekehrt wie sonst, mit dem Schwanz im Schlund und mit dem Kopf nach vorn, einem untrüglichen Zeichen, daß er diesen Fisch nicht selber fressen, sondern an die Jungen verfüttern wollte.

Bislang hatten die Eltern den Fremden trotz seines hilfreichen Angebots stets vertrieben. Nun aber, angesichts des bevorstehenden Hungertodes einiger ihrer Jungen, ließen sie den Helfer gewähren und retteten damit ihren Kindern das Leben.

»Tiere helfen Tieren«, dieser Themenbereich war noch 1975

für die strenge Naturwissenschaft tabu. Charles Darwin hatte es ja schon geschwant: Sollte sich die Existenz von Altruismus unter Tieren bewahrheiten, wären einige Thesen der Evolutionstheorie hinfällig. So rührte man nicht an diesem Thema, erklärte gelegentliche Beobachtungen von Hilfsbereitschaft unter Tieren zu nicht relevanten Anekdoten und den russischen Revolutionär Fürst Peter Alexejewitsch Kropotkin, der 1902 seinen Grundsatz der gegenseitigen Hilfe aus analogem Tierverhalten ableitete, zum utopischen Sozialisten.

Erst moderne Soziologen fanden einen Trick, Altruismus an Darwins Grundkonzept anzupassen. Statt den »Stärksten« im Kampf ums Dasein obsiegen zu lassen, sprechen sie jetzt von dem »Fittesten«, also dem Geeignetsten. Und hierunter können wir wirklich alles verstehen, was erfolgreich überlebt, sogar das hilfsbereiteste Wesen. Diese neue Einstellung hat vor allem den Vorteil, daß nun mit einemmal eine geradezu überwältigende Forschungsflut über das Gebiet des Altruismus bei Tieren einsetzte und zu einer stolzen Reihe bedeutungsvoller Resultate führte.

Einen wichtigen Platz im neuen Konzept nehmen die sogenannten Helfer ein, wie hier zum Beispiel bei den Graufischern, die Dr. Heinz-Ulrich Reyer vom Max-Planck-Institut für Verhaltensphysiologie in Seewiesen untersucht hat.

So entdeckte er, daß einige Vögel den Eltern stets als Helfer willkommen waren, andere aber nur in äußerster Not, um unmittelbar drohenden Hungertod von den Kindern abzuwenden. Weshalb ist nicht jeder Hilfsbereite gleichermaßen willkommen?

Individuelle Kennzeichnung aller Vögel zweier Brutkolonien brachte es an den Tag: Die stets gern gesehenen Helfer waren nur die eigenen Kinder aus vorangegangenen Bruten. Im Alter von ein bis zwei Jahren kehren sie während der

Brutzeit zu ihren Eltern zurück, um diesen bei der Aufzucht ihrer jüngeren Geschwister zu helfen. Der Forscher nennt sie »primäre Helfer«. Die anderen, nur widerwillig und erst in höchster Not zur Arbeitsleistung Zugelassenen, sind Fremde. Sie werden als »sekundäre Helfer« bezeichnet.
Ob als erster oder zweiter Typ, in jedem Fall sind es beim Graufischer nur Männchen, die sich als Arbeitskräfte anbieten, niemals Weibchen. Das liegt nicht etwa an einem charakterlichen Defekt, sondern an akutem Weibchenmangel, hervorgerufen durch große Verluste unter den Müttern.
Das kommt so:
Bei dieser Vogelart brütet allein das Weibchen, während es die einzige Aufgabe des Ehemännchens ist, die auf den Eiern Sitzende zu füttern. Das Nest befindet sich ungefähr einen Meter tief in einer lehmigen Steilwand und ist nur durch einen fast waagerechten, engen Gang zu erreichen, ähnlich wie beim einheimischen Eisvogel. Im Nest kommt es oft, etwa bei tropischen Regengüssen, zu Einstürzen und Verschüttungen der brütenden Weibchen. Auch Schlangen betätigen sich, vor allem nachts, als Muttermörder.
Notgedrungen werden also jene Männchen zu Helfern, die kein Weibchen finden konnten.
In einem Experiment nahm der Forscher einem Pärchen, das sich von einem sekundären Helfer unterstützen ließ, zwei seiner fünf Nestlinge fort. Nur noch drei Kinder zu sättigen schafften die Eltern allein. Und so jagten sie den »Mohr«, der seine Schuldigkeit getan hatte, wieder fort. Weshalb begegnen hilfsbedürftige Eltern sich freiwillig anbietendem, fremdem Dienstpersonal mit so großem Mißtrauen? Um es vorwegzunehmen: Weil das Hilfsangebot des Fremden durchaus nicht uneigennützig ist.
Bereits in der Art, seine Arbeit zu verrichten, unterscheidet sich der sekundäre von dem primären Helfer grundlegend.

Während der ältere Bruder mit großem Zeit- und Energieaufwand auf Fischfang ausfliegt, um seine kleinen Geschwister zu füttern, zieht der Fremde mehr eine Schau ab, ohne dabei allzuviel zu leisten.
Zunächst versucht er, sich durch einen Trick anzubiedern. Das Ehemännchen hört nämlich an dem Tag, an dem die Jungen schlüpfen, auf, sein Weibchen zu füttern, da er ja nun die Kinder zu ernähren hat. Die Mutter aber bettelt weiter um Nahrung, da sie sehr hungrig ist. In dieser Situation erscheint der Fremde und bietet ihr einen schönen Fisch an. Sie widersteht indessen etwa sieben Tage lang der Versuchung und jagt den Aufdringlichen immer wieder davon. Doch dann ist mit der Körpergröße der Nestlinge auch deren Hunger so enorm gewachsen, daß die Eltern in einer Kolonie am Victoriasee nicht mehr in der Lage waren, allen Kindern genug Futter zum Weiterleben zu bringen.
In einer anderen Brutkolonie am etwa 200 Kilometer entfernten Naivashasee schafften die Graufischer-Eltern jedoch auch das, weil sie hier viel günstigere Umweltbedingungen vorfanden. Hier waren die Beutefische größer, so daß weniger davon erjagt zu werden brauchten. Auch war der Wasserspiegel hier meist glatt und die Beute aus der Luft klar zu erkennen, so daß fast jeder Tauchstoß zum Erfolg führte. Am Victoriasee kräuselte hingegen oft der Wind die Wasseroberfläche und ließ damit den Fischfang zum Glücksspiel werden.
Um das Maß der widrigen Umstände voll zu machen, störten am Victoriasee auch Einheimische sehr oft die Brutkolonie. Die Elternvögel getrauen sich nicht, solange sie mögliche Feinde in Nestnähe erblicken, die Kinderstube anzufliegen. Wertvolle Zeit ging dem Beutefang verloren.
Auf diese Weise ist zu erklären, daß am Naivashasee niemals sekundäre Helfer von den Elternvögeln zugelassen wurden,

am Victoriasee jedoch sehr oft. Das soziale System des Helfens ist also sehr flexibel und paßt sich den jeweils herrschenden ökologischen Bedingungen an.

Der Arbeitseinsatz der sekundären Helfer am Victoriasee begann mit dem Füttern des hungrigen, die Jungen hudernden Muttertieres und setzte sich, wenn dies gestattet wurde, zunächst mit eifrigem Füttern der Jungen fort. Allerdings stürzt sich ein Fremdhelfer mit dem gefangenen Fisch keineswegs unverzüglich zum Nest, sondern wartet in dessen Nähe, bis ein Elterntier kommt. Er will bei seiner »selbstlosen« Tätigkeit auch gesehen werden. Wenige Tage später, wenn er akzeptiert wurde, wird er aber ständig fauler, denkt fast nur noch ans eigene leibliche Wohl, treibt sich aber ständig, nur dienstbeflissen tuend, in der Nestnähe umher.

Im Grunde interessieren ihn die Kinder, denen er »hilft«, gar nicht. Er will sich nur beim Weibchen interessant machen. Das erhöht seine Chancen, in der nächstjährigen Balzzeit den alten Vatervogel zu verdrängen und sich mit dem Muttertier zu verpaaren. Von zwölf Fremdhelfern, die Heinz-Ulrich Reyer beobachtete, gelang es sieben, im nächsten Jahr Ehepartner jenes Weibchens zu werden, dem sie einst so »selbstlos« geholfen hatten.

Sekundäre Helfer sind also potentielle Rivalen des Vatervogels. Daher die starke Abneigung gegen sie, die nur die Sorge vor dem drohenden Hungertod der Kinder zu überwinden vermag. Die Gefahr, daß ältere eigene Söhne, also primäre Helfer, den Vater im Jahr darauf verdrängen, ist weitaus geringer. Offenbar hindert sie eine Art Inzesttabu daran, sich mit der eigenen Mutter zu verpaaren. Nur wenn die Mutter inzwischen gestorben ist und sich ein anderes Weibchen die alte Höhle seines Vaters erwählt, versucht auch der primäre Helfer, seinen Vater zu verdrängen. Von fünfzehn Söhnen gelang dies allerdings nur zweien.

Im allgemeinen aber führt der Lebenslauf eines männlichen Graufischers vom Nestling erst über den primären und dann den sekundären Bruthelfer zum Ehepartner und Vatervogel. Einmal verließ sogar ein »großer Bruder« seine Familie, als er sich im Nachbarnest Chancen als Fremdhelfer ausrechnete. Nach einwöchiger Arbeit bei der eigenen Verwandtschaft fütterte er alsbald fremde Kinder.

Warum also helfen Graufischer einander? Zum sinnvollen Ausnutzen einer ihnen von widrigen Umständen aufgezwungenen, unumgänglichen Wartezeit, bis sie, Jahre später, selber mit dem Brutgeschäft beginnen können. In dieser Zeit könnten sie sich allerdings auch schonen und nur ans Selberfressen denken. Aber das Helfen bringt ihnen auch viele Vorteile:

– Sie trainieren schon das Babyfüttern und können diese Arbeit später als Väter viel erfolgreicher durchführen.

– Indem primäre Helfer ihre jüngeren Geschwister unterstützen, sorgen sie dafür, daß ihre Eltern mehr Nachwuchs durchbringen. Damit begünstigen sie die Verbreitung von Genen, die zum Teil auch ihre eigenen sind. Ein Vorteil, der nach der These vom »egoistischen Gen« quasi auch selbstsüchtig zu Buche schlägt.

– Sekundäre oder Fremdhelfer handeln erst recht egoistisch, weil sie ihr nur scheinbar selbstloses Verhalten als Vorspiel zur Brautwerbung benutzen, um hierbei ihre Chancen zu steigern. Also gibt es überhaupt keine pure Selbstlosigkeit? Hand aufs Herz: Auch bei uns Menschen handelt selbst der Frömmste doch nur deshalb edel, weil er sich ein Plätzchen im Himmel sichern will, also letztendlich egoistisch. Aber es geht in dieser Welt doch nicht darum, das Ideal des absoluten Altruismus zu erreichen, sondern gemeinschaftsdienlich in der Gruppe mit anderen zusammenzuleben. Insgesamt gesehen, leben Hilfsbereite besser.

Und um dies zu verwirklichen, reicht dieses Prinzip der Schöpfung vollständig aus, wie das Beispiel der Graufischer uns lehrt.

Dreißigjährigen Ausrottungskrieg überlebt

Das Sozialsystem der Rotfüchse

Es ist ein warmer Spätsommertag. Schon seit Wochen haben die fünf Jungtiere ihr Elternpaar freiwillig verlassen und streifen, jeder allein für sich, auf der Suche nach neuem Lebensraum weit umher. Aber überall treffen sie auf fest ansässige Artgenossen, die ihr Familienrevier von fünf bis zwölf Quadratkilometern Größe erbittert gegen Neusiedler verteidigen. Nirgends bietet sich eine Chance.

Da kehrt unvermittelt eine »verlorene Tochter« zu ihren Eltern zurück. Fünf Tage später erscheint auch eine ihrer Schwestern und bald darauf noch eine. Alle drei werden von ihren Eltern liebevoll aufgenommen. Denn im kommenden März oder April, wenn die Eltern einem neuen Jahrgang das Leben schenken, können sie ihre älteren Töchter als Helferinnen gut gebrauchen: zum Beschaffen von Nahrung, als »Babysitter« und Beschützer.

Mit der Heimkehr der Töchter tritt jedoch ein Problem auf: Wie sollen alle satt werden? Ein Fuchsrevier ist ja gerade so groß, daß es Vater und Mutter sowie im Frühjahr und Sommer einen Welpenjahrgang ernährt, mehr nicht. Doch nicht von ungefähr ist der Rotrock ein Sinnbild für Schlauheit. Auch hier weiß er sich zu helfen: Die Töchter ziehen sich auf eine Spezialdiät zurück. Sie fressen fast nur Regenwürmer!

In der Ferne frustrierte »verlorene Söhne« zieht es jedoch nicht wieder zu ihren Eltern. Immer verzweifelter treiben sie sich umher, weil sie überall abgewiesen werden. Nach und nach schrecken die Landsucher nicht mehr vor den duftenden Grenzmarkierungen fremder Revierbesitzer zurück und dringen in deren Territorium ein. Es kommt zu schweren Kämpfen, die jedoch auf eine überraschend ritterliche Art und Weise ausgefochten werden, ohne den Gegner zu verletzen.

Nach Art japanischer Sumo-Ringer stellen sich beide Rivalen frontal voreinander auf und senken ihre Fänge mit dem scharfen Gebiß so tief nach unten an die eigene Brust, daß ein Zubeißen unmöglich ist. Dann stemmt jeder beide Vorderbeine gegen die Schultern des Gegners und beginnt, mit aller Gewalt zu schieben. Dabei drücken sie sich gegenseitig hoch zum zweibeinigen Stand. Und nun kommt alles darauf an, wer wen hintenüber auf den Boden wirft. Der gilt nämlich als Sieger.

Meist ist das der ältere und gewichtigere Revierinhaber. Der junge Verlierer aber bekommt die Chance, andernorts sein Glück zu versuchen, ohne durch eine Wunde im Lebenskampf behindert zu sein. Wenn irgendwo ein Vaterrüde gestorben ist, kann die »vakant« gewordene Stelle sofort neu besetzt werden. Andererseits ist es auf diese Weise den Füchsen möglich, jeden nur halbwegs für sie geeigneten Lebensraum aufzuspüren und zu besetzen, wie das derzeit zum Beispiel in den Vororten der Städte der Fall ist.

Das Verschonen des Verlierers im Zweikampf ist deshalb auch einer der Gründe, weshalb die Füchse im Daseinskampf so erfolgreich waren und sind.

Das Faszinierendste kommt aber jetzt erst: In Jahren der eben geschilderten Übervölkerung bringt in jeder Fuchsfamilie nur das älteste Weibchen Junge zur Welt. Die Helferinnen, obgleich geschlechtsreif, enthalten sich sexuell. »Geburtenbeschränkung statt Massenelend!« so kommentiert Professor Erik Zimen diesen Vorgang.

Aber wenn in einem Gebiet durch großflächige Bejagung zahlreiche Füchse erlegt wurden, dann bekommen in den überlebenden Familien plötzlich auch alle Helferinnen volle Würfe bis zu fünf Stück. Statt der fünf Welpen der einen Familienmutter werden in der Großfamilie nunmehr bis zu zwanzig Jungtiere aufgezogen. Sie sind es, die alle Verluste durch Jäger innerhalb eines Jahres wieder ausgleichen.

Noch nie ist ein Tier von so vielen Menschen (200 000 bundesdeutschen Jägern) mit so vielen Methoden (Gewehr, Gas und Gift, mit Hunden, Fallen, Bauaufgraben und Knüppeln) so lange Zeit (über 35 Jahre) so furios mit dem Ziel der Ausrottung gejagt worden wie der Rotfuchs. Fast jede andere Tierart wäre unter dieser Verfolgung schon längst vom Antlitz der Erde verschwunden. Aber auch noch nie hat ein Tier solch konzentrischen Nachstellungen so bravourös standgehalten wie Meister Reineke – eben dank seines vorbildlichen Helfersystems.

Hinzu tritt eine ganz erstaunliche Anpassung dieses Sozialsystems an die Umweltverhältnisse, grob ausgedrückt in drei Phasen:

– Bei Untervölkerung verlassen alle etwa halbjährigen Jungtiere ihre Eltern, bilden mit fremden Partnern eigene Paare und schreiten im Frühjahr darauf selber zur Fortpflanzung. Die unter diesen Umständen herrschende Gesellschaftsordnung ist die einfache Elternfamilie.

– Bei Übervölkerung haben die Jungtiere in der Fremde kaum Chancen zur eigenen Revier- und Paarbildung. So nutzen die Jungfähen die Zeit als Helferinnen bei ihren Eltern. Das versetzt diese in die Lage, mit dem nächsten Wurf mehr Junge aufzuziehen als ohne diese Hilfe. Die Jungrüden kehren jedoch nicht wieder heim und gehen zumeist in der Fremde zugrunde. Dieses Sozialsystem ist das aus dem Elternpaar und den Helferinnen bestehende Familienrudel.

Setzt im Zustand der Übervölkerung ringsum plötzlich ein rapider Populationszusammenbruch ein, lockert sich das bisherige Paarungsmonopol der Elterntiere auf. Innerhalb der Gemeinschaft darf jedes Weibchen Nachwuchs zur Welt bringen. Aus dem Rudel wird die Großfamilie.

Allerdings ist die Großfamilie bei den Rotfüchsen nur von begrenzter Dauer. Nur selten hilft ein Jungtier seinen Eltern länger als ein Jahr. Daß seine Kinder innerhalb der Gruppe auch ihrerseits Junge bekommen, tritt bei dieser Tierart nie ein. Der nächste Sozialisierungsschritt, der zur Sippe, bleibt den Füchsen verschlossen.

Damit zeichnet sich hier eine Entwicklung von großer Tragweite ab: die Entstehung von höher organisierten Tiergesellschaften aus der einfachen Elternfamilie. Die nächsten Stufen sind gekennzeichnet durch die Bipolarität von Einzelgängertum und Rudelgemeinschaften bei den Kojoten, durch den Zwang zur ausschließlichen Rudelgesellschaft bei den Wölfen, bei der nur gelegentlich »überzählige« Jungtiere ausgestoßen werden, bis hin zu den Horden der Affen, die etwa bei den Rhesus-Makaken und Totenkopfaffen eine Kopfzahl bis über hundert erreichen können, und wo allzeit alle Kinder auf Dauer im Verband der Eltern verbleiben.

Ob Delphinschwarm, Elefanten- oder Zebraherde, ob Dohlenschwarm, Bienen-, Ameisen- oder Termitenstaat, ob Zwergmungo-, Hyänen- oder Löwenrudel, ob Gorillatrupp, Rattenclan oder Murmeltiergesellschaft, ob Zieselkolonie, Wildpferdherde oder Kaninchensippe – jede auf persönlicher Basis sozial und höher organisierte Gruppe ist, etwa im Gegensatz zur anonymen Gemeinschaft des Heringsschwarmes, aus einer Urfamilie erwachsen. Die Eltern-

familie ist der Kristallisationskeim jeglichen sich höher entfaltenden Gemeinschaftslebens in der Tierwelt, und zwar als konsequente Weiterentwicklung des Helfersystems.
Verfolgen wir einmal weitere Sozialisierungsphasen in der Tierwelt.

Der Staatsschatz im Eichbaum

Wege zur Großfamilie und Clan-Herrschaft

Es gibt Tiere, die soziale Gemeinschaften bilden, in denen Hilfsbereitschaft und Aufopferung bis zum äußersten praktiziert werden, »nur« um eine perfekte Vorratswirtschaft für den Winter zu betreiben. Dies ist zum Beispiel bei den Honigbienen der Fall, aber auch bei den Eichelspechten, die in großer Zahl den Südwesten der USA bevölkern.
Eine Großfamilie dieser bis zu 21 Zentimeter langen Vögel umfaßt bis zu 15 erwachsene Mitglieder und höchstens zehn Jungtiere. Im Zentrum ihres Eichenwald-Revieres besitzt die Schar einen uralten, halb oder ganz abgestorbenen Baum wie eine Art Totempfahl, nur daß dieser auch praktischen Zwekken dient. Bis zu 30 000 Löcher meißeln die Spechte in den dicken Stamm, und zwar dicht an dicht, daß er fast so aussieht wie eine Honigwabe im Bienenstock. Jedes Loch ist gerade so groß, daß eine Eichel darin gelagert werden kann. Dieser Knusperbaum, von dem das Überleben des Schwarmes im Winter abhängt, wird von der ganzen Gemeinschaft in Kollektivarbeit gefüllt, bewacht, verteidigt und sogar auch regelrecht bewirtschaftet. Von Zeit zu Zeit müssen geschrumpfte Eicheln in engere Löcher umgesteckt werden,

damit sie der Wind nicht herauspustet. Insekten und Maden werden entfernt, faulige Früchte aussortiert, damit der Moder nicht um sich greift, die Eichhörnchen-Verwandtschaft und diebische Vögel davongejagt. Aber jedes Gruppenmitglied darf jederzeit von den Vorräten naschen.
Dennoch gehen alle äußerst sparsam mit dem Gemeingut um. Die Schätze müssen nämlich noch weit bis ins Frühjahr hinein reichen: für die Jungenaufzucht. Nicht, daß die Nestlinge mit alten Eicheln gefüttert würden. Für sie sind, wie die Doktoren Peter B. Stacey und Walter D. Koenig, Zoologen an der California-Universität in Berkeley, erforscht haben, Raupen und weiche Insekten gerade gut genug. Aber wenn die 15 Erwachsenen alle Jungen sättigen wollen, bleibt ihnen keine Zeit, für sich selber Nahrung zu suchen. Da bleibt nur der schnelle Griff in den Speiseschrank. Der Spechtschwarm, der im Frühjahr noch Eicheln besitzt, kann von seinen zehn Nestlingen acht am Leben erhalten. Aber wer schon zuvor alle Vorräte aufgefressen hat, zieht höchstens zwei groß.
Vögel mit Veranlagung zur Sparsamkeit pflanzen sich also viel erfolgreicher fort als Egoisten. Das ist bei diesen Tieren der Grund für das Entstehen des Gemeinschaftsgeistes.
Mitunter geschieht es aber auch, daß der alte, abgestorbene und morsche Speicherbaum vom Wintersturm gefällt wird. Dann muß der hier ansässige Eichelspechtschwarm sein seit Jahrzehnten angestammtes Revier verlassen und den Zugvögeln hinterher nach Mittelamerika wandern. Aber auch noch nach der Heimkehr im nächsten Frühjahr stehen sie vor einem Scherbenhaufen. An das Zeugen von Nachwuchs ist in den folgenden zwei, drei Jahren gar nicht zu denken. Meist löst sich die Fünfzehnergruppe auf. Jeder sucht nach eigenen Chancen. Dann strömen aus der Umgebung bis zu fünfzig Vögel bei einer unbenutzten Eiche zusammen, die sich als Speiseschrank eignet, und streiten sich um deren Besitz.

Das Geschrei und Federnzupfen dauert mehrere Tage. Sieger kann natürlich niemals ein Einzelvogel sein, sondern nur die mächtigste Allianz. Vielleicht hält das alte Ehepaar noch zusammen. Vielleicht schließen sich ihm noch einige jüngere erwachsene Kinder als Helfer an. Vielleicht gelingt es aber auch zwei völlig fremden Kleingruppen, sich gleichsam zusammenzuraufen und eine Allianz miteinander zu schließen, die dann von unangreifbarer Stärke ist und die alte Eiche in Besitz nehmen kann.

Das bedeutet den Beginn der zweiten Sozialisierungsphase: Wenn erst einmal die Mitglieder einer Tierart auf dem Wege über die Kinder-Eltern-Union des Helfersystems gelernt haben, in Gruppen für alle gedeihlich zusammenzuarbeiten, ist es nur noch ein kleiner Schritt, sich auch mit nicht verwandten Individuen zu einer Gemeinschaft zusammenzuschließen. Zwei befreundete Familien können nämlich die nun auf sie zukommenden Probleme viel besser bewältigen:

Erst muß der neue Baum zur Eichel-Speisekammer hergerichtet werden. Das ist die Aufgabe der Wachtposten, die immer zurückbleiben, während die anderen auf Nahrungssuche ausfliegen. In einer Dreiergruppe ist das immer nur ein Specht, in einer Sechsergruppe aus zwei befreundeten Familien sind es aber drei. Erschwerend kommt hinzu, daß diese Wachtposten nicht das ganze Jahr über Lagerlöcher in den Stamm meißeln, sondern nur während der Eichelernte. Und die dauert nie länger als vierzig Tage pro Jahr. Weiter reicht der Vorsorgetrieb dieser Tiere nicht. Das heißt, eine Dreiergruppe allein bekommt im Jahr nur etwa 1000 Lagerlöcher zustande, zwei vereinte Gruppen aber immerhin 3000.

In jedem der beiden Fälle aber sind die in den noch relativ wenigen Speichern gesammelten Vorräte schon im ersten oder zweiten Wintermonat aufgebraucht, und die Gruppe muß wiederum zu Zugvögeln werden, um sich in den wärmeren Regionen Mexikos zu ernähren. Erst nach frühestens drei Jahren ist die Gemeinschaft mit der Herstellung von Lagerraum so weit, daß die Existenz für die gesamte Dauer des Winters gesichert ist. Im Luxus schwelgen können die Vögel jedoch erst nach fünf oder sechs Jahren.

Je mehr Mitarbeiter helfen, desto eher wird der Idealzustand erreicht, der ja nicht von ewiger Dauer ist, da auch die neue morsche Eiche nicht viel länger als 15 Jahre hält. Je größer die Gründergruppe, desto mehr Kinder kann sie aufziehen und desto zahlreicher wird die Schar der Helfer am großen Gemeinschaftswerk. Alle Kinder bleiben so viele Jahre als Helfer in der Familie, bis die optimale Schwarmgröße von 15 Erwachsenen erreicht ist. Erst danach wandern die ältesten Tiere ab.

Und wie die Jungen aufgezogen werden, das ist wiederum eine Besonderheit dieser perfekt sozialen Vögel: Zwei oder drei Weibchen genießen das Vorrecht, ihre Eier in ein großes Gemeinschaftsnest in der Höhle des Eichbaumes legen zu dürfen. In gemeinsamer Arbeit bebrüten sie das Gelege. Auch füttern die zwei oder drei Mütter die Nestlinge zusammen mit allen Helfern und Helferinnen, die kinderlos bleiben, ohne darauf zu achten, ob sie gerade die leiblichen Kinder umsorgen oder die der anderen Mütter. Eine perfekte Kinderkrippe!

So vermag nur eine ganz extreme Form der Hilfsbereitschaft diese einzigartige Form der Vorratswirtschaft zu ermöglichen, die es den Eichelspechten wiederum erspart, im Winter die gefährliche Reise in den Süden antreten zu müssen.

Die Kumpels mit dem E.-T.-Gesicht

Die verschworene Gemeinschaft der Nacktmulle

Nun ist es an der Reihe, von einem Säugetier zu berichten, das die Hilfsbereitschaft bis zu einem Stadium emporgetrieben hat, daß selbst nüchterne Ethologen nicht anders können, als von »Heroismus« zu sprechen: vom Nacktmull.
Er sieht aus wie ein leicht verschrumpeltes Würstchen, ist splitterfasernackt, im Höchstfall nur neun Zentimeter lang und hat ein Gesicht wie der freundliche Film-Weltraumzwerg E. T. Kaum ein Mensch hat ihn je gesehen, denn er, der wie ein Mini-Außerirdischer aussieht, gehört zu den Unterirdischen und lebt in den hartkrustigen Steppen- und Savannenböden Ost- und Südafrikas. Allenfalls begegnet der Fototourist einem etwa zwanzig Zentimeter hohen Sandkegel mit einem Kraterloch, also der Erdauswurfstelle eines Teams dieser kleinen Tunnelbauer.
Der Staat der Heinzelmännchen umfaßt 70 bis 80 Tiere: eine Königin als unumschränkte Herrscherin, die bis zu 14 Jahre lang regieren kann; ein oder zwei Könige, die ständig aggressiv umherflitzen, um ihre Position in diesem Matriarchat wenigstens halbwegs zu sichern und ... deshalb schon nach wenigen Jahren, verbraucht und abgeschlafft, sterben. Dies ist sozusagen das um einen Zusatzvater vermehrte Elternpaar, eine sogenannte Triade. Alle anderen Mitglieder des kleinen Staates sind Söhne und Töchter, die bereits im Alter von drei Monaten beginnen, ihren Eltern und allen Geschwistern als Helfer zu dienen. Sie allesamt verlassen ihr Leben lang den Kreis ihrer Großfamilie nie.
In einem großartigen Akt von Arbeitsteilung gliedern sich die Helfer auf in eine Kaste von kleinwüchsigen und kleinbleibenden Tieren. Das sind die Arbeiter und Arbeiterinnen,

die schier pausenlos schwerste Leistungen zu erbringen haben. Eine weitere Kaste bilden rund zehn große und starke Helfer ebenfalls beiderlei Geschlechts. Von ihrer Erforscherin, Frau Dr. Jennifer Jarvis, Ökologin an der Universität Kapstadt, werden sie als Mischung aus Gelegenheitsarbeitern und Soldaten beschrieben. Während die Arbeiter schuften, schlafen sie meist im zentralen Nest. Aber sobald Feindalarm gegeben wird, stürmen sie zur Gefahrenstelle, bereit, sich für die Gemeinschaft aufzuopfern. Die Ähnlichkeiten dieser sozialen Organisation mit jenen der Bienen-, Ameisen- und Termitenstaaten ist auffallend, nur daß es sich hierbei um Säugetiere handelt.

Die Hauptaufgabe der Arbeiter und Arbeiterinnen ist das Graben unterirdischer Gänge, die vom zentralen Nestkessel nach allen Seiten führen und insgesamt die für so kleine Wesen unvorstellbare Länge von zwei bis drei Kilometern besitzen. Das Tunnelsystem des einzelgängerischen Maulwurfs ist nichts dagegen.

Eine Minier-Rotte ist immer nur für einen Gang zuständig und besteht aus etwa zehn Tieren: einem »Bohrer«, der mit seinen langen Meißelzähnen die Erdkruste im »Streckenvortrieb« abbaut und den Abraum hinter sich schiebt. Dieser »Hauer« ist immer derselbe. Desgleichen der »Auswerfer« am anderen Ende, also am Kraterloch. Hier schleudert er das Erdreich mit den Hinterbeinen dreißig Zentimeter hoch aus dem Loch auf den Sandkegel.

Zwischen beiden bilden die anderen Arbeitskräfte ein lebendes Förderband mit »Baggerschaufeln«. Das heißt: Einer nimmt dem »Bohrer« die lockere Erde ab und scharrt sie im Rückwärtsgang zum Auswerfer. Dann strebt er wieder zum Vortrieb, wobei er über seine rückwärtsrobbenden Kumpel rittlings drübersteigt. Und so wiederholt sich das unaufhörlich wie bei einem endlosen Band.

Der Auswerfer ist zugleich der Wachtposten. Von Zeit zu Zeit schaut der kleine Nackedei aus dem Kraterloch, ob nicht der schlimmste Feind naht: eine Schlanknatter. Diese ist so lang wie 15 Nacktmulle, aber so dünn, daß sie in das Tunnelsystem eindringen und alle zehn Jungtiere der Königstriade im Nest samt einigen Erwachsenen auf einmal verschlingen kann. Da sie sehr flink ist, wird sie von den Schwarzen auch »Blitzschlange« genannt.

Sobald der Wachtposten den Feind erblickt, schreit er Alarm. Im gleichen Augenblick schieben drinnen alle Erdtransportarbeiter ihr Material zum Ausgang und verschließen ihn so hermetisch, daß die Schlange nicht mehr eindringen kann. Aber ihr Wächter steht auch noch draußen vor der Tür. Er wird geopfert. Andernfalls wäre doch die Gefahr zu groß, daß die Schlange in den Bau hineinschlüpft.

Während der Ausguck bei den Zwergmungos wenigstens noch eine Chance hat, sein Leben zu retten, ist der Nacktmull-Posten im gleichen Moment verloren, in dem er seine Kumpel alarmiert. Aber er tut es trotzdem! Das ist wohl das äußerstmögliche Extrem eines sogenannten »starken Helfers«. Doch ohne seinen Opfertod wären die Verluste im kleinen Staat so hoch, daß sie den baldigen Untergang heraufbeschwören würden.

In der Regenzeit, wenn der Boden aufweicht, können Schlangen die »Panzertür« jedoch aufbrechen. Dann ist die Stunde der Soldaten und »Soldatinnen« gekommen. Die Königin verkriecht sich, wie jeder Regent, in der hintersten Ecke. Davor drängen sich ängstlich alle »Zivilisten«, also die Arbeiter. Aber die Soldaten stürmen der Schlange entgegen. Die zeigefingerkleinen Wesen gehen zum oftmals selbstmörderischen Gegenangriff auf den 1,40 Meter langen »Drachen« vor. Immer zwei und zwei nehmen den Leib des Eindringlings in die Mitte und perforieren ihn mit den vier langen Nagezähnen von hinten auf ganzer Länge bis nach vorn und wieder zurück, bis er kein Lebenszeichen mehr von sich gibt. Aber auch die eigenen Verluste unter den Soldaten sind groß. Deshalb spricht Professor Richard Alexander, Zoologe an der Universität von Michigan, in diesem Zusammenhang von »Heroismus in einer Tiergesellschaft«.

So muß nur noch angemerkt werden, wozu die Nacktmull-Großfamilie bis zu drei Kilometer lange Gänge graben muß. Diese Tierchen ernähren sich vorwiegend von Wurzeln. Sobald diese in die Gänge hineinwachsen, werden sie abgeknipst und verspeist. In den monatelangen Trockenzeiten Ostafrikas treiben aber keine Wurzeln durch. Dann halten sich die »Kumpels mit dem E.-T.-Gesicht« an eine Pflanze, die dicke sukkulente Knollen bis zu 50 Kilogramm Gewicht besitzt. Lateinisch heißt sie Pyrenacantha kaurabassana. Hiervon beißen die 20 Gramm leichten Arbeiter Stücke ab, tragen sie ins Nest ein und füttern dort Königin, Könige, Jungtiere und Soldaten.

Aber diese Knollen sind selten und in unterirdischer Suchaktion nur schwer zu finden. Um sie aufzuspüren und um das Existenzminimum von drei Knollen pro Kleinstaat zu erreichen, müssen so ungeheuer lange Gänge vorgetrieben werden. Zwar würde für die Gegenwart eine Knolle genügen, aber dann sähe die Zukunft finster aus. Die kleinen E. T.s knabbern eine Knolle nämlich nur so weit an, bis die Hälfte verzehrt ist. Dann decken sie den Vorrat wieder mit einer Erdschicht zu, damit die dicke Wurzel weiterwachsen kann, bis diese Schatzkammer in etwa zwölf Monaten wieder Nahrung spenden kann. Aber für die Zwischenzeit brauchen sie zwei weitere Ressourcen, und die liegen sehr weit weg.

Mit der menschlichen Mentalität behaftet, jede Rohstoffquelle rücksichtslos bis zur totalen Vernichtung auszubeuten, brauchten sich die Nacktmulle nicht so unsäglich viele und quälerische Arbeit aufzuhalsen. Aber dann würden sie in naher Zukunft verhungern.

Nachsatz: Solche Tiergemeinschaften, in denen es eine Arbeitsteilung zwischen Nachwuchs zeugenden Königinnen und Königen einerseits und von der Fortpflanzung ausgeschlossenen Arbeitern und Soldaten andererseits gibt und bei denen sich die Helfergenerationen überlappen, bezeichnet der Ethologe als »eusozial«, also als im guten Sinne sozial. Wir kennen diese Organisationsform vor allem von staatenbildenden Insekten wie Bienen, Ameisen und Termiten. Die Nacktmulle sind die erstentdeckte Säugetierart, auf die der Begriff »eusozial« auch zutrifft. Aber eine Reihe von Verhaltensforschern ist fieberhaft auf der Suche nach weiteren Beispielen.

Im Unterschied hierzu werden Tiergemeinschaften, die aus einem Elternpaar und einem mehr oder weniger großen Teil von deren Kindern bestehen, die früher oder später die Gemeinschaft verlassen, um eigene Familien zu gründen, als »semisozial«, also als zur Hälfte gemeinschaftsdienlich, bezeichnet. Sie stehen am Anfang der Entwicklung zu höher organisierten Gemeinschaften. Doch schon hier begegnen wir mannigfaltigen Spielarten des Sozialverhaltens, insbesondere im Reich der Vögel.

Von Blauhähern und Sperlingspapageien

Spielarten des Helfens

Mit einem Tempo von 1,5 Metern pro Sekunde schoß die zwei Meter lange Peitschenschlange durchs Buschdickicht auf die Nisteiche einer Buschblauhäher-Familie zu. Ein Vogel krächzte Alarm. Sekunden später war ein Kleinschwarm von acht erwachsenen Hähern am Feind. Im Sturzflug hackte der Familienvater der Schlange in den Schwanz. Wie eine Peitschenschnur schleuderte sie sich herum. Aber im selben Augenblick biß ihr der älteste Sohn der Vogelgroßfamilie in den Leib. Und nun bekam das Reptil zwei Schnabelhiebe pro Sekunde. Es war das reinste Spießrutenlaufen, bis die Schlange in der Ferne entschwand.

Ein Elternpaar allein hätte den »Lindwurm« niemals abwehren können. Aber gemeinsam mit sechs älteren Söhnen als Helfern gelang dies mit garantierter Sicherheit. Diese kollektive Abwehr von Feinden ist die Hauptaufgabe dieser in der Wildnis Floridas lebenden Helfer. In zehnjährigen Beobachtungen an über hundert Hähern hat Professor Glen E. Woolfenden, Biologe an der Universität von Süd-Florida, herausgefunden: Drei Helfer in einer Familie bedeuten, daß im Durchschnitt ein Kind mehr bis zum Erwachsenenalter am Leben erhalten werden kann als ohne Leibwache. Mit sechs Verteidigern bleiben drei Kinder am Leben gegenüber nur einem, wenn das Elternpaar auf sich allein angewiesen ist.

Natürlich beteiligen sich die Buschblauhäher-Helfer auch beim Füttern ihrer jüngeren Geschwister. Für das Überleben der Jungen ist die Zusatznahrung der Helfer aber völlig unerheblich, weil die Familie ein so großes Revier besitzt, daß alle Kinder stets ausreichend ernährt werden können. Aber die Eltern können sich des öfteren eine Ruhepause gönnen. Das schont die Nerven und verlängert das Leben. Die jährliche Sterberate von Eltern mit Hilfspersonal beträgt nur 13 Prozent, diejenige von Eltern, die alles allein tun müssen, hingegen 20 Prozent. Anders ausgedrückt: Von hundert Elternvögeln, die sechs Bedienstete beschäftigen, sind nach zehn Jahren noch 35 am Leben, mit drei Hilfskräften sind es nur noch 25 und völlig ohne Schutztruppe und Babysitter gar nur noch zehn.

Das bedeutet für die Eltern: Je mehr Kinder sie zur Welt bringen, desto besser geht es ihnen und desto länger leben sie im Schnitt. Aber für die Kinder männlichen Geschlechts sieht die Sache ganz anders aus: Je mehr von ihnen den Eltern helfen, desto mehr Jahre müssen sie warten, ehe sie das väterliche Revier erben und selbst Junge zeugen können. Arbeiten die »selbstlosen« Helfer also gegen ihre eigenen Interessen?

Nicht ganz, denn sie haben einen Ausweg aus dem Zwickmühlenproblem gefunden. Die Schar der Hilfskräfte greift nämlich nicht nur bei der Verteidigung des Reviers gegen Schlangen und andere Raubfeinde ein, sondern auch bei Eroberungszügen der Eltern, wenn diese das eigene Brutrevier in das Gebiet der Nachbarn hinein ausdehnen wollen. Wenn das Territorium eine gewisse Größe überschritten hat, erlaubt der noch sehr rüstige Familienvater seinem ältesten Sohn, einen Außenbezirk davon abzugrenzen und dort ein eigenes Brutrevier aufzubauen. So gelang es zum Beispiel einer Familie, ihren Hoheitsbereich in den Jahren von 1970 bis 1976 so weit auszudehnen, daß nacheinander drei Söhne je ein eigenes Reich gründen konnten.

Auf diese Weise entstehen regelrechte »Häher-Dynastien«, wie Professor Woolfenden es formuliert.

Allerdings hebt alsbald auch in den neuen Revieren eifriges Kinderkriegen an. Nach zwei oder drei Jahren werden auch diese offensiv, nach Möglichkeit gegen fremde Nachbarn nach außen. Aber wenn dort nichts zu gewinnen ist, kommt es auch zu Diadochenkriegen. Es wurde bisher jedoch noch kein Fall beobachtet, daß Kolonien das Mutterland angriffen oder, umgekehrt, die Eltern in das Revier ihrer Kinder vordrangen. Reviergründer sind immer nur Männchen. Die jungen Häherinnen bleiben nur so lange als Helferinnen bei ihren Eltern, bis sie auf ausgedehnten Erkundungsflügen für sich Chancen entdeckt haben: den Tod eines fremden Muttertieres, dessen Nachfolge sie antreten, oder einen noch alleinstehenden männlichen Reviergründer, der sich sogleich ein Weibchen sucht. Auf diese Weise wird Inzucht in den Dynastien vermieden.

Aber insgesamt gesehen, haben junge Weibchen viel weniger davon, wenn sie ihren Eltern helfen, als ihre Brüder. Und unter Brüdern ist es immer nur der Älteste oder Ranghöchste, der zur Zeit die besten Chancen sieht, demnächst Revierbesitzer und Vater werden zu können. In diesem Zusammenhang entdeckte der Forscher Bezeichnendes: Jedes Tier mobilisiert seine Hilfsaktivitäten exakt in dem Maße, wie eigene Vorteile dabei herausspringen. Am beflissensten agiert der älteste oder ranghöchste Sohn. Die jüngeren Männchen arbeiten um so weniger, je jünger sie sind, je ferner also das Ziel noch ist, das ihnen vor Augen schwebt. Und am wenigsten von allen Kindern rackern sich die Jungweibchen ab.

Es ist fast so, als wüßten die Buschblauhäher um diese Zusammenhänge. Aber das tut der Tatsache des Altruismus keinen Abbruch. Der letztlich doch vorhandene Egoismus ist stets die zuverlässigste Basis der Hilfsbereitschaft – jedenfalls im Tierreich.

Wiederum eine ganz andere Spielart des Helfens praktizieren die spatzenkleinen Augenring-Sperlingspapageien, die in den Bergwäldern Kolumbiens leben: die Gemeinschaftsehe!

Der Engpaß im Leben dieser kleinen Vögel ist die große Schwierigkeit für Erstbrüter, eine freie Nisthöhle in einem alten Baum zu finden. Klappt das bei einem Jungweibchen nicht, könnte es wieder in den Schoß seiner Elternfamilie zurückkehren und dort Helfer werden.

Aber bei dieser Art hat sich eine viel vorteilhaftere Problemlösung eingebürgert: Das Papageienfräulein besucht eine ihrer Schwestern, die mehr Glück gehabt und eine Nisthöhle samt Männchen gefunden hat. Wenn sich beide Schwestern gut vertragen, schlüpft sie in deren Nest mit unter und führt mit ihr und deren Männchen eine Ehe zu dritt. Beide legen ihre je vier bis fünf Eier ins selbe Nest, brüten gemeinsam und ziehen ihrem Männchen doppelt so viele Kinder auf, wie es bei der Einehe der Fall gewesen wäre. Diese aufsehenerregende Entdeckung gelang 1988 Professor Dierk Franck und seiner Mitarbeiterin Kyra Garnetzke-Stollmann am Zoologischen Institut der Universität Hamburg.

Diese Form der Bigamie unterscheidet sich wesentlich von anderen polygynen Vielehen im Vogelreich. Üblicherweise können sich die beiden Haremsdamen nicht leiden, nisten möglichst weit voneinander entfernt in separaten Nestern und geraten sich in die Federn, wenn sie sich einmal zu nahe kommen. Auch hilft der Pascha dann nur seinem Lieblingsweibchen beim Füttern der Jungen oder überhaupt nicht, mit der Folge, daß fast alle Jungtiere verhungern. Im Gemeinschaftsnest der Sperlingspapagei-Triade halten aber alle einträchtig zusammen, so daß es auch allen Küken gut ergeht.

Diese Bigamie-Harmonie ist aber nur möglich, und das ist der für die Naturgeschichte des Friedverhaltens wichtige Aspekt dieser Forschungsarbeit, weil die Schwestern zuvor als unreife Jungtiere ein Spiel getrieben haben: Sie haben mit ihren Brüdern »Ehepaar gespielt« und harmonisches Zusammenleben samt Aggressionsvermeidung geübt.

Bei Eintritt der Geschlechtsreife lösen sich alle Kinder-Geschwisterehen »zur Probe« als Folge eines noch nicht ergründeten Inzesttabus wieder auf, und die Papageien suchen nun dauerhafte Bindungen zu fremden Partnern.
Wird dies kindliche Ehespiel aber versäumt, was zum Beispiel bei Einzelkindern notgedrungen eintritt, wird das Tier später in seinem ganzen Leben überaggressiv und eheunfähig. Hat es jedoch seine Lektion in Sozialverhalten gut einstudiert und auch perfekt gelernt, seine Aggressionen zu zähmen, befähigt es dies sogar zum Zusammenleben in der sonst stets an inneren Konflikten zerbrechenden Ehetriade mit Gemeinschaftsnest und Kinderkrippe.
Bei anderen Tierarten scheitert dieses für die Zeugung und Aufzucht einer hohen Kinderzahl so überaus erfolgreiche System lediglich an der Unfähigkeit zur Zähmung eigener Aggressionen.
So spiegeln die mannigfaltigen Spielarten des Helfens im Familienkreis ein farbiges Spektrum von Möglichkeiten, die durch die Fakten des Lebensraumes, der Ökologie und des Sozialverhaltens vorherbestimmt sind. Die hier geschilderten Formen können nur ein ganz kleiner Ausschnitt aus der Vielfalt der Erscheinungen sein. Bis 1987 kannte die Verhaltensforschung nicht weniger als 160 verschiedene Arten allein bei Vögeln, die jede ein ganz spezielles System der Gemeinschaftshilfe praktizieren. Und ständig kommen neue Entdeckungen hinzu.
Einen Schritt weiter in Richtung auf höherorganisierte Gemeinschaftsformen weist das Beispiel der Kojoten.

Was formt Kojoten zu sozialen Wesen?

Lebensumstände, die zur Vergesellschaftung führen

Mit fahlem Schein erfüllte der Mond das Tal zu Füßen schneebedeckter Bergriesen im Grand-Teton-Nationalpark von Wyoming, als sich das schaurige Geheul eines Kojoten an den Felswänden der Rocky Mountains brach. Das war das Signal an alle Rudelgenossen: »Sofort herkommen! Ich habe Futter für euch gefunden!«

Von allen Seiten hasteten fünf Kojoten, auch Steppenwölfe genannt, durch den tiefen Schnee heran, während sich in die Echos, die von den Bergwänden hallten, das Jaulen und Winseln zahlreicher anderer Artgenossen mischte, die es indessen nicht wagten, näher an die verlockende Mahlzeit heranzukommen.

Hinter dieser Beobachtung steckt eine interessante tiersoziologische Entdeckung: Im Wilden Westen Amerikas, im Lande der Kojoten, gibt es Tiere, die mächtige Rudelgemeinschaften bilden und sich die fettesten »Fleischtöpfe« aneignen, und andere, die als machtlose Einzelgänger ein kärgliches Dasein fristen.

Das ist die zweite Besonderheit der Forschungsergebnisse, die 1980 die amerikanischen Zoologen Dr. Marc Bekoff und Dr. Michael C. Wells an der Universität von Colorado vorlegten: Kojoten sind aus natürlicher Veranlagung weder unverträgliche Einzelgänger wie die Bären noch geborene Gemeinschaftswesen. Vielmehr organisieren sie ihre Gesellschaftsordnung ganz nach den äußeren Umständen. Ein und dasselbe Tier kann in seinem Leben sogar alle Grade der Sozialisierung durchlaufen. Wann also bilden Kojoten Rudel, und wann leben sie als Eigenbrötler?

Das eingangs erwähnte sechsköpfige Rudel hielt ein 14,3

Quadratkilometer großes Revier besetzt, in dem jedoch ein ganz besonderer Schatz verborgen war. In ihm lag in einem Talgrund ein weitgehend windgeschütztes Waldstück, das eine große Herde von Wapitihirschen im Winter allnächtlich als Ruheplatz aufsuchte. Hier starb etwa alle drei oder vier Nächte ein Hirsch an Erschöpfung, Hunger oder an einer Krankheit. Diesen nahezu regelmäßig anfallenden Vier- bis Sechs-Zentner-»Braten« galt es für das Kojotenrudel aufzuspüren und gegen fremde Artgenossen zu verteidigen, weil dieser Fleischvorrat zwar für mehrere Tage, aber doch eben nur für das eine Rudel ausreicht.

Die Verteidigung der Pfründe ist der Grund zur Rudelbildung der Kojoten, und nichts anderes. Hingegen organisieren sich Wölfe, Tüpfelhyänen und Afrikanische Wildhunde in Gruppen, weil sie nur mit vereinten Kräften große Huftiere wie Hirsche, Rentiere, Zebras und Antilopen überwältigen können. Aber Kojoten wagen den Gruppenangriff auf größere Beutetiere nur in den seltenen Ausnahmefällen höchster Verzweiflung kurz vor dem Verhungern und bezahlen diese Kühnheit dann fast immer mit dem Tod eines ihrer Kumpanen. Das ist keine Feigheit, wie man dem Steppenwolf nachsagt, sondern es zeugt von der genau richtigen Selbsteinschätzung der eigenen Kräfte. Ein ausgewachsener Kojote wiegt nämlich nur zwischen acht und 20 Kilogramm, also nur etwa ein Viertel des Wolfs oder einer Tüpfelhyäne und auch nur halb soviel wie ein afrikanischer Wildhund. Noch leichtere Caniden (Hundeartige) wie Schakal (sieben bis 14 Kilogramm) und unser Rotfuchs (um sieben Kilogramm) können erst recht keine Rudeljäger sein.

Allenfalls kennen Paarpartner den Zweierangriff auf überlegene Gegner unter Zuhilfenahme einer List. Zum Beispiel wurde aus Beverley Hills, einem Villenvorort von Los Angeles, folgendes berichtet: Ein furchterregend großer Wachhund, eine Deutsche Dogge, magerte mehr und mehr zum Skelett ab, obwohl er reichlich Fleisch bekam. Der Tierarzt konnte keinerlei Krankheitssymptome bemerken. Da legte sich der Hausherr während seines Urlaubs, statt ins Büro zu fahren, auf die Lauer.

Es dauerte gar nicht lange, da wieselte ein Kojote durch die Gartenhecke und provozierte den kalbsgroßen Hund. Dieser schäumte vor Wut, raste hinter dem verstädterten Steppenwolf her, konnte ihn aber in sieben Minuten langer Hetze nicht erwischen. Doch währenddessen schlich ein zweiter Kojote herbei, der Ehepartner des ersten, wie sich später herausstellte, und fraß in aller Seelenruhe die fleischgefüllte Futterschüssel leer. Anderntags kamen die beiden Kojoten wieder und trieben das böse Spiel mit dem Hund diesmal mit vertauschten Rollen – echt nach dem Gegenseitigkeitsprinzip »Wie du mir, so ich dir!«

Von solchen Tricks und Schlichen einmal abgesehen, dient den Kojoten die Rudelbildung – wie bereits erwähnt – jedoch nicht zum Angriff wie bei den Wölfen, sondern nur der Verteidigung ihrer Pfründe.

Aber wäre es trotzdem nicht denkbar, daß sich diejenigen Kojoten, die von ihren rudelbildenden Artgenossen vom Zugang zu den »Fleischtöpfen« ausgeschlossen werden, auch zu Rudeln vereinigen, um das Schlaraffenland für sich zu erobern?

Denkbares ist in der Natur oft unrealistisch. So auch hier. Denn in futterarmen Landstrichen müssen sich die Kojoten im Winter nur von Mäusen, Ratten, Kaninchen und Hörnchen ernähren. Ja, sie schrecken in der Not nicht einmal davor zurück, die wahrhaft infernalisch riechenden Stinktiere zu fressen. Auf verschneiter Steppe ist die Speisekarte so mager, daß sie über viele Kilometer weit und breit allenfalls einen einzigen Steppenwolf ernährt, niemals zwei. Sogar

Ehepartner, die zusammenbleiben würden, müßten verhungern. Deshalb schlafen sie nur gemeinsam in ihrem Bau, jagen aber getrennt. Eine Rudelbildung wäre unter diesen Umständen vollends unmöglich.
Während dem sechsköpfigen Rudel am Einstand der Wapitihirsche ein Revier von 14,3 Quadratkilometern genügt, dehnt sich der Umherstreunbereich der Einzelgänger mindestens über 30 Quadratkilometer aus. Und während das Rudel sein Staatsgebiet im buchstäblichen Sinne des Wortes verbissen gegen jeden Eindringling verteidigt, wäre im kargen Gebiet der Eremiten die geringste Kampfanstrengung bei der Verteidigung privaten Grundbesitzes unnütze, ja, verderbliche Energieverschwendung und unterbleibt deshalb.
Die Eigenbrötler verteidigen ihren Landbesitz also nicht gegeneinander. Es liegt ohnehin im gegenseitigen Interesse, den Abstand zum Nachbarn möglichst groß zu halten. Ehepartner der sonst monogam lebenden Tiere trennen sich vor Einbruch des kärglicheren Winters sogar vollkommen. Heranwachsende Kinder werden »aus dem Haus« gejagt und müssen sich allein irgendwo in der Fremde zurechtfinden. Das ist das Schicksal der »Armen«.
Hieraus geht aber auch hervor, daß die Habenichtse unter den Kojoten sowie deren Kinder und Kindeskinder immer und ewig arme Schlucker bleiben müssen, weil sie als Einzelgänger gegen das organisierte Rudel der Besitzenden zu ohnmächtig sind, um jemals ihre »wirtschaftliche« Lage zu verbessern. Den in Gemeinschaften lebenden Tieren bereitet ihr Sozialsystem indessen weitere unschätzbare Vorteile. Das Rudel besteht in jedem Fall aus Vater und Mutter sowie aus bis zu vier bereits voll erwachsenen ein- und zweijährigen Kindern, die ihren Eltern helfen und die natürlich die Chance haben, später einmal deren Stellung als Leittiere einzunehmen. Also gleichsam ein Erbadel unter Tieren!

Diese sechs Kojoten durchstreifen zunächst einzeln als Späher ihr gemeinsames Revier. Da der Marsch durch tiefen Schnee sehr an den Kräften zehrt, suchen die schlauen Tiere nach Hinweisen, die gefallenes Wild anzeigen: Spuren, denen der Ruch tödlicher Erschöpfung anhaftet, das Niedergehen eines Krähenschwarmes zum Aas, das sie aus der Luft entdeckt haben, ein leichtes Todesröcheln eines verendenden Hirsches im Unterholz des Waldes.

Jeder größere Kadaverfund wird vom Entdecker sofort durch kilometerweit hallende Heulsignale den anderen Rudelmitgliedern gemeldet. Diese antworten sogleich im Chor und eilen herbei. Eine solche Methode spart enorm viel Energie und schafft Zeit zu erholsamer Ruhe im warmen Bau. Wie muß sich hingegen der einzelgängerische Kojote abmühen, nur um eine einzige Maus zu fangen!

In der Gemeinschaft läßt sich aber nicht nur der Winter viel besser überleben, sondern auch im Frühjahr die Aufzucht der Jungen viel erfolgreicher durchführen. Hier zeigen sich auffallende Ähnlichkeiten mit den Verhaltensweisen im Wolfsrudel und in der Rotfuchsgroßfamilie:

Im Januar, Februar oder März paaren sich Vater und Mutter, also die Leittiere des Rudels. Jeden Versuch ihrer erwachsenen Kinder, ihnen hierin nachzueifern, unterdrücken sie unnachsichtig, denn diese sollen nicht selbst Junge zeugen, sondern den Eltern bei der Aufzucht eins neuen Jahrgangs helfen.

Nun zeigen sich bei älteren erwachsenen Kindern erste Tendenzen, die Familie zu verlassen. Unter den einzelgängerischen Kojoten herrscht diese Unterdrückung unter ein Sexualtabu nicht. Aber die Wahl zum Abwandern in die sexuelle Freiheit kann nur mit dem sozialen Abstieg ins Einzelgängertum erkauft werden. Einige erwachsene Kinder wählen trotzdem die Freiheit. Sie werden zu sogenannten Rudel-

Satelliten. Die alten Rudelkumpane dulden sie zwar noch in den Außenbezirken. Aber darüber hinaus besteht keine enge organisierte Zusammenarbeit mehr. Früher oder später kommen die meisten in Hunger und Elend um.
In der Großfamilie werden indessen nach einer Tragzeit von 63 Tagen in der unterirdischen Wurfkammer am Ende eines etwa zehn Meter langen Ganges bis zu zwölf Junge zur Welt gebracht. So vielen das Überleben zu sichern, ist das große Problem. Die Nahrung ist knapp, Feinde gibt es reichlich: Menschen, Wölfe, Pumas, Steinadler, Klapperschlangen, Skorpione. Einem Einzelpärchen gelingt es allenfalls, ein oder zwei Junge aufzuziehen. Oft sterben sogar alle. Aber das Rudel hat eine durchschnittliche Erfolgsquote von neun Jungen pro Wurf aufzuweisen.
Hier kann sich die Mutter voll und ganz dem Wärmen, Säubern und Beschützen ihrer Kinder hingeben. Das Fleisch, das die Jungen brauchen, sobald sie 24 Tage alt sind, bringen ja die älteren Geschwister heran, während der Vater nur die Mutter füttert. Will sie einmal selber jagen, heult sie ein Signal in alle Winde, und alsbald kommt ein Helfer herbei, um Dienste als Babysitter zu leisten. So sind die Kleinen nie ohne Schutz und Aufsicht.
Dieses Beispiel, exakt an der Grenze zwischen solitärer und sozialer Lebensweise, zeigt nicht nur die ungeheuren Vorteile des Gemeinschaftslebens gegenüber dem Einzelgängertum, sondern auch einschneidende Hemmnisse auf dem Weg zur Vergesellschaftung: Die im Gegensatz zum Wolf zu geringe Körpergröße, die eine Gemeinschaftsjagd auf großes Wild unmöglich macht – und die Armseligkeit des Lebensraumes in Prärie, Wüste und Gebirge, die einfach nicht so viel Nahrung hergibt, daß sich eine größere Gruppe ernähren kann. Aber sobald die Verhältnisse es zulassen, sind die Kojoten fähig, die Vorteile des Gemeinschaftslebens zu nutzen.

Die Philosophie, die für uns Menschen dahintersteckt: Jeder asoziale Akt gegen die Interessen der Gemeinschaft oder zum Schaden unseres Nächsten ist kein Husarenstück eines besonders »schlauen« oder »starken« Helden, sondern, naturgeschichtlich betrachtet, ein Rückschritt in die Primitivität und Barbarei zum allseitigen Schaden.

Hilfsdienste trotz Babymordes

Das Nährammen-System der Wölfe

Gegenüber den Kojoten konnten die Wölfe aufgrund ihrer Körpergröße das Sozialsystem des Rudels zur allgemein praktizierten Dauereinrichtung stabilisieren. Wenn es ihnen jedoch besonders schlecht ergeht, wenn man ihnen sogar die Schafe, Ziegen und Hühner entzieht, wie 1982 im mittelitalienischen Abruzzen-Nationalpark, dann greifen sie in ihrer höchsten Not zu einem Überlebenssystem, das in einer geradezu befremdlich anmutenden Mischung aus Selbstentsagung und Barbarei besteht.
Als die Zeit der Brunst gekommen war, glaubte Professor Erich Klinghammer, seinen Augen nicht zu trauen. Bislang galt die Meinung, daß in einem Rudel Chef und Chefin alle untergebenen Tiere, meist ihre erwachsenen Söhne und Töchter, am Liebesspiel und an der Paarung hindern würden. Alle übrigen Mitglieder der Gemeinschaft hätten nur als Helfer bei der Jagd auf Großwild und bei der Verteidigung gegen fremde Wölfe und Bären ihre Aufgabe zu erfüllen.
Nun aber erlebte der Verhaltensforscher in der kargen, verkarsteten Bergwelt der bis zu 2200 Meter hohen Monti della

Meta Sonderbares. Nicht nur der Leitwolf paarte sich mit allen anderen Weibchen seines Rudels, sondern er ließ es auch zu, daß die niederen Rüden ein Gleiches taten.
Was hatte das zu bedeuten? Sollten plötzlich alle fünf Weibchen Junge zur Welt bringen? Wie wollten die Tiere diesen kopfstarken Kindersegen ernähren? Da die Nationalparkverwaltung sämtliche Haustiere aus dem Schutzgebiet verbannt hatte, blieben den Wölfen nur Mäuse, Eidechsen und Käfer als Beute sowie Würmer, falls es einmal regnete, oder ein weiter und lebensgefährlicher Marsch über die Grenzen des Nationalparks hinaus. Ein erbärmliches Wolfsschicksal!
Mit nur wenigen Tagen Abstand brachten alle Wölfinnen ihre Welpen zur Welt: die Leitfähe im Inneren der zentralen Wohnhöhle des Rudels, die anderen Mütter etwas abseits davon in kleineren Felsspalten, eine jede separat für sich. Bis hierher erinnert dies Verhalten noch auffallend an das des Rotfuchses in Zeiten des Zusammenbruchs einer Population. Dann aber begann das Ungeheuerliche: Die rangniederen Männchen drangen in die Wurfnester der rangniederen Weibchen ein und töteten nach und nach deren sämtlichen Nachwuchs. Nur die Kinder der Chefin blieben am Leben, gut behütet vom Leitwolf und ihrer Mutter. Der Forscher war geschockt. Aber noch mehr erregte ihn die Tatsache, daß die rangniederen Mütter bei dieser an den Kindermord zu Bethlehem erinnernden Bluttat kaum Widerstand leisteten. Versagte ihr Muttertrieb? Wozu überhaupt diese Barbarei?
Die Antwort gaben die Tiere bereits kurz darauf. Weit davon entfernt, nun Neid und tödlichen Haß auf das Leitpärchen des Rudels zu hegen, dem die Kinder geblieben waren, näherten sie sich nacheinander einzeln der Haupthöhle, um deren Welpen mit der Milch zu säugen, die ihnen nun in die Zitzen schoß.
Ein echtes Nährammen-System im Reich der Tiere! So fun-

gieren die rangniederen Weibchen eines Rudels nicht nur als Helferinnen bei der Jagd und der Verteidigung, sondern auch noch als Milchspenderinnen für die Kinder des Alphapärchens – und zwar immer dann, wenn die Ernährungsbedingungen so armselig sind, daß die Chefin selber nicht genug Milch produzieren kann, um alle ihre Welpen am Leben zu erhalten.

Dieses Verhalten kann wohl als Gipfel tierlicher Selbstentsagung und Dienstbereitschaft gegenüber dem elterlichen Leitpärchen angesehen werden.

Das erwies sich einige Tage später, als einer der wenigen Braunbären, die heute noch im Abruzzen-Nationalpark leben, die Wurfhöhle angriff. Ob er, vom Hunger getrieben, die Welpen fressen wollte, oder ob er sich nur eine Höhle zum Überwintern suchte, wissen wir nicht. Aber dieselben Wölfinnen, die es noch vor wenigen Tagen nahezu widerstandslos geschehen ließen, daß ihre eigenen Kinder von Rudelmitgliedern getötet wurden, waren nun, als es um das Leben der Chefkinder ging, an Angriffsgeist und Aufopferungsbereitschaft nicht mehr zu überbieten. Nach zwanzigminütigem erbittertem Kampf schätzte Meister Petz das Risiko, ernsthaft verletzt zu werden, so hoch ein, daß er den Rückzug antrat, ohne bis zu den Welpen vorgedrungen zu sein.

Das ist wölfische Treue und Ergebenheit.

Die erstaunliche Stärke der sozialen Bindung unter den Mitgliedern eines Wolfsrudels wird auch noch durch folgende Beobachtung bestätigt: Vor der Geburt der Jungtiere herrschte im Gruppenverband nicht gerade eine angenehme Atmosphäre. Hunger macht bösartig, vor allem die hohen Tiere gegen die niederen. In dieser Zeit gehen viele Mitglieder eigene Wege. Mäuse und Eidechsen kann jeder schließlich ohne fremde Hilfe fangen. Einige »Schlußlichter« wer-

den in dieser Zeit auch aus der Gemeinschaft ausgestoßen, wenn sie nichts für die Gemeinschaft erbringen und nur Mitfresser sind.
Der »Kindermord zu Bethlehem« verschärft diese Situation aber in keiner Weise. Im Gegenteil: Sogar die rangniedersten Tiere, die sich sonst nie in die Nähe des Leitpärchens heranwagen, fühlen sich plötzlich zu den Welpen hingezogen und belecken, säubern, füttern, wärmen und bewachen sie. Keiner hindert sie daran, am wenigsten das Chefpärchen. In diesen Wochen und Monaten ist der Leitrüde sogar besonders freundlich zu allen Rudelmitgliedern. So ist es im Grunde genommen die bloße Existenz der Welpen, die das Rudel jener »reißenden Bestien« auch in kritischer Lage zusammenhält.
Wenn wir so etwas miterlebt haben, wird uns klar, daß die Anhänglichkeit des Hundes an den Menschen nur noch ein schwacher Abglanz der Treue im Rudel ist. Dennoch ist leider nur den wenigsten Hundebesitzern klar, wie respektabel auch noch bei ihren Freunden jener Rest an Zusammengehörigkeitsgefühl ist. Am Beispiel der Schlittenhunde wird das einleuchtend.

Nur Sozialparasiten werden bestraft

Der Clan der Schlittenhunde

In der vergangenen Nacht war der erste Schnee gefallen. Nanuk, der Eskimo, atmete auf. Endlich konnte er wieder die Hunde vor den Schlitten spannen, um in Nome, einem Küstenort im Nordwesten Alaskas, dringende Einkäufe zu tätigen.

Er stapfte zu Fuß los, um die Hunde zu holen. In größeren Siedlungen werden die Tiere an langen Ketten vor dem Haus angeleint, damit es keine Beißereien mit Nachbars Hunden gibt. Aber Eskimos, die in der Einsamkeit wohnen, lassen den kurzen Sommer über ihre Huskys wie ein Rudel Wölfe völlig frei umherstromern. Sie schlafen immer im Freien und ernähren sich meist nur von Lemmingen, bleiben aber stets aus eigenem Antrieb in der Nähe des Hauses.

Nanuk begann laut ein lustiges Lied zu pfeifen. Bald bekam er Antwort: ein langgezogenes Heulen erst aus einer Kehle, dann vielstimmig im Chor. Für die Hunde ist es immer eine große Freude, mit ihrem zweibeinigen Freund auf Robbenjagd gehen zu können. Acht zottige Tiere wirbelten durch den Neuschnee heran, sprangen an Nanuk hoch, wedelten mit den Schwänzen, und jeder wollte gestreichelt und gekrault werden. Herzlicher kann man sich ein Wiedersehen unter Freunden nicht vorstellen.

Doch wo war Alescha, der alte Leitrüde, sein bester Kumpel? Er kam nicht wieder. Also mußte es einen Machtkampf gegeben haben, den Alescha offenbar verloren hatte. Aber wer war der neue Boß, der sogenannte Königshund? Das mußte Nanuk schnell herausfinden, denn wenn er ein falsches Tier zum Leithund bestimmte und als Vorläufer anspannte, würde es Ärger und böse Beißereien geben.

Ein Trick half. Mit abwehrender Gebärde richtete sich der Eskimo auf. Natürlich wollten die Hunde noch weiter mit ihm spielen. Aber da sprang Laika knurrend zwischen die Meute. Im selben Augenblick warfen sich alle anderen winselnd auf den Bauch. Das ist die Demutsgebärde der Huskys. Aha. Laika war also der neue Königshund. Besser als eben konnte er sich gar nicht einführen und dem Wunsch des Menschen unter seinem Rudel Geltung verschaffen.
Es ist eine alte Weisheit der Gruppenführung: Nur der ist der beste Leiter, der auch selber treu und gehorsam sein kann.
So bestimmte Nanuk frohen Herzens Laika zum neuen Königshund. Ein Leitrüde muß von allen anderen Rudelmitgliedern respektiert werden, aber gleichzeitig seinem Herrn treu ergeben sein. Deshalb darf es auch nie geschehen, daß der Musher seinen Königshund bestraft. Das würde seine Autorität bei den anderen Tieren untergraben, und damit würde das ganze Gespann nichts mehr taugen.
Beim sogenannten Mittelleinensystem (es gibt auch noch das Fächersystem) läuft der Leithund an der längsten Leine allen anderen voraus, zieht aber selber nicht mit. Seine Aufgabe besteht »nur« in der Führungsarbeit. Er muß die Spur legen, in deren Fußabdrücke die nachfolgenden Tiere ihre Schritte energiesparend setzen. Weiterhin gehört es zu seinem Funktionsbereich, genauen Kurs zu halten. Menschen ohne Kompaß irren in der Eislandschaft immer im Kreise. Dem Hund widerfährt so etwas nie. Mit der bis zu zwölf Meter langen Peitschenschnur aus Robbenleder dirigiert der Schlittenführer, der sogenannte »Musher«, nur die allgemeine Richtung. Diese hält das Tier von nun an exakt ein, auch wenn Nacht hereinbricht, Nebel oder Schneesturm herrscht. Sollte sich der Eskimo einmal verirrt haben, gibt er seinem Leithund das Signal: »Zurück nach Hause!« Wie auch immer man kreuz und quer gefahren war und wo auch immer sich der Schlit-

ten gerade befindet, das Tier findet stets heim, und zwar nicht etwa, indem es auf der alten Spur zurückläuft, sondern auf der genauen Luftlinie, der kürzesten Strecke. Wie es das macht, ist der Wissenschaft zur Zeit noch ein Rätsel, wie auch das Navigationsvermögen der Brieftauben.

Eine weitere Aufgabe des Leithundes ist es, Gefahren zu erkennen und ihnen auszuweichen: Zugeschneite Gletscherspalten, eine Eisdecke über einem Gewässer, die den Schlitten nicht tragen wird, ein Eisbär im Hinterhalt. Er zeigt dies an, indem er etwas zögert und sich zum Musher umschaut, also die Erlaubnis einholen will, den Kurs ändern zu dürfen. Mit äußerst sensiblem Einfühlungsvermögen muß ein guter Schlittenführer dies erkennen und befolgen.

Das Interessante daran ist, daß der Mensch, wenn er dem Rat des Tieres nachkommt, keine Zacke aus der Krone verliert, sondern im Ansehen der Hundemeute gewinnt. Würde er diktatorisch auf seinem Willen beharren und dann natürlich prompt ins Unheil rennen, hätte das, falls es nicht tödlich verläuft, für das Fortbestehen der Gemeinschaft von Mensch und Tier und für das gegenseitige Vertrauensverhältnis desolate Folgen. In schlimmen Fällen würden die Tiere dem Menschen den Gehorsam verweigern.

Stures Durchsetzenwollen des eigenen Willens, Rechthaberei, zu großer Stolz, ein Versäumnis oder einen Fehler einzugestehen, bedingungsloses Durchpauken des Führerprinzips, die Angst, an Ansehen zu verlieren, wenn man der berechtigten Warnung eines Untergebenen nachgibt – diese Kombinationen sind nur typisch menschliche Regungen und Zerstörer der Vernunft. So wurden Firmen in die Pleite gewirtschaftet, Staaten zugrunde regiert, Kriege angezettelt und verloren. Allein im letzten Weltkrieg sind Millionen Soldaten in den Tod getrieben worden – vom Prestige-Eigensinn ihrer Vorgesetzten in sicherer Etappe.

In freilebenden Tiergesellschaften kann dergleichen nie geschehen. Stünde der Stolz eines Leittieres über dem Wohl der Gemeinschaft, wäre dies ihr Todesurteil. Deshalb praktizieren sie in Gefahrensituationen etwas, das unter Menschen als Meuterei bezeichnet und bestraft würde, das unter Tieren aber gar keine Rebellion ist und vom Leittier auch gar nicht so verstanden wird, weil es die Gruppe rettet.

Unter Tieren wird dies Verhalten durch ein untrügliches Gefühl für Gefahren und deren Vermeidung gesteuert. Beim Menschen aber waltet der durch Stolz und Prinzipienreiterei korrumpierte Verstand, unfähig, die Zusammenhänge zu durchschauen, bis ins Verderben hinein. Auch das ist ein Unterschied zwischen Mensch und Tier.

Doch zurück zu den Schlittenhunden. Die schwerste Aufgabe des Leitrüden ist es, Ordnung in seiner Truppe zu halten. Das ist um so schwieriger, als es ein ungeschriebenes Gesetz der Tiere verbietet, untereinander zu raufen, solange der Schlitten gezogen wird. Erst bei der nächstbesten Rast darf er zum Beispiel einem Faxenmacher, der nur so tut, als zöge er an der Leine, eine Abreibung verpassen.

Die einzige Ausnahme hiervon wird gemacht, wenn ein Hund während der Fahrt dies Tabu bricht und mit einem anderen einen Streit anfängt. Dann setzt sich das Leittier hinter ihn und schlägt ihm die Hinterbeine weg. Der Übeltäter stürzt in den Schnee und wird von den anderen solange mitgeschleift, bis diese meinen, daß es genug der Strafe sei. So erziehen sich die Huskys gegenseitig zu gemeinschaftsförderlichem Verhalten.

Schutztruppe gegen Leoparden

Im Staat der Paviane

Die höchstentwickelte soziale Organisation unter den Säugetieren finden wir in den Großhorden der Paviane.

So geschehen am 27. März 1988 auf einer Autopiste im Süden Saudi-Arabiens: Ein Ölscheich fährt in seinem amerikanischen Straßenkreuzer mit hoher Geschwindigkeit in eine Horde von Mantelpavianen, tötet ein Tier, verletzt zwei weitere und rast weiter. Als er gegen Abend zurückfährt, haben die Affen eine Menge großer Steine auf die Straße gewälzt, die alle Wagen zum Slalomfahren in langsamem Tempo zwingen. Als sie den Wagen des Scheichs sehen, brechen sie in infernalisches Kreischen aus. Die Männchen springen auf Kühler, Verdeck und Kofferraum, zertrümmern die Scheiben, demolieren Scheibenwischer und Antennen und verbeulen das Blech. Schließlich kann der Fahrer wieder Gas geben und mit Höchsttempo entfliehen.

Dieser schon fast menschlich, allzu menschlich zu nennende Racheakt ist das Resultat einer sozialen Organisation, die weit über die bisher geschilderten Helfersysteme hinausgeht und als Vorstufe zur Gruppenbildung in der Frühzeit der Entwicklung zum Menschen angesehen werden kann. Wie sehen diese Dinge im einzelnen aus?

In der Amboselisteppe dämmert ein neuer Tag herauf. Aus der schwarzblauen Unendlichkeit, die Himmel und Savanne umhüllt, blitzt im ersten Morgenschimmer zwischen erlöschenden Sternen der majestätische Eisdom des Kibogipfels des Kilimandscharo auf.

In einer Gruppe von sechs Fiberakazien beginnt es zu grunzen und zu kreischen. Eine Horde von achtzig Steppenpavianen erwacht. Nachts, wenn die Fleischfresser und Schlangen

Ostafrikas am aktivsten sind, schlafen die Paviane möglichst hoch in großen Bäumen, und zwar dicht an dicht auf ihrem harthäutigen Gesäß sitzend. Sie haben alle schlecht geschlafen. Denn in der Dunkelheit werden sie von einer unheimlichen Urangst befallen, die sie immer wieder hochschrecken und Gespenster sehen läßt. So wirkt die ganze Gesellschaft äußerst morgenmürrisch, und sie steigt auch nicht eher von ihren Schlafbäumen herunter, bis das volle Tageslicht scheint.

Dann aber formieren sich die Steppenpaviane sofort zu einem Trupp, der einer in Feindesland vorrückenden Kolonne vergleichbar ist: militärische Marschsicherung nach allen Seiten. Zunächst rückt die Vorhut, bestehend aus vier bis fünf mittelkräftigen Männern und ein oder zwei sich schon sehr stark fühlenden Jünglingen, in die offene Ebene vor. In guter Sichtweite folgt die Hauptmacht: erst die kinderlosen Weibchen und die kleineren Jünglinge, im Zentrum ein ringförmiger Kordon bewährter Krieger, die alle Mütter mit Kleinkindern und die Schar der schon selbständigen Kinder umschließen. Schließlich folgt die Nachhut, die ein genaues Spiegelbild der Vorhut ist. Außerdem springt auf jeden Baum, der passiert wird, mindestens ein Kundschafter und hält Ausschau in die Ferne, um jeden Feind sofort zu melden.

Unvermittelt stößt eine Herde von dreißig Impala-Antilopen zu den Affen. Beide Arten verbindet eine eigenartige Freundschaft, der kein Raubtier etwas anhaben kann. Die Paviane erspähen mit ihren sehr guten Augen von Bäumen aus einen Feind schon von weitem. Was sie aber an Räubern übersehen, weil es sich zu gut im Steppengras verbirgt, das entdekken die Impalas mit Nase oder Ohr. Überdies verstehen Paviane und Impalas gegenseitig ihre Alarmrufe und wissen sofort, welche Art von Feind der andere Partner gerade beobachtet und welche Gegenmaßnahmen zu treffen sind.

Dieser Wachdienst auf Gegenseitigkeit soll sich nur zu bald bewähren. Den Affen ist offensichtlich klar, daß die Impalas nicht ohne Grund gerade jetzt ihre Nähe aufgesucht haben. Irgendeinen Feind müssen sie schon gewittert haben. Kurz darauf kreischt ein Baumausguck Leopardenalarm. Normalerweise rasen die Impalas in ungestümen Riesensprüngen davon, sobald sie ihren Todfeind wittern. Heute aber tun sie so, als hätten sie den Leoparden-Alarm des Pavians gar nicht gehört, und grasen unbekümmert weiter. Es ist, als wüßten sie genau, was nun geschehen wird:

Wie der Blitz stiebt die Schar der Frauen, Mütter und Kinder in Richtung der nächsten Baumgruppe davon. Die Gruppe der kampferprobten Krieger aber bildet zwischen den Weibchen und dem Feind eine Schlachtreihe und rückt gegen den Leoparden vor. Fünfzehn Meter vor ihm machen sie halt und fletschen die Zähne. Dabei wird ein Gebiß sichtbar, das dem der großen Raubkatze an Gefährlichkeit in nichts nachsteht. Schließlich stürmt der Affenhäuptling, begleitet vom ohrenbetäubenden Wutgeschrei der Seinen, zu einem Scheinangriff auf den Leoparden los und jagt ihn in die Weite der Steppe. Nur in diesem Augenblick werfen die Impalas kurz den Kopf hoch und grasen gleich darauf befriedigt weiter.

So ähnlich muß es sich auch in jenen Urzeiten zugetragen haben, als die Vorfahren des Menschen, bildlich ausgedrückt, von den Bäumen des Urwaldes herabgestiegen waren, um in die schutzlose, offene Steppe vorzudringen. Allein eine kopfstarke Gruppe mit Kriegern zur Abwehr von Raubtieren garantierte hier ihr Überleben.

Um eine zahlenmäßig so große Gemeinschaft zusammenzubringen, durfte nie mehr ein Jugendlicher aus dem Verband ausgeschlossen werden. Weiterhin mußte das wölfische Sexualtabu für rangniedere Weibchen vollends fallen. In den Horden der Affen kann jedes Weibchen Junge bekommen,

und die Gemeinschaft braucht sie auch alle. Ferner muß Inzucht vermieden werden. Deshalb wandert von Zeit zu Zeit eine Gruppe von drei oder vier starken Männchen, die jedoch noch keine führende Position erlangt haben, aus dem Verband ab und erobert sich eine fremde Horde, um dort die Führung zu übernehmen.
Damit werden zugleich die Verwandtschaftsbeziehungen aufgelöst, die sonst eine Tiergemeinschaft zusammenhalten. Bei vielen sozial lebenden Tierarten mit Helfersystem kennen wir bereits die Erscheinung des Fremdhelfers, eines zugewanderten, nicht mit den Gruppenangehörigen verwandten Helfers. Bei den Steppenpavianen wird dies jedoch zum Prinzip ausgeweitet.
Die einzigen, die in der Großhorde der Paviane die Familienbande noch halbwegs aufrechterhalten, sind die Weibchen. Fast durchweg behält eine Mutter alle ihre Töchter und Enkelinnen zeitlebens in ihrem näheren Umgangskreis. Nur die Söhne gehen innerhalb der Horde eigene Wege. Schon als Kinder schließen sie sich mit Gleichaltrigen zu Spielgemeinschaften zusammen. Und später versuchen sie, Anschluß an diese oder jene Männergruppierung zu erhalten, in der und durch die sie zu Macht und Ansehen in der Horde gelangen können.
Kurz: Die Tiergemeinschaft beginnt sich aufzugliedern in mehrere Interessentengruppen, in eine Leibgarde für die leitende Dreiergruppe von Männchen, in Soldatenklüngel, Schutz- und Trutzverbände, Weiberkränzchen, Cliquen und Vereine, die nicht mehr durch verwandtschaftliche Verbundenheit zusammengehalten werden, sondern durch Bande der Freundschaft ... oder aus machtpolitischem Kalkül.
Hierüber muß noch Näheres mitgeteilt werden.

Nur Hilfsbereite erlangen Ansehen

Affenausweg aus Pubertätsproblemen

Einige Tage später war die Pavianhorde gegen Mittag schon sehr weit marschiert und in ihrem Nahrungssuchgebiet angelangt. Da weit und breit kein Feind zu wittern war, löste sich die zuvor so militärisch straff organisierte Marschordnung der achtzig Tiere auf. Doch als ein paar Jungtiere allzu sorglos abseits der Gruppe unter einer Schirmakazie daherspazierten, sprang wie der Blitz aus heiterem Himmel ein Leopard aus einem Versteck im Blattwerk des Baumes in die Gruppe hinein.

Ein Paviankind sauste den Stamm dieses Baumes hinauf, die Raubkatze gleich hinterher. Sekunden später umringte die ganze Affenhorde unter höllischem Kreischen den Baum. Die sieben stärksten Krieger rissen ihr Gebiß weit auf, so daß die mächtigen Eckzähne sichtbar wurden, während einige jüngere Männchen ebenfalls in den Baum sprangen und nun ihrerseits den Leoparden zu verfolgen schienen. Einer dieser tollkühnen Jünglinge wurde von den Forschern Hardy genannt. Er kletterte über jenen Ast hinauf, auf dessen äußerster, schwankender Spitze sich das verfolgte Paviankind geflüchtet hatte und auf dem sich der Räuber bedrohlich näher schob. Dessen Absicht war klar: Er wollte das Kind mit den Zähnen packen, schnell töten und gleich darauf mit ihm nach unten springen und fliehen. Der Kleine sah den Todfeind kurz vor sich. Trotzdem wagte er nicht den Sechs-Meter-Sprung nach unten.

In diesem Augenblick machte Hardy von oben einen Satz direkt auf das Kind drauf. Der Ast brach, und alle drei stürzten nach unten, der Leopard direkt in die Zähne der sieben Krieger, das Kind zu seiner Mutter in die Arme. Der

Held des Tages aber war Hardy. Er hatte in lebensgefährlicher Lage einen Hordenkumpan gerettet, der weder sein Sohn, noch sein Bruder war.
Bislang fragten sich Verhaltensforscher vergeblich, wie solch eine Form der Hilfsbereitschaft, sein Leben für einen Fremden einzusetzen, zu erklären sei. Mit der Verwandtschaftshypothese vom »egoistischen Gen« und der sogenannten »Kin-selection« kommt man hier nicht weiter. Am Beispiel von Hardy wird aber deutlich, was hinter dieser Uneigennützigkeit steckt, und zwar vor allem deshalb, weil Hardy als Halbstarker zunächst versucht hatte, sich als Rabauke mit Brutalmethoden Geltung zu verschaffen, damit aber total scheiterte. Hardy löste nämlich mit diesem Bravourakt ein sonst kaum zu bewältigendes persönliches Dilemma. Schon vor ein paar Monaten hatte er die sexuelle Reife erlangt, war also erwachsen. Aber zu melden hatte er noch gar nichts. Sich mit einem der sieben großen Krieger anzulegen, wagte er nicht einmal im Traum. Er hätte auch nicht die geringsten Chancen gehabt. Das nennt man in der Tierpsychologie das »Männchenproblem«. Es frustriert den jungen Mann ungemein, sofern er nicht einen Ausweg findet.
In der Enttäuschung und Verklemmung echter Pubertätsverwirrung wollte sich Hardy zunächst an anderen rächen und schwächeren Pavianen gegenüber den starken Maxen spielen. So wählte er sich die Weibchen zur Zielscheibe seiner Aggressionen. Doch das hatte einen Haken: Wenn er sich einem Weibchen gegenüber durchsetzen und es prügeln wollte, begann dieses sofort laut zu kreischen. Augenblicklich flitzte ein großer Krieger herzu, schaute ihn drohend an und machte mit der Hand eine Bewegung, als wolle er mit einem Lappen den Boden scheuern. Hardy wußte genau: Wenn er jetzt nicht Frieden gäbe, würde er gleich dieser Lappen sein.

Noch öfter versuchte er es mit Gewaltanwendung, merkte aber bald, daß dies keinesfalls der erfolgversprechende Weg war, zu Ruhm und Ansehen zu gelangen.
Bei allen in sozialen Verbänden lebenden Tieren zeigt sich immer dasselbe: Zwar bedarf es zum Leben in der Gemeinschaft einer endogenen Veranlagung, aber soziales Verhalten im praktischen Detail muß in frühen Jahren gelernt und anerzogen werden. Ohne dies bricht immer wieder der Rückfall in den Egoismus des Einzelgängers durch.
Also blieb Hardy nur noch eine andere Möglichkeit: Der junge »Herr« mußte sich bei den Müttern beliebt machen, sich nützlich erweisen und sich durch außergewöhnliche Leistungen im Dienst der Gemeinschaft Ansehen verschaffen.
Wie wirkungsvoll in diesem Sinne die Rettung des Kindes eines fremden Weibchens vor dem Leoparden war, zeigte sich bereits am Abend. Als die Horde einen Schlafbaum erkletterte, setzte sich die Mutter mit ihrem Kind neben Hardy auf den Ast und begann, ihm zärtlich das Fell zu kraulen. Außer seiner Mutter und ein paar Spielkameraden hatte das bis dahin noch niemand getan. Anderntags hatte er sogar Zutritt zu dem »Damen-Verein« dieser Mutter, die nun seine Freundin geworden war. Sein Erfolgserlebnis wirkte richtungweisend für ihn. Von nun an suchte er geradezu nach Gelegenheiten, hilfreich sein zu dürfen. Er beaufsichtigte den Kindergarten, zeigte den Weibchen besonders schmackhaftes Futter und unterstützte sie bei Streitigkeiten mit anderen Pavianen.
So wurde Hardy im Lauf der Monate souveräner. Welche Vormachtstellung er auf diese friedliche Weise errang, wurde eines Tages deutlich, als die Horde an einem Flußufer lagerte. Ein Teil der Kinder spielte Verfolgungsjagd. Dabei flitzte das Kerlchen, das er vor dem Leoparden gerettet hatte, einen Baumstamm entlang, der mehrere Meter weit über das Was-

ser ragte. Einen Moment paßte es nicht auf und platschte in den Fluß. Es strampelte, spritzte und schrie fürchterlich. Paviane sind ja sehr wasserscheue Tiere.
Die Mutter des Kleinen schien völlig in Panik zu sein. Und gerade dann tut man ja immer das Sinnloseste. Sie rannte, hysterisch kreischend, immerzu am Ufer auf und ab und warf die Arme in die Höhe, wagte es aber nicht, auch nur einen Schritt ins Wasser zu setzen, obwohl ihr Kind langsam flußabwärts trieb.
Da raffte sich Hardy mit betonter Lässigkeit auf, stapfte ins Wasser, als sei das gar nichts, ergriff das Kind, setzte es ans Ufer, haute der Mutter eine kräftige Ohrfeige runter und setzte sich wieder mit majestätischer Würde auf seinen Ruheplatz. Der gegenseitigen Freundschaft zur Mutter tat die Ohrfeige keinen Abbruch.
Der Pakt mit den Weibchen ist für junge Steppenpavian-Männer eine solide Basis, von der aus auch allmählich Allianzen mit Männchengruppen eingegangen werden und sie gesellschaftsfähig werden.
In diesem Zusammenhang muß noch mit einer falschen Vorstellung aufgeräumt werden. Das Leitmännchen einer Horde, so sagt man, sei auch der einzige Vater aller Kinder, die unter seiner Ägide geboren werden. Er besitze das Paarungsmonopol. Aber dies trifft nicht einmal für Zootiere zu. Ich habe bereits früher darüber berichtet, wie Zweierbündnisse von Jungmännchen den Boß erfolgreich von einem Paarungsversuch verdrängen und selbst zum Zuge kommen können. Zum anderen haben aber auch die Weibchen ein gewichtiges Wort mitzureden. Sie wählen ganz nach ihren persönlichen Sympathien aus.
Allerdings neigen sich diese sehr oft dem Chef zu. Macht ist ein nicht zu unterschätzender sexueller Stimulans. Wie Professor R. M. Seyfarth erforscht hat, bevorzugten von den 14

Weibchen einer freilebenden Horde zehn den Alpha-Affen, drei aber den Rangzweiten und eines ein Tier aus der Mittelschicht, das aber viele Monate hindurch diesem Weibchen hilfreich zur Seite gestanden hatte. Wichtig für den Fortpflanzungserfolg eines Männchens, so resümiert der Forscher, sind die gesamten persönlichen Beziehungen der Paviane untereinander, und zwar während des ganzen Jahres. So entwickelt sich schon hier bei den eigentlich polygam veranlagten Tieren eine erste schwache Keimstufe zur kulturell bedingten Bindung in der Einehe.

Und noch eine zweite Initialphase finden wir bei den Steppenpavianen: die Parteienbildung im agonistischen Sinne.

Das geht zum Beispiel so: Die Horde lagert und faulenzt an einem Wasserloch. Die Kinder fangen an, miteinander zu spielen. Aber ähnlich wie bei menschlichen Kleinkindern pflegt auch hier die Eintracht selten länger als fünfzehn Minuten zu dauern. Zwei kleine Raufbolde geraten sich in die Wolle. Der Unterlegene beginnt schrill zu kreischen. Augenblicklich saust dessen Mutter herbei und bedroht den »bösen« Buben, der nun seinerseits zu schreien beginnt und seine Mutter alarmiert. Nun stehen sich beide Mütter wutkochend gegenüber. Ist zufällig die Schwächere Mitglied in einem ranghohen Weiberklüngel, beginnt auch sie zu kreischen. Und sogleich marschiert ihre ganze Mischpoke auf und ergreift für sie Partei.

Innerhalb einer Horde, wo jeder die Kräfteverhältnisse, auch die der einzelnen Cliquen untereinander, gut kennt, hütet man sich aber, es zum Äußersten kommen zu lassen. Die schwächere Gruppe zieht Leine, und damit hat sich's.

Zu einem regelrechten Stammeskrieg aber kann es kommen, wenn einmal zwei verschiedene Großhorden nebeneinander an einem Wasserloch lagern. Jede Gruppe besitzt in der Steppe ein »Staatsgebiet« von etwa zehn Quadratkilometern

Größe mit mehreren Wasserlöchern. Wenn ein fremder Paviantrupp durch dies Gebiet hindurchmarschiert oder ein Wasserloch benutzen will, was häufig vorkommt, so wird ihm das niemals verwehrt. Eroberungskriege zwischen Pavianstaaten sind undenkbar.

Aber wenn am Wasserloch nun zwei Affenkinder aus verschiedenen Horden miteinander spielen und hier aus nichtigem Anlaß ein kleiner Streit entsteht, kann dieser durch die Mobilisierung immer neuer Hilfstruppen auf beiden Seiten zu einer Schlacht zwischen beiden Großgruppen eskalieren und zu einem fürchterlichen Gemetzel mit vielen Toten führen.

Von hier bis zu den Stammesfehden der Naturvölker ist es nur noch ein kleiner Schritt.

VII. TÖTET DEN AUSSENSEITER!

Weiße Löwen müssen sterben

Provoziert fremde »Hautfarbe« Aggressionen?

Der Zusammenschluß von Tieren in einer Gemeinschaft hat leider eine Kehrseite: Je verschworener die Gruppenmitglieder untereinander zusammenhalten, desto aggressiver reagieren sie in vielen Fällen, wenngleich nicht immer, auf fremde Artgenossen und auf solche Individuen, die in irgendeiner Weise von ihnen abweichen: auf Außenseiter. Da die gleiche Reaktion auch beim Menschen, jenseits jeglicher Vernunft, maßloses Elend über die Welt bringt, müssen wir uns eingehender mit entsprechenden Verhaltensmechanismen im animalischen Bereich befassen.

Große Tiere weißer Haut- oder Fellfarbe haben für uns Menschen immer etwas Legendäres, Unheimliches oder Wunderbares an sich. »Moby Dick«, der weiße Pottwal, war für Herman Melville die Verkörperung geheimnisumwobener, übermenschlicher Kräfte und des Bösen in der Welt schlechthin. Für einen weißen Elefanten zahlten indische Maharadschas ein Vermögen, galt er ihnen doch als Hort göttlicher Weisheit. Ein weißer Hirsch fasziniert die Jäger wie ein Sendbote aus dem Märchenland.

Auch unter Menschen kommt in sehr seltenen Fällen ein Weißling, ein sogenannter Albino, zur Welt. Bei den San-Blas-Indianern auf einer kleinen Inselgruppe im Golf von

Panama werden sie als »Mondkinder« fast wie Heilige verehrt. Auch den Azteken galten weiße Menschen als Abgesandte des Gottes Quetzalcoatl, weshalb Montezuma II. sein Reich dem weißen Hernando Cortez zum Opfer übergab. In anderen Kulturen gelten weiße Kinder jedoch als Ausgeburten der Hölle und werden getötet.

So faszinierten 1977 auch zwei weiße Löwen die Weltöffentlichkeit.

Da ihr Schicksal viel Typisches in sich birgt, soll ihre Geschichte hier erzählt werden.

Die beiden weißen Löwengeschwister Temba und Tombi waren in einem freilebenden Rudel im Timbavati-Wildschutzgebiet 400 Kilometer nordöstlich von Johannesburg zur Welt gekommen. Wie Wildwart Chris McBride berichtet, herrschten im Rudel unter den erwachsenen Tieren jedoch weder Bewunderung noch Anstoßnehmen gegenüber den so ungewöhnlich gefärbten Jungtieren. Löwen haben also keine Rassenvorurteile. Sie waren es nicht, die das Leben der beiden weißen Welpen vernichten wollten.

Die Gefahren drohten von vielen anderen Seiten. Einmal ist die Chance, am Leben zu bleiben, schon für jedes normal goldgelb gefärbte Löwenbaby sehr gering. Von zehn Neugeborenen müssen sieben sterben, bevor sie die Geschlechtsreife erlangt haben. Schuld daran ist der Hunger in jenen Jahreszeiten, in denen sich weit und breit kaum ein Beutetier blicken läßt. Hinzu kommen die recht barbarischen »Tischmanieren« der Löwen.

Es klingt paradox: Solange ein Löwenkind noch Milch nukkelt, darf es nicht nur bei seiner Mutter saugen, sondern jederzeit auch an jeder anderen milchgebenden Löwin seines Rudels. Waisenkinder, deren Mutter bei der Jagd von einem Büffel getötet, vom Horn eines Spießbocks durchbohrt oder vom Huftritt einer Giraffe erschlagen wurde, sind keineswegs verloren. Sie werden sofort von anderen Muttertieren adoptiert. Ein wirklich beispielhaftes Sozialverhalten, das den Fortbestand der Rudelgemeinschaft trotz schwerwiegender Verluste sichert.

Andererseits herrscht an der Beute eine gnadenlose Freß-Rangordnung. Die erwachsenen Weibchen sind zwar die Jäger, die jede Beute zur Strecke bringen. Aber sie dürfen keineswegs als erste fressen. Dies ist allein den zwei oder drei männlichen Rudelführern vorbehalten, den Kriegern, die keine Verletzung durch ein Antilopenhorn riskieren dürfen, um ihre volle Kampfkraft für die Abwehr fremder, vagabundierender Jungmännchen-Gruppen zu erhalten. Und aus eben diesem Grunde müssen sie auch allzeit gut genährt sein. Diese Zweier- oder Dreiergruppe an der Rudelspitze, durchweg Brüder oder Spielfreunde aus Kindertagen, bildet eine verschworene Gemeinschaft, die alles neidlos untereinander teilt: das Futter, auch wenn es noch so knapp ist, ebenso wie die Weibchen in der Brunst und jede Gefahr. Unter ihnen gibt es sogar niemals Streit um den Besitz der Weibchen.

Aber um so rücksichtsloser sind sie gegen alle anderen Rudelmitglieder in Zeiten der Hungersnot: gegen die mit ihnen nichtverwandten, sondern in hartem, manchmal tödlichem Kampf eroberten Weibchen. Nähert sich ein Weibchen dem Riß, bevor die »Herren« gesättigt sind, wird es mit Prankenhieben vom Futter gefetzt. Für ein voreiliges Kind können diese Schläge tödlich sein. Einmal beobachtete McBride, wie ein Löwe zwei Meter hoch sprang, um einen Geier in der Luft zu zerreißen, nur weil er sich beim Fressen etwas gestört fühlte.

Als zweite sind dann die erwachsenen Weibchen an der Reihe, falls ihnen die Männer etwas übrig gelassen haben. Und die Mengen, die solch eine fünf Zentner schwere Kraftmaschine in sich hineinschlingen kann, sind unglaublich. Ein ausgehungertes Tier frißt so viel, daß es hernach kaum noch stehen kann. Von nun an kann es allerdings eine volle Woche lang fasten, ohne Schaden zu erleiden.

Nach den Weibchen dürfen sich die Halbstarken den Bauch vollschlagen, und erst ganz zuletzt sind jene Jungtiere dran, denen erst kürzlich der mütterliche Milchquell versiegte. In Zeiten der Futterknappheit sind alle Jungtiere dieser Altersstufe dem Hungertod ausgeliefert, ohne daß sich einer ihrer erbarmt.

Hier waltet ein Auswahlprinzip, das dem der menschlichen Ethik diametral entgegengesetzt ist: Nicht das kleinste Kind dauert die Familienmitglieder am meisten und erheischt die intensivste Zuwendung. Vielmehr wird dafür gesorgt, daß jene Jugendlichen, in die schon die meiste Fürsorge und Nahrung investiert wurde, für die Zukunft erhalten bleiben. In vielen schwarzen Volksstämmen Afrikas wird es übrigens in Zeiten der Hungersnot ebenso gehandhabt: Je jünger das Kind, desto eher wird es dem Hungertod preisgegeben.

Schon als Temba und Tombi dieses gefährliche Alter erreicht hatten, mußte Chris McBride mehrfach helfend eingreifen. Er schoß schwer zu jagendes Wild, damit das Löwenrudel so viel zu fressen hatte, daß auch die kleinen Weißlinge etwas abbekamen. Doch dann wurde es immer schwieriger. Die großen Weibchen versuchten, den weißen Zwillingen die Kunst des Anschleichens, Lauerns und Jagens beizubringen. Aber ihr weißes Fell verriet die Gruppe in der Nacht wie ein Leuchtfeuer, und am Tage entdeckte sie jedes Beutetier schon von weitem. Um eine Gazelle zu fangen, muß sich ein Löwe auf mindestens dreißig Meter ungesehen anschleichen. Spurtet er früher los, hat die Gazelle genug Zeit, auf Höchstgeschwindigkeit zu kommen, und rennt dann jedem Löwen auf und davon.

Da diese Großkatzen auch oft im Gruppenverband jagen, das

Wild einkreisen oder es sich gegenseitig zutreiben, bestand somit die Gefahr, daß nicht nur Temba und Tombi niemals auch nur ein Stück Beute erjagen können würden, sondern daß darüber hinaus auch der Jagderfolg des ganzen Rudels durch sie unter das Existenzminimum geschmälert würde.
Das ist der Grund, weshalb weiße Löwen in freier Wildbahn nicht lebensfähig sind. Weiße Bären, also Eisbären, überleben ja auch nur dort, wo sie allzeit gut getarnt sind, nämlich in einer Landschaft aus Eis und Schnee. Unter Leoparden und Jaguaren gewährt die Natur Schwärzlingen jedoch ein Daseinsrecht. Zwar gelingt diesen sogenannten Schwarzen Panthern bei Tage kaum ein Fang, aber die Hauptjagdzeit dieser Tiere ist eh die Nacht, und dann sind die Schwarzen ihren gefleckten Artgenossen sogar überlegen.
Doch das sind Gedanken, zu denen natürlich kein Löwe fähig ist. Die beiden weißen Jungtiere wurden daher auch fast zwei Jahre lang im Rudel geduldet, bis die Katastrophe von einer ganz anderen Seite nahte. Eines Tages verschwand einer der beiden Leitlöwen des Rudels spurlos. Wahrscheinlich ist er von nomadisierenden Artgenossen getötet worden. Nun bestand die Gefahr, daß eine fremde Gruppe männlicher Löwen die Herrschaft über das Rudel an sich reißen würde. In diesem Fall pflegen die neuen Herrscher erst einmal sämtliche Jungtiere zu töten, solange, bis von ihnen gezeugte Junge zur Welt kommen.
Wahrscheinlich, so vermutet Chris McBride, verließ Tembas und Tombis Mutter im Vorgefühl dieser Ereignisse mit ihren weißen Kindern das Rudel und irrte in der Steppe umher. Ständig blieb der Wildwart auf ihrer Spur und fütterte sie Nacht für Nacht. Als er sah, daß ohne seine artifiziellen Ernährungsbemühungen keinerlei Chance mehr zum Überleben aus eigener Kraft bestand, blieb nur noch ein Ausweg: der Zoo der südafrikanischen Stadt Pretoria. Zum

ernüchternden Ende schwebte ein Hubschrauber heran und transportierte die seltsame Fracht dorthin, wo sie heute noch leben.
Also ein äußerst schwieriges Leben für die weißen Außenseiter, aber nicht die geringste Spur von Rassenhaß unter Löwen. Doch dürfen wir diesen Befund nicht in der Tierwelt verallgemeinern. Machen wir uns also weiter auf die Suche.

Rassenhaß gegen schwarze Schafe?

Melanismus und Albinismus als Auslesefaktoren

In jeder Schafherde kommen alljährlich im Frühjahr einige schwarze Lämmer zur Welt. Wie verläuft das Schicksal dieser sprichwörtlich gewordenen schwarzen Schafe? In der Menschenfamilie bezeichnen wir ja jenen Sproß als »schwarzes Schaf«, der »aus der Art geschlagen« und anders ist als die anderen, was unausgesprochen »schlechter« bedeutet, und zwar in moralischer Hinsicht, und weshalb jener Außenseiter aus dem Kreis der Familie ausgestoßen und oftmals auch noch enterbt wird.
Wie sieht es damit im amoralischen Tierreich aus? Werden dort in der Herde die schwarzen Schafe zu abnormen Außenseitern gestempelt, von der Menge der »normalen« Tiere abgelehnt und ins Abseits gedrängt?
Nicht die Spur davon! Die schwarzen Lämmer werden von ihren Müttern genauso liebevoll aufgezogen wie die weißen. Auch später grasen sie in der Herde genauso friedlich und unbehelligt wie alle anderen Jungtiere. Unter den angeblich so dummen Schafen entfacht sich niemals ein »Rassenhaß«

Weiß gegen Schwarz oder umgekehrt. Nie wird ein schwarzes Lamm oder Schaf nur seiner Fellfarbe wegen von den weißen davongejagt, nie wird es gepeinigt oder sich selbst überlassen. Wer je das Sprichwort vom »schwarzen Schaf« in die Welt gesetzt hat, muß dümmer als die dümmsten Schafe gewesen sein!

Trotzdem verläuft das Schicksal der schwarzen Tiere ungleich schlimmer als das der weißen. Das liegt aber, wie bei den Löwen, nicht am Verhalten der Artgenossen, sondern an dem ihrer Feinde, also der Wölfe und der Menschen.

Schwarze Wolle ist unverkäuflich. Also werden die »nichtsnutzigen« schwarzen Schafe von den Hirten oder Züchtern bereits kurz nach der Geburt, also im März, »ausgemerzt«. Die abnorm gefärbten Tiere wurden also frühzeitig als »Hammelbraten« oder »Lammkeule« verkauft. Dies Verfahren wandten übrigens schon vor Jahrtausenden die Hirtennomaden in ähnlicher Weise an, als sie aus dem Urschaf, also dem graubraunen, tarnfarbenen Mufflon, das unnatürlich weiße Hausschaf herauszüchteten, dessen Wolle man so schön in allen Tönungen des Regenbogens färben kann.

Die anderen Feinde, die Wölfe, waren in jener Auslese-»Züchtung« von Farbbevorzugungen weitaus weniger erfolgreich. Wenn ein Rudel Wölfe eine Herde Hausschafe bei Tage angreift, wählt es sich stets das schwarze Schaf zum Ziel. Aber das hat nichts mit Rassenvorurteilen zu tun. Vielmehr ist der Sonderling in der Menge der Fliehenden viel auffälliger und somit leichter im »Visier« zu behalten als ein uniformes Tier, das die Wölfe im Verwirrungseffekt des Durcheinanderlaufens nur zu leicht aus den Augen verlieren. Aber nachts, und Wölfe greifen meist in der Dunkelheit an, liegen die Dinge genau umgekehrt. Dann sind die schwarzen Schäfchen so gut wie unsichtbar und überleben, während es einige der weißen Tiere trifft.

Wir unterscheiden also zwei artfremde Einflüsse auf Außenseiter. Diese sind nicht überlebensfähig, entweder, weil sie keine Beute fangen können wie die weißen Löwen, oder weil sie von Feinden zum bevorzugten Ziel ihrer Angriffe gemacht und gefressen werden.

Von der zweiten Spielart gibt es weitere interessante Beispiele. Unter anderem neigen Eichhörnchen, Rothirsche, Rehe, Feld- und Goldhamster, Kaninchen, Mäuse, Ratten und sogar Maulwürfe wie auch Amseln, Buchfinken und Mäusebussarde zum totalen oder partiellen Albinismus. In letzter Zeit geht der große Weißmacher der Natur immer häufiger im Tierreich um, vor allem in der Nähe menschlicher Siedlungen oder in Schutzgebieten. Die Erklärung: Viele potentielle Feinde der Weißlinge wurden ausgerottet, stark bejagt oder ferngehalten. Damit entfällt der »Auslesefaktor«, der die Albinos sonst wegselektioniert hätte.

Dr. Osamu Ohguchi, Verhaltensforscher an der Ruhr-Universität in Bochum, ist es 1978 sogar gelungen, einen schlüssigen Beweis für die besondere Gefährdung farblicher Sonderlinge durch Freßfeinde zu erbringen.

Der Feind war in seinen Versuchen ein Stichling, der zu seinen Beutetieren, jeweils einem Schwarm von Wasserflöhen, ins Aquarium gesetzt wurde. Im Schwarm der bis zu vierzig Wasserflöhe befanden sich aber stets ein oder zwei Tiere, sogenannte Sonderlinge, deren Körper nicht natürlich blaß-durchsichtig, sondern rot gefärbt waren. Diese Außenseiter erwählte sich der Stichling stets als erste zu seinen Opfern.

»Ganz logisch«, könnte man sagen, »die Blassen waren halbwegs getarnt, die Roten aber nicht. Kein Wunder, daß sie als erste geschnappt wurden.« Aber der Forscher hatte zur Entkräftung dieses Gegenarguments die Wände des Aquariums ringsum in derselben Tönung gefärbt, wie sie die Sonder-

linge bekommen hatten. Jetzt waren also die Abweichler gut getarnt und die normal gefärbten Wasserflöhe sehr auffällig. Trotzdem fraß der Stichling stets die rot gefärbten Außenseiter zuerst.
Damit war der Beweis erbracht, daß farbliche Sonderlinge in einem Schwarm von Beutetieren durch artfremde Feinde viel gefährdeter sind als die uniforme Mehrheit. Aber unser Hauptproblem liegt ja bei der Bedrohung von Außenseitern durch Angehörige der gleichen Art. Wie sieht es damit aus?

Das Todesurteil des Rabengerichts

Die Ausstoß-Aggressivität

In den sechziger Jahren waren in weiten Gebieten Namibias die Bärenpaviane zu einer Plage auf den Feldern der Farmer geworden. Großwildjäger hatten nämlich die Leoparden abgeschossen, die früher die Zahl der Affen kurzhielten. Nun versuchten die Farmer, die Paviane zu vertreiben. Aber das erwies sich als hoffnungsloses Unterfangen.
Da kam der Sohn eines Farmers auf eine Idee. Er fing einen Affen ein, pinselte ihn am ganzen Körper mit weißer Ölfarbe an und ließ ihn wieder frei. Unter Aufwirbeln einer Staubfahne sauste das Tier zu seiner Horde, die in Sichtweite die Vorgänge mit großer Erregung verfolgt hatte. Doch nun befiel sie angesichts des weißen »Gespenstes« lähmendes Entsetzen. Dann stoben die Hordenkumpane in alle Richtungen auseinander. Nach geraumer Zeit sammelten sie sich wieder, verließen die Gegend und wurden hier nie wieder gesehen. Aber anderntags fand der Farmerssohn die Leiche

des weißen Tieres blutüberströmt. Offenbar hatte es verzweifelt versucht, wieder Anschluß zu bekommen, war aber von seinen Hordenkumpanen totgebissen worden.

Bärenpaviane verhalten sich zu Artgenossen unterschiedlicher Hautfarbe also ganz anders als Löwen oder Schafe. Das gilt es also erst einmal festzuhalten: Die Angehörigen einiger Tierarten reagieren auf Außenseiter mit Anstoßnehmen, Ausstoß-Aggressivität und Totschlag. Bei anderen Arten läßt sie das Anders-als-die-anderen-Sein aber völlig gleichgültig. Mithin ist das Töten von Abweichlern keinesfalls ein allgemeingültiges Naturgesetz, auf das sich Menschen bei gleicher Reaktionsweise berufen könnten. Aber es lohnt sich, einmal zu untersuchen, wo und unter welchen Bedingungen diese barbarische Verhaltensweise auftritt.

Etwas ganz Ähnliches wie dem weißgestrichenen Bärenpavian widerfuhr vor einigen Jahren einem Kolkraben. Der französische Zoologe Professor Rémy Chauvin berichtet ein ähnliches Beispiel von einem Schwarm dieser Jungvögel am Montblanc-Massiv. Die schwarzen Vögel hatten die Scheune eines einzeln stehenden Bergbauernhofes nach freßbaren Dingen untersucht. Dabei war ein Tier an eine Dose mit weißer Ölfarbe geraten und hatte seinen mächtigen Schnabel tief hineingetaucht.

Unmittelbar darauf wurden die Raben vom Hofhund verjagt und landeten hundert Meter weiter auf einer Almwiese. Dort starrten alle sechzehn Vögel ihren Kumpan mit dem schneeweißen Schnabel konsterniert an und bildeten einen Kreis um ihn. In der Mitte krächzte der Schwarmführer barsch auf den neben ihm stehenden weiß bekleckerten Raben ein. Dieser duckte sich demütig nieder und rührte sich nicht von der Stelle. Er sah aus wie ein Angeklagter vor seinem Richter.

Bald krächzte die ganze »Schöffenversammlung« mit. Die Vordersten hackten mit dem Schnabel nach dem sich immer noch schweigend Duckenden, dem verblüffenderweise seine sonst immer so wirksame Demutsgebärde überhaupt nichts nützte. Und mit einemmal fielen alle über ihn her und töteten ihn. Ein krasser Fall von Lynchjustiz im Tierreich!

Dieser Fall steht nicht einzig da. Von Zeit zu Zeit berichten Vogelbeobachter von einem »Rabengericht« oder von einer »Exekution« unter Mitgliedern eines Schwarmes von Saatkrähen. Nur meist bleibt die Ursache unbekannt, wenn sie dem Betrachter nicht so augenfällig ist wie weiße Farbe. Stand vielleicht nur eine Gesichtsfeder quer? Oder hatte sich der Delinquent »nur« von der Norm abweichend verhalten? Das Anstoßnehmen an einer quer stehenden Feder ist keineswegs aus der Luft gegriffen. Ein Vogelwart auf der holländischen Insel Texel beobachtete folgendes: Seit zwölf Jahren brütete immer das gleiche Austernfischer-Pärchen am selben Nistplatz auf den Wattenwiesen. Ein schönes Beispiel ehelicher Treue im Tierreich. Aber eines Tages während der Mauser, also während des periodischen Gefiederwechsels, steckte dem Weibchen eine ausgefallene Feder wie ein Indianerschmuck halb schräg in der Stirn. Offenbar war sie stark verklebt. So sehr der Vogel auch seinen Kopf am Gras abwischte, die Feder ließ sich nicht entfernen.

Aber allein diese »neue Frisur« genügte als Scheidungsgrund. Das Männchen jagte sein altes Weibchen davon und verpaarte sich bald darauf mit einem anderen. Das Anstoßnehmen an Bagatellen kann also bereits eine Tierehe zerstören. Und nicht nur dort. Auch wenn eine junge Dame sich eine neue Frisur zugelegt hat, um ihrem Bräutigam oder Ehemann besonders gut zu gefallen, kann die Wirkung genau die gegenteilige Folge nach sich ziehen.

Auch »Olga« war eine allseits respektierte Henne auf dem Bauernhof. In der Rangordnung stand sie weit oben und lebte im Rahmen des von den Hühnern selbst errichteten

Sozialsystems in Ruhe und Frieden. Doch eines Tages erschien ein Verhaltensforscher. Um die Tiere individuell unterscheiden zu können, wollte er sie mit Farbabzeichen markieren und zwickte Olga eine weiße Plakette in ihren roten Kamm.

Als die Henne, nichts Böses ahnend, zur Schar ihrer Mithühner zurückkehrte, verstand sie die Welt nicht mehr. Alle guckten sie mit einemmal so komisch an und gakelten quäkig. Dann stelzte eine etwas schwächere Rivalin langsam auf sie zu und hackte ihr mit aller Gewalt auf den Kopf. Im selben Augenblick fielen auch alle anderen Hennen über Olga her und hätten sie getötet, wenn sie der Forscher nicht gerettet und die Marke wieder von ihrem Kopf entfernt hätte. Seither bringen Ethologen solche Erkennungszeichen nie mehr in der Nähe eines Tierkopfes an, sondern meist an einem Bein. Hier erregt es keinen Eklat.

Szenenwechsel. In der siebten Klasse eines Gymnasiums war »ein Neuer« eingewiesen worden. Er war schüchtern, hatte abstehende Ohren und stotterte ein wenig, als der Lehrer ihn etwas fragte. Dröhnendes Hohngelächter war die Folge. In der Pause darauf wurde er von drei schwächeren Jungen fürchterlich verprügelt – ohne jeden Grund.

Der Sexualneid der Graugänse

Die unbewältigte stammesgeschichtliche Vergangenheit

Was geht in den Köpfen vor, wenn Hühner eine sonst gut gelittene Artgenossin tothacken wollen, nur weil sie eine weiße Plakette am Kamm trägt, wenn Paviane und Kolkraben einen Abweichler von ihrer Norm umbringen, wenn Kinder einen Mitschüler blutig schlagen, nur weil er abstehende Ohren hat und stottert, wenn Menschen mit »normaler« Frisur Langhaarige als Terroristen denunzieren, wenn simple Wirtinnen farbigen Studenten annoncierte Zimmer nur wegen ihrer Hautfarbe verweigern oder wenn eine »Herrenrasse« Millionen Menschen ermordet, nur weil diese Juden sind?

Der Mainzer Psychologe Professor Rudolf Bilz sieht bei Menschen wie bei Hühnern eine gemeinsame motivierende Wurzel für das Anstoßnehmen von Gruppenmitgliedern an vergleichsweise kleinlichen Abweichungen von der Norm, die einer der ihren aufweist. Dieses Anstoßnehmen, das sogleich eine Ausstoß-Aggressivität nach sich zieht, bezeichnet er als eine von Grund auf vernunftwidrige Verhaltensweise, die aus dem Bereich unserer unbewältigten stammesgeschichtlichen Vergangenheit hervorbricht und animalische Züge aufweist.

Wie äußert sich dieses im Instinktiven verhaftete Phänomen im Reich der Tiere?

Das Donnern der Brandung auf der Vogelinsel Norderoog, vor der schleswig-holsteinischen Westküste gelegen, wurde vom Geschrei Tausender von Silbermöwen übertönt. Mehr als zweitausend Paare brüten hier alljährlich im Mai. Auf den ersten Blick schien diese Welt noch in Ordnung zu sein.

Doch in einem Abschnitt der Brutkolonie waren die Bodennester wie verhext. Fast alle Küken, die hier aus den Eiern schlüpften, kamen verkrüppelt zur Welt. Den einen fehlten die Beine, den anderen die Flügel. Die Köpfchen hingen schief, und die Leiber wirkten gespenstisch deformiert. Hatte hier jemand ein Wachstumsgift wie Contergan verfüttert? Natürlich nicht. Aber in diesem Abschnitt hatten Vogelwarte Versuche unternommen, der damals herrschenden Möwenplage entgegenzuwirken. Eigentlich wollten sie die Ei-Insassen töten, indem sie mit einer Nadel durch die Schale hineinstachen. Aber von außen kann man nicht erkennen, wie weit sich der Embryo entwickelt hat. Ist er noch winzig, trifft die Nadel oft nicht tödlich, sondern bewirkt nur die Verkrüppelung einzelner Organe.

Das Erschütterndste spielt sich aber erst nach dem Schlüpfen der Küken ab. Es heißt immer, in der Natur werde »lebensunwertes Leben« von gesunden Tieren unbarmherzig ausgemerzt. Und dies sei auch eine Ausstoßreaktion gegen Unnormales. Wie falsch diese Ansicht ist, bewiesen die Möweneltern. Denn je verkrüppelter ihre Kinder waren, desto liebevoller opferten sie sich für sie auf. Als all die gesunden Jungmöwen in der Kolonie schon längst flügge waren, ihre Eltern verlassen hatten und selbst auf Nahrungssuche ausflogen, wurden die flugunfähigen Krüppel, die nun schon so groß wie ihre Eltern waren, immer noch gefüttert und gewärmt!

Aber wenn, was vereinzelt vorkam, einmal beide Möweneltern das Nest verließen, um Nahrung zu suchen, kamen sogleich erwachsene Nachbarvögel herbei und hackten die verkrüppelten Kinder tot. Dies zeigt die Ambivalenz der Verhaltenstendenzen: Die Elternliebe zu einem mißgestalteten Kind ist deutlich stärker als die durchaus vorhandene Neigung zum Totschlag. Aber das mörderische Element ist auch vorhanden, latent oder offen zum Ausbruch kommend.

Nun könnte man einwenden, daß bei Silbermöwen der Hang zum Tothacken von Nachbarskindern ohnehin sehr groß ist, auch kerngesunden und ganz normalen Küken gegenüber. An anderer Stelle habe ich das schon ausführlich dargestellt. In diesen Tieren liegt eine Prädisposition zum Rauben und Fressen von Jungvögeln fremder, aber auch eigener Artzugehörigkeit. Bei dieser mörderischen Veranlagung nimmt es nicht wunder, daß auch die Grenze zum Außenseiter-Kannibalismus leicht und schon bei geringfügigen Anlässen überschritten werden kann.

Je aggressiver die Mitglieder einer Tierart veranlagt sind, desto wahrscheinlicher ist es, daß wir bei ihr Mordtendenzen gegenüber von der Art abweichenden Artgenossen finden. Bei Löwen wird dies offensichtlich vom Gemeinschaftsgefühl innerhalb eines Rudels überdeckt, bei Möwen von der Elternliebe.

Auch viele Menschen sind von hochgradiger Aggressivität und richten diese – ganz und gar animalisch – auch gegen Außenseiter in ihrer Gesellschaft. Aber hier herrscht keineswegs ein Instinktzwang, gegen den wir ohnmächtig wären. Einsicht in die verhaltensbiologischen Zusammenhänge vermag hier Wunder an Humanität zu bewirken.

Ein Beispiel: Einer meiner guten Freunde ist aus fester Überzeugung ein erklärter Gegner jeglicher Rassendiskriminierung von der Apartheid bis zur Ablehnung Schwarzer durch deutsche Zimmervermieter. Eines Tages eröffnete ihm seine 22jährige Tochter, daß sie einen Schwarzen heiraten wollte. Später gestand er mir, daß ihm dies trotz intellektueller Befürwortung zunächst einen Schock versetzt hätte. Ratio und Empfinden arbeiteten in ihm konträr. Doch allmählich vermochte die Vernunft die gefühlsmäßigen Regungen ganz zu verdrängen, und echte Zuneigung zum Schwiegersohn konnte wachsen.

Dies zeigt die ungeheuren Schwierigkeiten im Umgang mit dieser Materie, aber auch, daß menschliche Einsicht und Humanität über archaische Regungen siegen können, wenn der Betreffende geistig stark genug und umfassend über diese Problematik informiert ist.

Zu welchen Ereignissen führen diese Dinge, wenn die Handelnden etwas weniger aggressiv veranlagt sind als die Silbermöwen, etwa bei den Kaiserpinguinen in der Antarktis? Auch bei Pinguinen kommt hin und wieder ein schneeweißes Kind zur Welt, das keinen schwarzen »Frack« besitzt, wie es sich in dieser Gesellschaft gehört. Zunächst geschieht nichts Erregendes. Die Eltern ziehen das Küken mit gleicher Liebe und Hingabe auf wie ein normal gefärbtes Kind. Aber auch die Nachbarn in der Brutkolonie sind keineswegs von einem so fanatischen Vernichtungswillen beseelt wie die Silbermöwen. Im Gegenteil: Das Vogelkind hat nichts zu befürchten. Leider geht das aber nur solange gut, bis der junge Kaiserpinguin im Alter von einigen Wochen von den Eltern in einen sogenannten »Kindergarten« gegeben wird. Hier scharen sich mehrere hundert Jungtiere zu einer Gruppe zusammen. Der Sinn liegt darin, daß die Eltern dann beide gleichzeitig zum Fischen und Futterholen fortgehen können und die Jungen in der Gruppe stark genug sind, Angriffe von großen Raubmöwen, sogenannten Skuas, abzuwehren. Doch in der Kindergruppe nehmen die »Normalen« sogleich Anstoß an der abweichenden Federfärbung des Weißlings und bringen ihn um. Mitunter schicken sie ihn auch in die antarktische Eiswüste ringsum, wo er bald in der Einsamkeit zugrunde geht.

Regel: Kinder gehen in ihren archaischen Reaktionen im allgemeinen viel hemmungsloser vor als Erwachsene. Auch hier zeigt sich einmal mehr: Sozialverhalten, obgleich auf einer Veranlagung basierend, muß weitgehend erlernt werden, und zwar bei Tieren wie bei Menschen. Unterläßt man es, Menschenkinder richtig zu unterweisen, speziell die Außenseiter-Ausstoß-Reaktion mental unter Kontrolle zu bringen, darf man sich nicht wundern, später auch bei Erwachsenen barbarische Aktionen gegen Minderheiten feststellen zu müssen.

Eine weitere Variation trägt das Verhalten von Graugänsen zu diesem Thema bei: In der sechzigköpfigen Grausgans-Kolonie am Eßsee, der zum Seewiesener Max-Planck-Institut für Verhaltensphysiologie gehört, erwachten in dem Ganter namens Konrad die Frühlingsgefühle zuerst. Plattfüßig umbalzte er sein Weibchen und wollte zur Paarung aufsteigen. Doch da ging ein Schnattern durch die übrige Gänseschar. Langhälsig, mit vorgestrecktem Kopf und giftig zischend, watschelten sie heran und warfen Konrad immer wieder von seinem Weibchen herunter, so daß er nicht ans Ziel seiner Wünsche gelangen konnte.

Auch dies ist ein typischer Fall von Anstoßnehmen: Der Außenseiter unterscheidet sich nicht durch ein Körpermerkmal von den anderen, sondern durch eine Verhaltensweise.

Sind Gänse prüde Tiere? Keineswegs. Vielmehr regte sich in den Anstoßnehmern nur eine Art Sexualneid, da diese zu jener Zeit noch nicht im vollen Liebesschwange waren. Schon wenige Tage später, als sich auch bei der großen Masse der Sex regte, hatte keine einzige Gans mehr etwas gegen die Liebesspiele der anderen einzuwenden. So ist es oft: Erst regt sich großer Aufruhr, und bald darauf findet keiner mehr etwas dabei.

Es ist hier nicht der Ort zu untersuchen, welche Rolle der Sexualneid spielt, wenn er bei Menschen als Verstärker der Anti-Außenseiter-Reaktion auftritt. Aber sicherlich ist sein verhängnisvoller Einfluß nicht zu unterschätzen.

Andererseits zeigt das Graugans-Beispiel auch, wie schnell

sich bei der Ausstoßreaktion die Rollen des bösen Spiels ändern können: Was gestern noch Anstoß erregte, ist heute von der Mehrheit geübte Praxis. Auch das sollte beim Überdenken dieses Phänomens nicht außer acht gelassen werden.
Eine weitere Regel können wir aus dem Verhalten der Wallaby-Känguruhs in Australien ableiten. Eines davon, das Hübschgesicht-Wallaby, ist ein Känguruh von 92 Zentimetern Größe, hellgrau-braunem Fell und einem schönen weißen Streifen, der beiderseits vom Maul quer über die Backen bis hinter die Augen verläuft. Es lebt gesellig in Gruppen bis zu fünfzig Tieren, weidet aber auch gern mit Känguruhs anderer Artzugehörigkeit zusammen.
Dabei spielt es keine Rolle, ob es mit den viel größeren und rotbraun gefärbten Riesenkänguruhs gemeinsame Sache macht oder mit den nur 15 Zentimeter kleinen Zwergen der Rückenstreif-Wallabys, ob die Partner eine andere Fellfarbe besitzen oder ein nicht so schön gestreiftes Gesicht, ob ihre Ohren weiße Spitzen haben, eine Mäuschenschnute oder einen Bärenkragen. Känguruh ist für alle Känguruhs Känguruh, ganz gleich, ob die unterschiedlichen Arten von Zoologen so genannt oder als Wallaby, Filander, Quokka, Tammar oder sonstwie bezeichnet werden.
Aber sobald sie auf der Weide mit Schafen oder Kühen zusammentreffen, ist das »kein Umgang« für sie. Da plötzlich setzen die Vorurteile Andersartigen gegenüber ein. Statt gemischte Gesellschaft zu praktizieren, halten sie auf großen Abstand. Zwar kommt es nie zum offenen Streit. Dazu sind sie allesamt viel zu friedliche Wesen. Doch sind die Vierbeiner den Zweibeinern nicht so ganz geheuer. Und das trennt sie.
Hier finden wir also eine beachtliche Toleranz dem Andersartigen gegenüber. Aber nur bis zu einer bestimmten Grenze. Alles, was darüber hinausgeht, ist zu viel, um es mit Gleich-

mut zu ertragen. Somit können wir beim Anstoßnehmen verschiedene Grade des Andersseins in die Rechnung mit einbeziehen – ein Phänomen, auf das wir auch bei den staatenbildenden Insekten stoßen.

Durch falsches Parfüm zum Todeskandidaten

Die Duftuniform

Irren ist bei Menschen menschlich, bei Tieren tödlich. Wenn zum Beispiel eine Honigbiene vom Sammelflug heimkehrt, kann ihr ein schlimmes Malheur widerfahren. Der Imker hat viele Nistkästen, von denen einer aussieht wie der andere, wohnblockartig neben- und übereinandergestellt. Und wie auch alte Menschen sowie Kinder in der uniformen Architektur einer modernen Trabantenstadt oder in einem riesigen Wohnsilo oft die Orientierung verlieren und ihre Wohnung nicht auf Anhieb finden können, so mitunter auch Bienen.
Kaum hat die verirrte Imme das Eingangsloch eines falschen Bienenstocks passiert, wird sie von der Wächterin mit den Antennen betrillert und berochen. Sogleich bemerkt diese die falsche Staatszugehörigkeit am Geruch und sendet aus dem Gifttröpfchen, das sie am Stachel austreten läßt, einen Alarmduft aus. Andere Stockgenossinnen eilen herbei, umringen die »Einbrecherin«, töten sie, nur weil sie anders riecht als sie, und werfen die Leiche der Außenseiterin nach draußen.
Jedem Bienenvolk haftet nach den Forschungen von Nobelpreisträger Professor Karl von Frisch ein spezieller Staatsgeruch an, eine sogenannte Duftuniform. Sie entsteht dadurch,

daß die Sammlerinnen jedes Volkes eine etwas andere Konstellation von Blütenarten mit unterschiedlichen Gerüchen besuchen. Dieser Duft bleibt im Haarkleid haften und wird ebenso wic der Nektar heimgetragen, erfüllt mit den Düften aller anderen Sammlerinnen das Stockinnere und parfümiert wiederum alle Bienen, die darin umherkrabbeln.
Eine winzige Änderung in der Duftkomposition, ein nur geringfügig falsches Parfüm, gleichsam nur andere »Tressen« an der Duftuniform, und schon wird der Träger zum Außenseiter, zum Feind, zum Todeskandidaten. Steckt man jedoch stockfremde Bienen in einen kleinen Gazekäfig, durch den nicht hindurchgestochen werden, aber ein Duftaustausch stattfinden kann, und hängt ihn in einen feindlichen Nistkasten, nehmen die darin befindlichen Immen den neuen Geruch an. Nach einigen Stunden kann man sie aus dem Gazekäfig herauslassen, ohne daß ihnen ein Haar gekrümmt wird. Sie haben die Uniform gewechselt und damit auch ihre Staatszugehörigkeit. Aber wenn sie nun ausfliegen und in ihren ursprünglichen Heimatstock zurückkehren, werden sie dort umgebracht. Dies hat natürlich einen biologischen Ursprung. Früher, als die Honigbienen noch wild in Baum- oder Felshöhlen nisteten, verwechselten sie ihr Zuhause nie. Das ist nur unter den unnatürlichen Verhältnissen der modernen Massenimkerei der Fall, an die das Orientierungsvermögen jener Tiere nicht angepaßt ist. Aber jedes Volk mußte seine Vorräte an Honig und Blütenstaub sowie seine Brut gegen Feinde verteidigen, etwa gegen eindringende Hornissen. Und diese identifizierten sie am Geruch.
Also ist das Ermorden stockfremder Artgenossen im Grunde genommen nur ein Irrtum, ein tödlicher allerdings. Eine nur allzu typische Folge, die eintritt, wenn sich die Feindbildreaktion an einer Äußerlichkeit orientiert, just wie die auf eine fremdartige Frisur oder Hautfarbe beim Menschen.

Eine Frage nebenbei: Wie töten kleine Bienen eigentlich eine große Hornisse? Dies wurde erst 1988 am Beispiel der japanischen Honigbiene entdeckt. Auf den Alarmduft hin umschließen bis zu 250 Bienen in dichter Traube den Eindringling, wobei nur der Aktionsraum des Hornissenstachels ausgespart bleibt. Dann erzeugen die Verteidiger durch Muskelvibrationen Wärme. Temperaturen bis zu 50 Grad Celsius können sie ertragen, ohne Schaden zu leiden. Aber die Hornisse stirbt bereits bei 47 Grad am Hitzschlag.
Bei der Großen Roten Waldameise ist der Drang, Duftabweichler zu töten, noch schlimmer. Während die Honigbienen außerhalb des Stockes beim Nektarsammeln in einem Blütenfeld allen Artgenossen mit fremder Duftuniform friedlich begegnen oder sie allenfalls nur etwas anrempeln, fallen diese Ameisen auch draußen auf ihren Beutezügen über jede anders duftende Artgenossin her und versuchen, ihr den Kopf abzuzwicken.
Stellen wir dies erst einmal ohne Kommentar als Tatsache fest und wenden uns einer verwandten Art, der Kleinen Roten Waldameise zu. Ein Nest, der bekannte Ameisenhaufen mit tiefem Erdlabyrinth darunter, ist das Zuhause von einer bis drei Millionen Arbeiterinnen und 3000 bis 5000 Königinnen. Nehmen letztere überhand, wird etwa die Hälfte des Arbeitsvolkes von großer Unruhe erfaßt. Die Arbeiterinnen ergreifen mit den Kieferzangen je eine Traglast: entweder ein Ei, einen Puppenkokon oder aber eine Innendienstarbeiterin, weil diese draußen ortsunkundig ist. Auch etwa 2000 Königinnen lassen sich von ihrem Personal tragen. Und mit einemmal strömt ein mehrere Zentimeter breiter Heerwurm schwer beladen aus dem Nest und wälzt sich etwa fünfzig Meter weit fort zu einem Baumstumpf, wo die Tiere eine Kolonie gründen und einen neuen Nadelberg darüber häufen.

Im Gegensatz zur Großen Roten Waldameise, bei der alle Nachbarvölker untereinander in tödlicher Feindschaft leben, bleiben die Kolonien der kleinen »Schwester« sowohl mit dem Mutternest als auch untereinander stets in kollaborativer Verbindung. So können während eines Sommers bis zu zehn neue Kolonien in der Nachbarschaft gegründet werden, bis der gesamte Staatenbund schließlich an die hundert Tochterstaaten umfaßt, insgesamt also ein Hundertmillionenvolk.
Hier vollzieht sich eine höchst merkwürdige Arbeitsteilung. In den Brutkammern einer Tochterkolonie werden entweder nur Weibchen produziert, also künftige Königinnen, oder nur Männchen, also künftige Könige. So müssen die Staaten einer Union allein schon zwecks späterer Paarung ihres Nachwuchses stets miteinander in Kontakt bleiben – ein beachtenswertes Rezept für friedliche Koexistenz.
Beide Waldameisenarten leben also nach grundverschiedenen Prinzipien. Die Großen gebärden sich wie in den Staaten der Menschen: Es herrscht meist Kriegszustand. Jeder artgleiche Feind wird umgebracht, wo immer man ihn trifft, nur weil er falsch riecht. Die Kleinen aber verwirklichen den perfekten Friedensstaatenbund, und zwar nicht einmal nur im Sinne einer Hegemonie etwa in einer »Pax romana«, sondern auf der Basis der Gleichberechtigung.
Und nun kommt die für uns entscheidende Frage: Welche Ameisenart ist in der Welt die erfolgreichere, was ihre Vermehrung und Verbreitung betrifft, die barbarische, eroberungslüsterne, kriegerische, körperlich große oder aber die kleine Art, die friedfertige, mit der beneidenswerten Fähigkeit zur Bündnisbildung größten Stils ausgestattete?
Auch in diesem Punkt muß ich alle Gewaltanbeter enttäuschen. Unter Ameisenforschern gibt es nicht den geringsten Zweifel, daß die Kleine Rote Waldameise im Leben bei weitem die erfolgreichste Art ist. Bevor sie die Menschen auf

nahezu Null dezimiert hatten, nur um ihre Puppen als Vogelfutter zu verkaufen, war sie es, die überall in unseren Wäldern, Haufen an Haufen, Schädlinge in Massen vernichtete und die Bäume gesund erhalten hat. Ihr gegenüber fällt die große, »militaristische« Verwandte ökologisch überhaupt nicht ins Gewicht. So also steht das mit den Naturprinzipien, die das Sozialverhalten regieren.

Apartheid im Staat der Sklavenjäger

Die materielle Basis des Rassenwahns

Einen weiteren Aspekt gewinnen wir aus dem Leben der Sklavenhalterameisen.

Es gibt in vielen Teilen der Welt Ameisenarten, deren Mitglieder ein Herrendasein führen und die Dreckarbeit im Nest von Sklaven, Angehörigen fremder Arten, verrichten lassen. Der Würzburger Professor Karl Gösswald zählte einmal in einem Staat von 10 000 Arbeiterinnen und 3500 Soldaten nicht weniger als 40 000 Sklavinnen. Auf jedes Tier der Herrenart kamen also etwa drei unfreiwillig zum Frondienst gepreßte Wesen.

Nun mag man einwenden, der Ausdruck »Sklavin« sei nicht treffend, weil die Jäger im eroberten Nest alle Ameisen töten oder vertreiben und nur die Puppen rauben. Aus ihnen schlüpfen erst im Feindesnest die voll entwickelten Tiere. Diese haben also ihr Lebtag nie etwas anderes gesehen als den Bau der Sklavenjäger und halten sich womöglich selber für »Sklavenjäger-Arbeiterinnen«, obgleich sie am Raubzug nur als Transportarbeiterinnen teilnehmen dürfen.

Indessen hat der Schweizer Insektenforscher Dr. H. Kutter nachgewiesen, daß es unter Ameisen auch regulären Sklavenraub im menschlich-unmenschlichen Sinne gibt, genauer ausgedrückt: bei der mitteleuropäischen Kerbameise, die sich darauf spezialisiert hat, die Völker der Moorameise zu versklaven.

Ihre Methode ist, vermenschlichend gesagt, sehr heimtükkisch. Zunächst dringen nur wenige Kerbameisen ins Nest ihrer Opfer ein und verhalten sich dort ganz friedlich, selbst dann, wenn ihnen von den Verteidigern die Köpfe abgeschnitzelt werden. So beruhigen sich die Moorameisen allmählich und sehen in den Eindringlingen keine Feinde mehr. Nun lassen sie ihre Besucher am Leben. Daraufhin erscheinen diese immer zahlreicher und überschwemmen am zehnten Tag des Taktierens plötzlich das Nest.

Unvermittelt senden die Sklavenjäger ein Duftsignal aus, und wie auf Kommando ergreifen sie nicht nur die Puppen, sondern auch die ausgewachsenen Arbeiterinnen und schleppen sie, ohne auf Widerstand zu stoßen, in ihr Nest. Nur die Königin köpfen sie. Im Räubernest finden sich die neuen Sklavinnen schnell mit ihrem Schicksal ab und übernehmen die häuslichen Arbeiten. So wird nach und nach ein Moorameisenvolk nach dem anderen mit »friedliebender« und zugleich arglistiger Taktik zu echten Sklavinnen geknechtet. Aber das In-Sicherheit-Wiegen der Opfer ist die einzige Möglichkeit, nicht nur Puppen, sondern auch schon voll arbeitsfähige Tiere in die Sklaverei zu verschleppen.

Im eigenen Nest sind Sklavenhalter stets von paschahafter Faulheit und keineswegs »emsig«. Auch lassen sie sich von ihren Leibeigenen füttern. Allenfalls putzen sie sich noch selbst. Aber das ist mehr eine Art Waffenreinigen.

Bei einer anderen Sklavenhalter-Ameisenart wollte Professor Edward O. Wilson, Insektenforscher an der Harvard-

Universität, einmal sehen, was geschieht, wenn plötzlich kein Dienstpersonal mehr zur Verfügung steht. Aus einem Kunstnest Sklaven haltender Schmalbrustameisen entfernte er mit der Pinzette alle Sklavinnen. Bald darauf liefen sämtliche Herrinnen nervös suchend im ganzen Bau umher. Dann blieb ihnen nichts anderes übrig, als selber zu arbeiten. Sie können es also, nur wollen sie es nach Möglichkeit vermeiden!

Aber man frage nicht, wie sie arbeiteten. Die Larven, ihre eigene Brut, fütterten sie nur sehr unregelmäßig und säuberten sie überhaupt nicht. Ihr Nestbau war lächerlicher Pfusch. Im Außendienst sammelten sie nur Zuckerwasser von Blattläusen. Lebenswichtige Eiweißnahrung in Form von erbeuteten Insekten blieb völlig aus. Das führte schon nach wenigen Tagen zu Verwahrlosung und körperlichen Mangelerscheinungen bei allen Staatsangehörigen. Als der Forscher daraufhin die Sklaven wieder in den Bau zurückgab, kehrten Gesundheit und Ordnung schnell zurück – und auch die chronische Faulheit der Herrinnen.

Allerdings gibt es unter den insgesamt 35 verschiedenen Sklavenhalter-Ameisenarten einige, deren Mitglieder überhaupt nicht mehr arbeiten können, selbst dann nicht, wenn sie es wollten. Hierunter befindet sich auch eine sogenannte Amazonenameise. Ihre Kieferzangen sind vom Schneidwerkzeug zu zwei Krummdolchen umgeformt worden. Mit ihnen können die Tiere trefflich Löcher in den Kopf eines Feindes knipsen. Oder sie können sie auch als Sackhaken zum Transportieren erbeuteter Puppen benutzen. Aber das Nest ausbessern und reinigen, Brut füttern, Nahrung zerkleinern – das alles ginge beim besten Willen nicht. Ja, diese Tiere können sich nicht einmal selber ernähren. Wenn sie Hunger haben, betteln sie eine Sklavin an, auf daß ihnen etwas in ihr Maul gestopft werde. Hier hängt die Existenz der »herrschenden Schicht« am Vorhandensein dienstbaren Personals. Andernfalls rafft sie der Hungertod dahin.

Insgesamt betrachtet, läßt das Phänomen der Sklavenhaltung bei Ameisen tief blicken. Im allgemeinen herrscht in Ameisenstaaten die Tendenz vor, andersartige Außenseiter umzubringen. Aber, sobald die Tiere die Möglichkeit haben, Sklaven zu erbeuten und zu halten, lassen sie diese am Leben, nutzen sie aber als billige Arbeitskräfte rücksichtslos aus, wie immer, wenn man die unumschränkte Macht dazu besitzt. Das ist die wirtschaftliche Basis der Unterdrückung von Außenseitern, der Knechtung einer Minderheit, der Apartheid, die es im Insektenreich ebenso gibt wie in Südafrika unter Menschen und nicht nur dort.

Die Parallelstellung der Reaktionen gegen Außenseiter bei Tieren und Menschen kann nicht eindringlich genug vor Augen geführt werden, gibt es in Kreisen der Geisteswissenschaften doch immer noch die Auffassung, daß die Ablehnung des Abweichlers ausschließlich gesellschaftsbedingt sei – eine Ansicht, die sich einst einbürgerte, als man vom Verhalten der Tiere praktisch noch nichts wußte.

Heute kennen wir die geradezu verblüffende Übereinstimmung, wie wir auch die traurige Erfahrung machen mußten, daß keines der zahlreichen Gesellschaftssysteme der Menschen davor schützt, Minderheiten zu unterdrücken, auszunutzen oder gar zu vernichten. Im Gesellschaftspolitischen die Lösung suchen zu wollen führt leider zu nichts.

Die aggressive Außenseiterreaktion ist vielmehr eine biologische Voranpassung und als solche für die weltweite Verbreitung der Neigung zu gruppenkonformem Verhalten wie zum Ausstoßen Andersartiger verantwortlich.

So lautet unsere Aufgabe, diese Zusammenhänge bewußt zu machen und sie damit in ihrer Auswirkung zu mindern – im Namen der Humanität und des Friedens.

Vom Nationalstolz zum Krieg

Die Stadien der Eskalation

Es ist ebenso lächerlich wie erschreckend und allgemeingebräuchlich: Zahlreiche Menschengruppierungen halten sich für etwas Besseres. »Zulu«, die Bezeichnung für ein südafrikanisches Bantuvolk, heißt übersetzt »Menschen«. Alle anderen Stämme ringsum sind keine wertgeschätzten Wesen. Auch »Cheyenne« heißt bei den Indianern, »Inuit« bei den Eskimos, »Mbowamb« bei den Papuas, »Tonga« bei den Kanaken »Menschen«, ganz im Gegensatz zu dem, was man ringsum bekämpfen darf. Auch bei den australischen Ureinwohnern, den Aborigines, verachtet jeder Stamm voller »Nationalstolz« die übrigen Nachbarn, was natürlich auf Gegenseitigkeit beruht.

Andere bezeichnen sich als »auserwähltes Volk« oder als »Herrenrasse«. Jede Religionsgemeinschaft betrachtet allein sich selbst als im Besitze des »wahren Glaubens« zu sein und alle anderen als Ungläubige oder Heiden, die zu bekehren oder zu vernichten sind. Die Hemmungen, die hierbei fallen, führen zum Barbarischsten, was die Menschheit je durchlitten hat. Welchem, die Massen aufhetzenden Kirchenführer ist dabei bewußt, daß er nicht göttlich, sondern unbewältigt animalisch, also satanisch, handelt, daß er genau das Gegenteil von dem tut, was ihm der über allem stehende Gott befiehlt, nämlich den Weltfrieden anzustreben?

Wie beginnt es, wenn das Unheil seinen Lauf nimmt? Der Mainzer Psychologe Professor Rudolf Bilz, ein Forscher, der schon frühzeitig erkannt hat, welch unschätzbaren Wert die Tierverhaltensforschung für die Humanpsychologie hat, unterscheidet fünf Stadien der Eskalation der gegen Außenseiter gerichteten Aggressivität:

– Der nur geringfügig von der Norm Abweichende wird von seinen Mitmenschen mit verstohlenem Blick gemustert, sonst aber höflich und human behandelt, aber nicht ganz für voll genommen.
– Ein mehr auffälliger Sonderling soll bereits durch maliziöses Lächeln von oben herab seelisch verletzt werden.
– Über eine »komische Type« kursieren bereits Witze. Homerisches Gelächter vernichtet die Existenz des Opfers in der Gemeinschaft.
Frage: Gibt es auch nur einen vernünftigen Grund, Stottern oder abstehende Ohren komisch zu finden? Es ist allein das »pleistozäne« Verhaltensrepertoire des Menschen, das uns wider die Vernunft und Humanität zum Lachen zwingt.
– Nur noch ein kleiner Schritt weiter führt zur Anwendung brachialer Gewalt. Das Kind, das einige Jahre im Ausland lebte und der deutschen Sprache nicht mehr ganz mächtig ist, wird auf dem Schulhof verprügelt. Dem Juden wirft man die Fensterscheibe ein. Der langhaarige »Chaot« wird niedergeschlagen.
– Im Extremfall wird die Gewalt zur Lynchjustiz, zur Hexenverbrennung, zum Pogrom, zur Bartholomäus- oder Reichskristallnacht, zur Aktion des Ku-Klux-Klan, zum Aushungern der Ibos in Nigeria und so weiter und so fort. Das schlimmste daran: Hier wird ein Haß geschürt, der die Verfolger geradezu delektiert, der sie zu legitimieren scheint und der im Masseneffekt schließlich keine Hemmungen mehr kennt. Das ist die Kriegsausbruchsstimmung.

Genuß an der eigenen Hinrichtung

Die Perspektive des Ausgestoßenen

Ein Kolkrabe, der sich mit weißer Farbe bekleckert hat und nun von seinen Schwarmgenossen totgehackt wird, setzt sich nicht zur Wehr. Er versucht nicht einmal zu fliehen. Ein Wolf, der aus dem Rudel ausgestoßen wird, sucht erst in der Revierperipherie sein Auskommen als Einzelgänger. Gelingt ihm das nicht, kehrt er zum Rudel zurück. Hier gibt es zwei Möglichkeiten für ihn. Entweder kann er sich für die Gemeinschaft so nützlich machen, daß er wieder in sie aufgenommen wird, oder er unterwirft sich demütig seinem grausamen Schicksal und läßt sich widerstandslos totbeißen.

Ein Huhn mit einer Farbplakette am Kopf, ein verkrüppeltes Silbermöwenkind unter feindlichen Nachbarn, ein Kaiserpinguin-Albino im Kindergarten, Abweichler aller Arten, die den Zorn der Menge ihrer Artgenossen auf sich ziehen … sie alle kämpfen und verteidigen sich nie, nicht einmal andeutungsweise. Geschlagen, halten sie die »andere Backe« hin. Und werden unbarmherzig umgebracht. Eine Art Märtyrerschicksal.

Es gehört zum biologischen Phänomen der Außenseiterreaktion, daß sich auch auf der Seite der Betroffenen ein Verhaltensgegenstück einstellt.

So auch beim ausgestoßenen Menschen. Schon der Bucklige oder der Schielende ist durch einen Blick zutiefst zu verletzen. Er fühlt sich getroffen, auch wenn ihn der Anblickende gar nicht verletzen will. Er leidet dann passiv vor sich hin. Es gibt sogar Menschen, deren körperliches Gebrechen von der Kleidung verborgen wird, um das also niemand weiß. Trotzdem fühlen sie sich unsicher, unterlegen und unglücklich, als könne jeden Augenblick der Bann über sie verhängt werden.

Fatalerweise mindert diese Reaktion der Außenseiter nicht den Ausstoßeffekt auf seiten der konformen Masse, sondern verstärkt sie noch.

Derjenige, der anders ist als die anderen, fühlt sich befangen, schämt sich, meidet die Gesellschaft, will am liebsten ins Mauseloch kriechen. Nur selten kippt die Scheu in Zorn um, dann aber meist explosiv. »Schamesröte ist eine verhaltene, gleichsam auf der Lauer liegende Zornesröte«, schreibt Rudolf Bilz. Der Extremfall ist der Amoklauf.

Als Regel gilt jedoch die demütige Unterwerfung unter die Peiniger: ein durchaus verwandter Wesenszug zur bereits weiter vorn behandelten Autoritätshörigkeit. Viele Todeskandidaten fühlen sich geradezu in einer weiblich-sexuell getönten Hörigkeit zu ihren Henkern hingezogen, statt den Wunsch zu hegen, ihnen an die Kehle zu springen. Die Grenze zum Pathologischen ist hier nur hauchdünn.

In diesem Zusammenhang sind Symptome der Alkoholhalluzinose, des Trinkerwahnsinns, interessant, weil sie die Opferlamm-Mentalität nur in geringfügiger, aber typischer Weise übertreiben. Der an dieser Geisteskrankheit leidende Mensch beginnt, wenn es ihn überkommt, abends vor Einbruch der unheilschwangeren Nacht ausgiebig dem Alkohol zuzusprechen. Dann bildet er sich ein, eine Bande von Menschen versammele sich vor seinem Haus. Er glaubt, zu hören, wie sie ihn beschimpfen, ihm Missetaten vorwerfen und drohen, ihn abzuholen und zu lynchen, also alles das, was in echter Ausstoßreaktion tatsächlich zu geschehen pflegt.

Das Groteske hierbei ist, daß er früher alle Schandtaten, die ihm der imaginäre Pöbel in seinem Wahn angeblich vorwirft, tatsächlich begangen hat. Er projiziert die Stimme seines Gewissens in die Drohrufe des nur in seiner Einbildung existierenden Pöbels. Er fühlt sich als der Ausgestoßene, auf dem eine nicht vorhandene Allgemeinheit herumhackt.

Im geistig gesunden Menschen arbeitet ein perfekter Mechanismus der Schuldverdrängung. »Ich habe etwas Schlimmes getan«, sagt sein Gedächtnis. »Das kann ich nicht getan haben«, sagt sein Stolz. Und so gibt das Gedächtnis nach. In der Trinkerpsychose ist es umgekehrt. Das Gedächtnis mitsamt dem Schuldgefühl behält die Oberhand, und das Selbstwertgefühl schwindet. In dieser Perversion liegt ein wesentliches Moment dieser Geisteskrankheit. Die Wohltat des Verdrängungsschutzes ist dem Patienten entzogen worden, und nun suchen ihn die Erinnyen heim.

Zu Beginn erhebt der Patient noch Protest. Er ruft nach der Polizei, die den vermeintlichen Pöbel vertreiben soll. Später hält ihn die Faszination gefangen, als ob er sich das Schauspiel seiner eigenen Hinrichtung nicht entgehen lassen möchte.

Es hat keinen Zweck, im Sinne der Logik oder der Moral nach dem Warum dieser Verhaltensweisen zu fragen. Vielmehr erblickt Rudolf Bilz hierin ein biologisches Radikal: den Zwang des untergeordneten Rudelmitgliedes, sich dem Alphatier darzubieten, etwa wie sich ein rangniederer Wolf vom Rudelführer vorn (Was hast du gefressen?) und hinten (Was hast du getrieben?) beschnüffeln lassen muß und diese »Beichte« sogar ohne Aufforderung ablegt.

Als Ausweg aus den Verstrickungen instinktmotivierten Außenseiterverhaltens empfiehlt der Forscher folgendes:

– Beseitigen der körperlichen Merkmale, an denen Anstoß genommen wird, durch plastische Chirurgie, sofern das möglich ist.

– Aufklärung über die biologischen Radikale unseres unbewältigten Urahnen-Verhaltens: »Es müßte den Menschen klarwerden, welcher Barbarei sie sich schuldig machen, wenn sie sich über Mißgestaltungen oder Funktionsstörungen ihrer Mitbürger lustig machen. Die Amüsements verstoßen gegen die Menschenwürde.« Gewalt, Lynchjustiz und

Kriegshetze sind Verbrechen gegen die Menschlichkeit. Wer ächtet die Anführer und Ideologen politischer, kirchlicher und sonstiger Gruppierungen, die Pogromhetze betreiben, ganz gleich, ob sie sich gegen Juden oder Katholiken, gegen Schwarze oder Weiße, gegen Gammler oder »Kapitalistenschweine« richten?

Politiker haben sich schon immer darauf verstanden, Urzeit-Brutalitäten in instinktgesteuerten Gefühlswallungen der Massen für ihre persönlich-egoistischen Zwecke einzuspannen. Damit haben sie sich seit je gegen die Humanität versündigt. Erziehung und Justiz haben auf diesem speziellen Gebiet alles versäumt.

– Der vom körperlichen Gebrechen Gezeichnete sollte, statt leise vor sich hinzuleiden, sich seiner dominierenden menschlichen Werte bewußt werden. Es hemmt die Anstoßnahme-Aggressivität der anderen, wenn man sich nicht duckt. Das sicherste Gegenmittel aber ist, sich für die Gemeinschaft, in der man leben will, nützlich zu machen.

Sogar hierfür gibt es schöne Beispiele aus dem Tierreich. Ich deutete es schon an.

Ein Wolf, meist ein junges, rangniederes Wesen, wird nur in Notzeiten aus dem Rudel ausgestoßen, wenn er ein unnützer Mitfresser ist. Vielfach beruht dies parasitische Außenseiterverhalten nur auf purer Bequemlichkeit. Dann kommt in der Einsamkeit der Verbannung am äußersten Rand des Rudelreviers mitunter der heilsame Schock. Aber zur Läuterung gehört auch ein bißchen Glück. Findet der Ausgestoßene nun einen verendeten Hirsch oder eine heiße Spur, die zu fetter Beute führt, ruft er sein altes Rudel durch Heulsignale herbei. Daraufhin hat er wieder Zutritt zur Gemeinschaft.

Und nun sollte man ihn einmal sehen, wie er sich vor Dienstbeflissenheit überschlägt: die Jungtiere des Alphapärchens füttert, bewacht und mit ihnen spielt, keinen noch so weiten Solo-Pirschgang scheut, um Beute ausfindig zu machen, und sich in jeder Situation kooperativ aufführt. Jetzt weiß er: Solange er hilfsbereit handelt, darf er in der Gemeinschaft bleiben.

VIII. VOM SINN UND UNSINN DES KÄMPFENS

Die Dauerkeilereien der Supermänner

Zähmt Kampfsport die Angriffslust?

Die beiden Bisonbullen schnaubten sich durch geblähte Nüstern die Wut ins Gesicht, so daß der Staub der nordamerikanischen Prärie aufwirbelte. Dann scharrten sie mit den Hufen und brüllten sich inmitten einer 170köpfigen Herde weiblicher Tiere mit einer Stimmgewalt an, die noch in acht Kilometern Ferne als dumpfes Grollen vernehmbar war.

Ein Koloß stand gegen den anderen, jeder drei Meter lang, mit einem Körpergewicht von etwa tausend Kilogramm und mit der Idealfigur eines Supermannes: eine extrem schlanke »Taille« auf muskulösen Oberschenkeln und ein nach vorn zu immer gewaltiger werdender Brustkorb mit dem sprichwörtlich gewordenen Stiernacken und einem gehörnten, bulligen Ramskopf. Welche Kraft in diesem Körper steckt, zeigten Versuche: Der Bison durchbricht bereits im ersten Anlauf bis zu fünf Zentimeter dicke Eichenholzplanken. Muß es beim Kampf dieser Muskeldynamitpakete nicht unweigerlich Tote geben?

Mit tief gesenkten Köpfen gingen beide aufeinander los. Der Zusammenprall der Schädel, mit voller Wucht herbeigeführt, klang dennoch überraschend dumpf und weich. Kein Wunder, denn in der Brunstzeit trägt jeder Bulle einen dicken Lockenpelz auf der Stirn, als Stoßdämpfer sozusagen. Unter

Aufbietung der äußersten Kräfte krümmten sich die Nacken und Rücken wie gespannte Bogen. Die Hufe der Hinterbeine preßten sich bis zu zehn Zentimeter tief in den hartverkrusteten Prärieboden. So versuchten beide Gegner, den anderen vor sich herzuschieben.

Doch schon nach dreißig Sekunden kam das für Sensationslüsterne enttäuschende Ende: Beide Tiere traten einen Schritt zurück. Dabei wendete der sich unterlegen Fühlende seinen Kopf zur Seite, zwar nur um etwa fünf Grad und auch nur für den Bruchteil einer Sekunde, aber das genügte bereits, um vom Sieger als Unterwerfungsgebärde verstanden und akzeptiert zu werden. So gingen sie dann friedlich auseinander.

Nur in seltenen Ausnahmefällen kann einmal ein »Betriebsunfall« geschehen. Wenn beim Gegeneinanderpressen die Köpfe unbeabsichtigt aneinander abgleiten, können die Hornspitzen bis zu halbmeterlange, blutende Wunden in die Seite der Heldenbrust reißen, was meist auf Gegenseitigkeit beruht.

Aber was hat die ganze Rauferei überhaupt für einen Sinn? Wird damit eine Rangordnung neu geregelt und mit ihr vielleicht der Zutritt zu den Weibchen, wie es der landläufigen Vorstellung entspricht? Zwei Szenen sprechen für sich. Professor Dale F. Lott, Zoologe an der California University, hat sie im Bison-Nationalpark von Montana beobachtet. Hier die erste: Gerade ist ein Weibchen in der Herde »heiß« geworden. Drei Bullen haben dies erschnüffelt und nehmen die Verfolgung auf, und zwar zwei Männer im besten Alter, die vor Kraft kaum laufen können, und ein jüngerer, der noch nicht im Vollbesitz seiner Kräfte ist, galoppiert hinterdrein. Die Bisonkuh ist jedoch gut zu Fuß und reißt solange aus, bis die beiden bulligen Kraftpakete total erschöpft sind. Dann trabt sie mit dem Jungen davon und paart sich mit ihm. Das ist Damenwahl auf Bisonart.

Szene zwei: Ein Bulle hat seit zwei Tagen eine »heiß« werdende Kuh für sich gewonnen und »hütet« sie gegen andere Bewerber. Das kostet viel Energie und Zeit und hält ihn in dieser Zeit von amourösen Abenteuern mit anderen Weibchen ab. Endlich ist sie empfänglich und will ihn ganz heranlassen. Da entdeckt er weit hinten in der Herde seinen Lieblingsfeind. Jener beabsichtigt zwar zur Zeit gar nicht, ihn beim sexuellen Akt zu stören, aber beim letzten Kampf vor drei Tagen hatte der Lieblingsfeind über ihn gesiegt, und diese Blamage will er nun prompt aus der Welt schaffen. Obgleich die Paarung nur wenige Sekunden gedauert hätte, läßt der Bulle sein so mühsam errungenes und lange bewachtes Weibchen achtlos stehen und trabt zu seinem Raufkumpel, um abermals mit ihm zu kämpfen.
Bisonbullen ist offenkundig die Befriedigung des Geltungs- und Raufbedürfnisses wichtiger als die Liebe. Aber nicht einmal das Prestige ist von stabiler Dauer. In vielen anderen Tiergesellschaften bleibt die im einmaligen Zweikampf erstrittene Rangordnung für viele Monate, Jahre oder gar fürs ganze Leben unverrückbar bestehen und sorgt so für Ruhe und Ordnung. In einer Milchkuhgesellschaft auf der Weide ändert sich über viele Jahre überhaupt nichts. Jüngere Jahrgänge können in der Herdenhierarchie nur dann aufsteigen, wenn von den Alten einige Tiere gestorben oder geschlachtet worden sind. Aber unter Bisonbullen gilt die gesellschaftliche Stellung nur bis zum nächsten Kampf. In der Brunstzeit gibt es Tage, an denen ein besonders rauflustiger Bulle etwa alle halbe Stunde eine Kampelei ausficht, mal gewinnt, mal verliert. Die Rangordnung ändert sich ständig und wird von den Bullen konsequenterweise kaum noch beachtet, weil man ja so schön miteinander kämpfen kann. Daß der Rang der Bullen bei den Weibchen ohnehin kaum eine Rolle spielt, hatte ich schon gezeigt. Ruhe und Ordnung wollen sie auch

nicht. Wozu dann aber die fortwährenden Kraftdemonstrationen, wenn nicht für den Fortpflanzungserfolg und auch nicht für stabile Machtpositionen?
Bevor der »Weiße Mann« mit seinen mörderischen Schußwaffen ins Land kam, noch um 1830, weideten rund 60 Millionen Bisons auf den weiten Prärien Nordamerikas, eine Zahl, die von keinem anderen Wildrind je auch nur annähernd erreicht wurde. Somit müssen wir diese Tiere zu einer der erfolgreichsten Arten der Welt überhaupt zählen. Und eben dies verdanken die Bisons ihrem Sozialsystem, in dem die Raufereien der Bullen eine entscheidende Rolle spielen.
Diese Tiere müssen von außerordentlicher Aggressivität sein, um sich ihrer artfremden Feinde, vor allem der Wolfsrudel, erwehren zu können. Aber gleichzeitig darf diese Kampfesfreude und Streitlust nicht dazu führen, daß die Herdengemeinschaften gesprengt werden. Aus diesem Zwickmühlenproblem hilft nur eine besondere Kunst der Aggressionsbewältigung: eben der während der Brunstzeit fast pausenlose sportliche Wettkampf, das meist gewaltige, aber doch harmlose Kräftemessen.
Der Kampfsport ist als Zähmer der Angriffslust jedoch von heikler Problematik. Das mußte schon Konrad Lorenz erfahren, als er 1963 in seinem Buch »Das sogenannte Böse« die sportliche Betätigung als harmlosen Aggressionsableiter empfahl. Das Zweischneidige liegt nämlich darin, daß das Abreagieren eines Aggressionsstaus durch den Sport nur von sehr vorübergehender Dauer ist, während gleichzeitig die Aggressivität dadurch trainiert und deren allgemeines Niveau verstärkt wird, und zwar für längere Zeit.
Das Dilemma liegt beim Menschen darin, daß er nicht immer dann, wenn in ihm die Wut kocht, auf den Sportplatz gehen und sich dort abreagieren kann, sondern auf seinem Arbeitsplatz bleiben muß, bis er explodiert. Die Bisonbullen hinge-

gen kämpfen und raufen während der Brunst, also der Zeit stark gesteigerten Aggressionsniveaus, sooft es ihnen Spaß macht. Von Mitte Juli bis Mitte August betrachten sie die Rauferei als immerwährendes sportliches Vergnügen.

Die Folge: Die hohe Aggressivität wird immer wieder abgebaut und neutralisiert, so daß sie keine gemeinschaftsschädigenden und das Leben des einzelnen bedrohenden Ausmaße annehmen kann. Es ist eine prinzipiell ganz andere Einstellung zum Phänomen des Kampfes als bei uns Menschen. Wir haben es oftmals nicht unter Kontrolle. Bei uns ufert es nur zu leicht in Krieg und Vernichtung aus. Bei den Bisons hingegen stärkt es die Abwehrkraft gegen äußere Feinde, ohne das eigene Sozialsystem zu schwächen oder zu zerstören. Das ist der Unterschied.

Wo Streit totaler Nonsens ist

Scheingeplänkel als Showeffekt

Der männliche Hirschkäfer trägt ein »Geweih«, das dem eines Rothirsches ähnelt und den einzigen Zweck verfolgt, artgleiche Rivalen zu bekämpfen. Aber diese Gefechte sind absolut sinnlos, wenigstens unter dem menschlichen Aspekt der Gegnerschaft.

Das Gehörn des bis zu zehn Zentimeter langen Käfers wächst übrigens nicht als knöcherne Stangen aus seinem Schädel. Vielmehr bestehen sie aus Chitin und sind ins Gigantische verlängerte Oberkiefer. Zwicken und Beißen ist damit überhaupt nicht möglich. Daher nährt sich das Männchen während seines nur wenige Wochen währenden Lebens auch nur von Säften aus Baumverletzungen, die es auflutschen kann, und von Blütennektar.

Der Wert des Geweihs als Waffe gegen artfremde Feinde, also gegen Spechte, Eichelhäher, Rabenkrähen und Eulen, ist auch gleich null. Aber dieser »Ritter« des Insektenreiches kann mit seinem Geweih einen artgleichen Gegner umfassen, in die Höhe hebeln und vom Baum werfen, um ungehinderten Zutritt zu einem Weibchen zu bekommen.

Also siegt der Stärkere in der Fortpflanzungsschlacht? Nicht einmal das. Die Zweikämpfe der Männchen um ein nahezu »hornloses« Weibchen sind so sinnlos wie einst die Gladiatorengefechte im alten Rom. Kein Zoologe vermag bisher zu sagen, wozu Kraftakt und Riesenwaffe überhaupt gut sind. Forscher haben zahlreiche Zweikämpfe zwischen verschieden großen Gegnern beobachtet und stellten fest, daß es oft gerade der »Goliath« ist, der während des Kampfes mit einem seiner sechs Beine in einem Astloch oder Borkenspalt stolpert oder hängenbleibt, das Gleichgewicht verliert und dann von David vom Baum geworfen wird und den Kampf ebenso wie das Weibchen verliert. Aber der Kleine triumphiert.

Die Körpergröße ist beim Hirschkäfer also unwesentlich für den Sieg beim Duell. Zudem hängt die Körpergröße auch nicht im mindesten von seinem Erbgut ab, sondern nur vom Zufall – von dem Umstand nämlich, ob seine Mutter ihre 30 bis 70 Eier in eine schöne morsche Eiche mit nahrhaftem Holzmehl gelegt hat oder nur in frischeres Eichenholz, das längst nicht so bekömmlich ist. Die im Holz minierende Hirschkäferlarve muß sich bis zu acht Jahre lang von »Sägespänen« ernähren, ehe sie eine Länge von zehn Zentimetern erreicht hat und sich in einer Kammer im morschen Holz verpuppen kann. Trifft sie dabei auf minderwertige Nahrung, bleibt sie erheblich kleiner. Und so entschlüpft dem

Kokon schließlich nur ein drei Zentimeter kleiner Käferzwerg.
Mit einer »Auslese des Tüchtigsten« im Kampf ums Dasein hat das alles nicht das mindeste zu tun.
So bleibt die Frage, weshalb die Tiere trotzdem miteinander kämpfen und welchen Sinn die Monstrosität ihrer Waffen hat. Es wirft ein bezeichnendes Licht auf diesen Komplex, daß noch kein Zoologe eine schlüssige Antwort darauf geben kann. Können wir spekulieren, daß der Kampf unter artgleichen Tieren zumindest zum Teil eine Komponente zum Antrieb hat, die einem persönlichen Bedürfnis entspringt?
Vielleicht hilft uns hier das Beispiel der Birk- und Wermuthähne weiter. Ein unvergleichliches Schauspiel: In der feucht-kühlen Morgenfrühe eines Apriltages in der Lüneburger Heide haben sich noch vor Sonnenaufgang acht Birkhähne zwischen Wacholder, Ginster und Birken auf einer Art Arena eingefunden, um miteinander zu raufen. Jeder Kraftprotz, jeder sogenannte »Spielhahn« schießt mit aggressiv vorgestrecktem Kopf, mit steil nach oben zu einem weißleuchtenden Rad gefächertem Unterschwanzgefieder, mit sichelförmig nach außen geschwungenen äußeren Schwanzfedern und kraftmeierisch abgespreizten Flügeln auf einen Gegner zu ... und gleich wieder zurück, ohne ihn berührt zu haben. Dieses ständige Hin und Her hat etwas Mechanistisches an sich wie bei einer Aufziehpuppe. Trotzdem scheint der Vogel vor Wut zu platzen.
Die Balzrosen über den Augen sind rot angeschwollen, und der Kehlsack wird zu einem mächtigen Schallverstärker aufgeblasen, der bei jedem Luftsprung des gefiederten Kriegers ein jodelndes »tschchuii!« drei Kilometer weit hallen läßt. Dazu schlagen sich die Spielhähne mit den Flügeln laut klatschend gegen die eigenen Beine wie Schuhplattler-Buben mit Händen auf die Knie. Der Schuhplattler ist in der Tat ein

Tanz, den die Bayern einst balzenden Birkhähnen abgeschaut haben. Und wie die nur vorgetäuschten Watschen bei der Gaudi, so sind die so wütend erscheinenden Attacken der Birkhähne auch nichts weiter als Scheingefechte und Theatersäbelei. Auch wenn sie wie im Wahnsinn mit den Füßen auf den Boden trommeln und selbst wenn das Fauchen, das sogenannte Rodeln, und das »Rutturu-rutturuiki-urr-urr-urr-rrutturu-ruttu-ruiki« noch so kriegerisch klingen, so ist das alles nicht ernster gemeint als das Jodeln auf der Alm.

Daß es sich hierbei um echte Aggressivität handelt, wird bei einem nahe verwandten Vogel erkennbar, beim Auerhahn. Die Zahl dieser Tiere hat in letzter Zeit so stark abgenommen, daß ein Männchen kaum noch einem anderen begegnet und es seine Angriffswut nicht mehr zur rein symbolischen Handlung, zur bloßen Show, entschärfen und abreagieren kann. Dann greift das schon krankhaft vereinsamte Tier Rehe im Wald, Kühe und Pferde auf der Weide, ja, sogar Menschen an – nun allerdings nicht im prahlerischen Scheingefecht, sondern mit derben Schnabelhieben und Flügelschlägen.

Wozu also die zur reinen Schaustellung entschärfte Aggression? Am besten ist diese Frage bisher von amerikanischen Forschern auf den Prärien des »Wilden Westens« am Beispiel der Beifuß- oder Wermuthähne (Wermut ist ein Beifußgewächs, von dem der Vogel frißt) untersucht worden. Ein legitimes Mittel, da diese Vögel wie auch die Birk- und Auerhähne zur zoologischen Unterfamilie der Rauhfußhühner gehören. An immer den gleichen Stellen der Prärie kommen alljährlich im Frühjahr an die 400 farbengeschmückte Bräutigame zusammen. Das Areal hat eine Länge von 800 Metern und eine Breite von 200 Metern, was ungefähr der Größe des Circus Maximus im alten Rom entspricht, und wird von Zoologen als »Arena« bezeichnet.

Innerhalb derselben produziert sich jedes Männchen auf einem kleinen »Privatgrundstück« mit gefächertem Schweif und mit schildartig nach vorn gedrückten Flügeln, hauptsächlich aber mit einem ins Gigantische aufgeblasenen weißen Kehlsack. Die weißen Federn zittern und rascheln vor Erregung wie Organza. Dann schwellen den Freiern an der Brust zwei orangefarbene Wölbungen, groß wie Apfelsinen, aus dem Federkleid hervor. Bei den Wermuthühnern ist es das Männchen, das »Busen« trägt.

Schließlich peitscht ein Knall wie im Western 300 Meter weit hörbar über die Prärie, und mit ihm fällt die ganze aufgeblasene Federpracht wie ein geplatzter Luftballon in sich zusammen, und das Spiel beginnt von neuem.

In dieser Schaustellung der Vierhundert kommt es nicht einmal andeutungsweise zu Drohkonfrontationen. Jeder prahlt vor sich hin, ohne seine Nebenbuhler in der Nachbarschaft zu beachten. Es geht fast so zu wie auf einer Schönheitskonkurrenz der Bodybuilder. Man zeigt, wie groß und stark man ist, ohne aber die geringste Anwandlung von Aggressionen gegenüber anderen. Kampfpose im totalen Leerlauf.

Zunächst mutmaßten Beobachter, daß in dieser Gesellschaft von Angebern derjenige »Indianer« mit dem imposantesten Federschmuck das Interesse der meisten Weibchen auf sich ziehen würde, die gelegentlich auf der Bildfläche erscheinen und sich in Damenwahl einen Paarungspartner aussuchen für eine Verbindung von nur wenigen Sekunden Dauer. Objektive Messungen aber ergaben, daß kein augenfälliger Unterschied in der Schönheit der Schönen feststellbar ist.

Das ist der sogenannte Weihnachtsbaumeffekt: Wenn alle Bäume mit hundert Kerzen geschmückt sind, findet kein Betrachter den schönsten heraus, der 101 Lichter trägt.

Dennoch treffen die Weibchen eine groteske Auswahl. Im

Zentrum dieser faszinierenden Männer-Massenversammlung sind es nur vier sogenannte Meisterhähne, die von 74 Prozent aller Weibchen auserkoren werden. Bei Überlastung treten diese Paarungsmonopol-Inhaber insgesamt etwa 13 Prozent der Weibchen an sechs »Vizemeister« ab, deren Tanzplätze entlang der Mittellinie der Arena liegen. Lediglich in den restlichen 13 Prozent aller Fälle entscheiden sich die Weibchen für einen Hahn aus dem niederen Volk. Ungefähr 350 männliche Schönheiten, kaum minder prächtig als die bevorzugten Exemplare, gehen während einer gesamten Frühjahrsperiode leer aus.

Eine absurde Übersteigerung des Auswahlprinzips nur des Allerbesten? So sah es zunächst aus. Aber als die Forscher die Vögel mit Fußringen individuell kennzeichneten und über zehn Jahre hinweg beobachteten, wurde etwas ganz anderes offenbar.

Die einjährigen Männchen erscheinen im Frühjahr als letzte auf der seit Jahrhunderten angestammten Arena, wenn die älteren Tiere alle schon ihre zentralen Plätze bezogen haben. Die Neulinge bilden den äußeren Ring, wo die Feindgefahr durch Kojoten, Marder und Klapperschlangen am größten ist und wo sich hindurcheilende Weibchen gar nicht erst mit dem Mustern der einzelnen Prachtexemplare aufhalten. Aber alle Außenstehenden streben nach innen. Jeder durch Tod vakant gewordene Tanzplatz wird sofort oder in der nächsten Saison vom äußeren Nachbarn besetzt. Nach frühestens vier Jahren kann ein Männchen auf diese »Ochsentour« das Zentrum erreichen, um zum Vizemeister zu werden, ... falls es dann noch lebt.

Alter geht vor Schönheit! Das Auswahlprinzip der Weibchen lautet also: Wie komme ich an ein Männchen, das die Kunst beherrscht, sich in einer Welt von Feinden möglichst lange am Leben zu erhalten. Aber dies erfordert Eigenschaften, die alles andere in sich haben als die Fähigkeit, sich in einer Gruppe artgleicher Männer primitiv herumzuprügeln.

Das ist der Grund, weshalb die Evolution hier einen Weg beschritten hat, der vom brachialen Rivalenkampf fort und zum Nachweis subtilerer Formen der Überlebensfähigkeit hin geführt hat. Nur ein rudimentärer Rest von Aggressivität ist in Gestalt der Balztänze im Bereich der Arena geblieben. Kämpfen unter Artgenossen erweist sich als sinnlos und unterbleibt deshalb.

Ob Dallschaf oder Meerschweinchen, von denen schon an früherer Stelle die Rede war, ob Bison, Hirschkäfer, Birk-, Auer- oder Wermuthahn, es zeigt sich bereits heute an ihren und darüber hinaus an vielen anderen Beispielen, wie fragwürdig der Begriff des Kämpfens, so, wie wir Menschen ihn bislang verstanden haben, inzwischen im Lichte des Naturgeschehens geworden ist.

Mit der daraus resultierenden Lebenseinstellung kann man natürlich keinen Staat aufbauen wie den deutschen von 1914 oder 1939 oder den japanischen von 1941. Aber es ist die einzige Tendenz, die die Menschheit vor der Selbstvernichtung bewahren kann.

Indessen hat der Komplex des Kämpfens auch noch eine Komponente, die auf der individuellen Basis beruht.

Das Duell der Tigerpferde

Gefecht mit kalkuliertem Risiko

Zebrahengste können untereinander fighten, daß die Fetzen fliegen. Aber gerade deshalb praktizieren sie ein Sozialsystem, in dem Raufbolde keine Chance haben, den überlebenswichtigen Herdenzusammenhalt zu zerstören.

Sobald es einem Hengst auf afrikanischer Steppe gelungen ist, einige Stuten an sich zu binden, ist es für ledige männliche Rivalen ein hoffnungsloses Unterfangen, diesen Harem erobern und den Familienhengst vertreiben zu wollen. Deshalb versuchen sie es auch gar nicht erst.

Der Grund ist simpel: Die Stuten halten ihrem Leittier nach Feldforschungen des Braunschweiger Zoologieprofessors Hans Klingel unverbrüchliche Treue. Voraussetzung ist allerdings, daß sich der Hengst als Verteidiger der Seinen gegen Hyänen, Schakale und andere Räuber bewährt hat.

So entbrennen die Hengstkämpfe der Steppenzebras nur im »Junggesellenverein«. Aber wenn hier ein Duell beginnt, kann ein Tierpsychologe mit Sicherheit vorhersagen, wer gewinnen wird, und zwar noch bevor das Gefecht richtig begonnen hat. Alles deutet darauf hin, daß beide Zweikämpfer dies ebenso frühzeitig erkennen. Mithin wäre der Kampf nach dem allerersten Kräftemessen völlig unsinnig. Trotzdem kämpfen die Tiere. Diese auch für menschliches Streitverhalten gültigen Grundgesetze des Kampfes entdeckte Dr. Joel Berger, Verhaltensforscher am Zoologischen Nationalpark in Front Royal, Virginia.

Wenn zwei männliche »Tigerpferde« aneinandergeraten, treten und beißen sie keineswegs wahllos und blindwütig um sich. Vielmehr wägen sie ihre Chancen und Risiken gegeneinander ab und richten danach ihre Kampftaktik aus.

Wie geht das im einzelnen vor sich? Zebrahengste haben im Duell nur die Wahl zwischen zwei Waffen: dem Biß und dem Tritt, also dem Auskeilen mit den Hinterhufen. In jedem Fall ist also das Risiko einer eigenen Verletzung von vornherein sehr hoch. Denn ein Biß ins Vorderbein oder gar ein Hufschlag dagegen kann zum Humpeln führen, die Fluchtgeschwindigkeit herabsetzen, so daß schon der nächste Angriff von Raubtieren tödlich ist.

Ein vorsichtiger Hengst geht deshalb, sobald ihn der Rivale attackiert, sofort mit beiden Vorderbeinen in die Knie, in die sogenannte Schildkrötenstellung, wie der Fachausdruck heißt. Das vermindert das Verletzungsrisiko sehr, aber ebenso die Erfolgschancen. Denn aus knieender Position kann er den Gegner niemals bezwingen. Deshalb versucht der Verteidiger so schnell wie möglich, aus dieser mißlichen Lage wieder offensiv zu werden. Explosionsartig springt er hoch und gegen das Hinterteil des Rivalen und versucht, ihm in die Hinterbeine zu beißen. Doch vom selben Augenblick an ist sein Körper wieder in Gefahr.

Hierbei möglichst schnell vom Angriff in die Verteidigung und wieder zurück zum Angriff zu wechseln, ist bereits ein Erfolgsrezept. Wer hierbei am wendigsten ist, hat gute Aussichten. Dies Beiß-Schnapp-Duell, das meist nur in die Luft geht, ist aber erst das Einleitungsgeplänkel. Andere Taktiken ermöglichen eine Eskalation des Kampfes. Der zweite Schärfegrad der Auseinandersetzung ist das Hochsteigen auf die Hinterbeine wie bei den Lipizzanern der Spanischen Hofreitschule in Wien. Diese Zirkuspferdstellung nimmt der Hengst ein, weil er aus ihr, von oben herab, viel leichter und wirkungsvoller dem Gegner einen Biß verpassen kann als vierbeinig stehend.

Unter diesen Umständen wäre es theoretisch denkbar, daß ein etwas schwächerer Gegner, um seine körperliche Unterlegenheit auszugleichen, sofort nach Beginn des Kampfes auf die Hinterbeine steigt und so versucht, sich Überraschungsvorteile zu verschaffen. Tatsächlich geschieht dies jedoch so gut wie nie, und wenn, dann nur so mit halbem Herzen, daß die Aktion nicht zu einem taktischen Erfolg führt.

Weshalb, zeigen folgende Beobachtungen: In 84 Prozent aller Fälle gelang es dem Schwächeren nicht, aus der zweibeinigen Imponierpose einen Biß beim stärkeren Gegner anzubringen. Dieser kehrte nämlich sofort den Spieß um, brachte den zweibeinig Stehenden durch Rammstöße aus dem Gleichgewicht und biß ihn vehement genau in dem Augenblick, in dem der Strauchelnde versuchte, seinen Sturz abzufangen. Griff jedoch der Stärkere zum Mittel des Hochsteigens, gelang es dem Schwächeren fast nie, mit einem Gegenangriff Erfolg zu haben. Unsicherheit und Angst ließen ihn sein Manöver nur halbherzig ausführen. Eskaliert also ein Schwächerer seine Aktionen zu einer härteren Form der Kriegführung, muß er sich auf einen Vergeltungsschlag gefaßt machen. Und weil er diesen fürchtet, unterläßt er die Verschärfung der Kampfmaßnahmen meistens.

Diese Regel trifft sogar noch dann zu, wenn sie ganz unsinnig erscheint. Nehmen wir einmal an, ein Hengst, der im Kampf bisher den kürzeren gezogen hat, griffe, um seine Gewinnchancen zu verbessern, schließlich zum äußersten Mittel, dem Hufschlag mit beiden Hinterbeinen. Es gibt gar keinen Zweifel: Würde er damit beim Gegner einen Volltreffer landen, so würden auch seine schwächeren Kräfte vollauf genügen, den Feind außer Gefecht zu setzen.

Er versucht es auch. In einem Kampf, der 35 Minuten dauerte, keilte der offensichtlich Unterlegene dreizehnmal nach dem Stärkeren aus, traf aber immer daneben. Das lag nicht etwa am mangelhaften Zielvermögen. Denn bei einem späteren Streit mit einem noch schwächeren Hengst landete er stets Volltreffer. Es hat also den Anschein, als wolle der Schwächere den Stärkeren gar nicht treffen. Warum nicht? Wiederum aus der unbewußten Angst vor einem Vergeltungsschlag. Denn trifft er zufällig doch einmal, dies jedoch ohne vernichtende Wirkung, was meist der Fall ist, dann deckt ihn der Stärkere mit einem Hagel von Hufschlägen ein, so daß mehrtägiges Lahmen noch die mildeste Folge dessen ist.

Das erklärt, weshalb der Stärkere nicht allein durch seine Kraft, sondern zusätzlich noch durch brutalere Mittel die Oberhand gewinnt.

Parallelbeispiele aus dem menschlichen Bereich sind aus den Polizeiakten zu entnehmen: Ein Einbrecher, der in eine Villa eingestiegen ist, wird vom Hausherrn überrascht. Dieser ist wütend und zieht den Dieb an der Schulter; eine geradezu lächerlich wirkungslose Aktion, die aber eine Reaktion herausfordert. Prompt bekommt er von dem Ganoven eine Serie schwerer Boxschläge, die ihn schmerzhaft niederstrekken. Als er sich wieder aufgerafft hat, greift der Hausherr zum Feuerhaken am Kamin, trifft den Gegner aber nur am Oberarm. Daraufhin brennt bei dem ohnehin überaggressiven Einbrecher die Sicherung durch, und er schlägt den Hausherrn tot. Antirationale Eskalationsreaktionen unter dem Zwang archaischen Kampfverhaltens!

Bei den Zebras ist der Hengstkampf für den neutralen Beobachter bereits entschieden, bevor er richtig begonnen hat: nach dem mitunter 15 Minuten dauernden Einleitungszeremoniell. In ihm testen beide Kontrahenten in Drohgebärden, Verfolgungsjagden und Scheinangriffen die Kraft, Schnelligkeit, Wendigkeit, Ausdauer und Kampfmoral des Gegners. Und hiernach, so Dr. Berger, rechnen sie sich bereits die Risiken aus, die sie im folgenden Kampf eingehen können und welche sie scheuen müssen. Der eine profiliert sich also schon zu Beginn auch psychologisch als Sieger-, der andere als Verlierertyp. An ersten Angstsignalen können wir schon ganz zu Anfang erkennen, wer sich unterlegen fühlt und am Ende auch unterliegen wird, ganz ähnlich wie bei den schon erwähnten Meerschweinchen. Eine Wende herbeizuführen scheint im Kampf unter Tieren nahezu aussichtslos zu sein. Weshalb kämpfen sie dann trotzdem? Je unterschiedlicher die Kräfteverhältnisse, desto kürzer das Duell und desto eher flieht der Unterlegene wohlbehalten. Nur bei etwa Gleichstarken wogt das Gefecht bis zu einer Stunde lang mit wechselndem Kriegsglück hin und her. Nur in diesem Fall bringt erst der Kampf eine Entscheidung. Und nur hierbei gibt es Verletzungen, die direkt oder indirekt zum Tode eines der beiden Beteiligten führen.

In allen anderen Fällen ist die Motivation zum Kampf ein wenig schizophren. Irgendwie spürt der künftige Verlierer seine Unterlegenheit, und er verrät dies auch durch mehrere Angstsignale. Aber auf der anderen Seite wirken Faktoren, die man im übertragenen Sinn als Selbstüberschätzung oder Mannestugend, als Kampfgeist oder Heroismus bezeichnen könnte, die das Tier völlig unsinnigerweise zu einem Kampf zwingen, der von vornherein aussichtslos ist. Das ist der gleiche Motivationstyp, der auch in der Machtpolitik politischer Staatsgebilde zu Selbstvernichtungskriegen führt.

Giraffenmutter greift Löwen an

Mut und Feigheit unter Tieren

Kaum hatte der Spaziergänger, ein Großstädter, der nicht einmal einen Ochsen von einem Stier unterscheiden konnte, den Weidenzaun überklettert, als der Bulle auch schon angriff. Der Mann verfing sich im Stacheldraht und bekam einen gewaltigen Hornstoß ins Gesäß. Die Hose zerschlitzte. Aber immerhin katapultierte ihn das wutschnaubende Tier über den Zaun in Sicherheit.

Etwas später stutzte der Stier und schien ängstlich zu lauschen. Dann tobte er in wilden Fluchtsprüngen über die Weide, raste im Kreis, bockte und schüttelte sich, als gelte es, einen Rodeoreiter abzuwerfen – und das, obwohl weit und breit kein Feind zu sehen war. Dennoch war einer zugegen. Der gewaltige Bulle floh nämlich vor einer kleinen Fliege, einer Rinder-Dasselfliege.

Sollen wir den Stier nun mutig nennen, weil er das tat, wovor sich die meisten Tiere fürchten, und einen Menschen angriff? Oder sollen wir ihn einen jämmerlichen Feigling schimpfen, weil er vor einer Fliege ausriß?

In der Gefahr kann ein Tier auf zweierlei Weise reagieren. Es kann entweder den Kampf aufnehmen oder aber fliehen. Die Entscheidung, wie der Gefahr zu begegnen sei, ist aber nicht nur von der Kampfmoral, von Mut oder Feigheit abhängig, sondern vor allem von einer bunten Palette anderer Dinge, die ich an Tierbeispielen aufzeigen will.

Der Stier, der seine haushohe Überlegenheit über den unbewaffneten Spaziergänger genau kennt, nutzt nur seine Macht für ein Erfolgserlebnis aus. Mut gehört nicht dazu. Spanische Kampfstiere werden ihr Leben lang auf diese Weise über die Gefährlichkeit des Menschen getäuscht, bis sie in die Arena getrieben werden. Hier spüren sie sehr bald, daß es um Tod und Leben geht, und kämpfen trotzdem, schwer verletzt, noch weiter. Das möchte ich als mutig bezeichnen.

Gegenüber der Dasselfliege folgt der Stier aber nur einem Angstinstinkt. Der Summton des Insekts zwingt ihn mit Urgewalt, umherzutoben wie ein Wilder. Die Fliege heftet nämlich ihre Eier an sein Fell. Kurz darauf bohren sich die Larven durch die Haut in den Leib des Stieres und wandern entlang einer Nervenfaser in das Rückgrat hinein. Magerkeit, Unwohlsein und Anfälligkeit gegen Krankheiten sind die Folge. Natürlich weiß der Stier von diesen Zusammenhängen nicht das mindeste. Vielmehr bekommt er unwillkürlich nur vor dem Summton der Fliege furchtbare Angst, etwa so wie der Kinobesucher vor einem Gruseleffekt Alfred Hitchcocks, tobt umher und versuchte die Fliege damit an der Eiablage auf seinem Körper zu hindern, meist mit Erfolg. Höchst zweckmäßig ist dies Verhalten und nicht feige! Hier der kreatürlichen Angst zu widerstehen und Mut zu beweisen wäre blöd oder gar Selbstmord.

Dennoch ist in anderen Fällen die von der Angst ausgelöste Flucht kein starrer Zwang. Denn Tiere können in jeder Gefahrensituation sehr genau die Notwendigkeit zum Gegenangriff oder zur Flucht einschätzen. Sie wägen ihre Chancen ab, was es zu gewinnen oder was zu verlieren gilt.

Eine sonst stets fluchtbereite Giraffe greift, wenn sie ein Kind führt, sogar ein ganzes Löwenrudel an und versucht mit gewaltigem Huftritt dem Feind den Schädel zu zerschmettern oder die Rippen zu brechen, was ihr sogar hin und wieder einmal gelingt.

Rechenkünstlern unter den Ethologen war die Motivation der Giraffenmütter hierzu lange Zeit ein Rätsel. Löwen verspeisen ja auch erwachsene Giraffen. Somit grenzt die Kindverteidigung an Selbstmord. Aber was nützt, so sagten sie, der Giraffe die Rettung eines Jungtieres, wenn sie selbst dabei draufgeht. Wäre sie am Leben geblieben, wäre nur ein Kind verloren. Aber in ihrem weiteren Erdendasein hätte sie noch mehreren anderen Jungen das Leben schenken können. Die Rechnung mit dem Heldenmut ginge also nicht auf.

In zehnjährigen Untersuchungen im Masai-Mara-Schutzgebiet Kenias hat Professor David Pratt aber folgendes herausgefunden: Von fünf Giraffenbabys fallen vier im ersten Lebensmonat Raubtieren zum Opfer. Und wenn sie ihre Mütter nicht so aufopferungsvoll verteidigen würden, wären die Giraffen schon längst ausgestorben. Für die Erhaltung der Art ist der Heldenmut der Mütter also doch keine sinnlose Sache. Im Gegenteil, hierin liegt die Ursache, daß so etwas wie Mut unter Tieren überhaupt entstehen konnte. Zahllose ähnliche Beispiele von der Verteidigung der Kinder durch Tiermütter belegen das auch zahlenmäßig in überwältigender Weise.

Andererseits finden wir mutiges Verhalten nur dort, wo sich der Einsatz auch wirklich lohnt. Ein weiblicher Karpfen, der an die vierzigmal im Leben je einige hunderttausend Eier legt, wird niemals ein Ei unter Lebensgefahr verteidigen. Ebenso wäre es sinnlos, wenn sich ein Mutterschaf dem Wolf zum Fraß anbieten würde, um ihr Kind zu retten. Denn junge Lämmer werden von fremden Schafen niemals adoptiert und sind ohne ihre Mutter verloren. Also würde deren Opfertod gar nichts nützen. Somit gibt es bei Schafen auch keinen Heldenmut.

Kühnheit ohne jeglichen Sinn finden wir nirgends in der Natur. Mit menschlichem Maßstab gemessen, müßte ein Militärgericht so ziemlich alle Tiere wegen Feigheit vor dem Feind erschießen, auch den angeblich so todesmutigen Löwen.

Das andere Extrem finden wir bei den Krakenmüttern. Sie

bekommen nur ein einziges Mal im Leben Nachwuchs und sterben, sobald die Jungen aus den Eiern schlüpfen. Würde diese eine Brut, ein Gelege von etwa 150 000 Eiern, von Feinden vernichtet, wäre das ganze Leben der Mutter umsonst gewesen; umsonst im Sinne der Natur, wo der Zweck eines Lebens daran gemessen wird, ob Nachwuchs erfolgreich aufgezogen werden konnte. Deshalb verteidigt Mutter Krake ihre einzige Brut gegen jedweden Feind mit selbstmörderischer Entschlossenheit bis zum letzten.

Aber ist das wirklich Heldenmut in unserem Sinne? Das Wichtigste dazu, nämlich die Einsicht in die Zusammenhänge und daraus resultierendes bewußtes Handeln entgegen dem kreatürlichen Angsttrieb oder gar eine »Philosophie« über Sinn und Wert des eigenen Lebens für sich selbst und für die Gemeinschaft und die Entscheidung für die soziale Gruppe, dies alles fehlt Tieren völlig – den meisten Menschen übrigens auch. Hier wie in vielen anderen Bereichen müssen wir uns mit dem Gedanken vertraut machen, daß sich das Mut-Angst-Phänomen beim Menschen auf zwei Ebenen abspielt, auf der animalisch-instinktiven und auf der intellektuellen.

Bei Tieren kommt die Aufopferungsbereitschaft schlicht dadurch zustande, daß im Nervensystem des Tieres die letzte Spur des Fluchttriebes ausgeschaltet und gleichzeitig der Angriffstrieb auf das höchste Niveau gesteigert wird. Ein extremes Beispiel hierfür sind die Soldaten in den Ameisen- und Termitenstaaten.

Bei einer in Brasilien lebenden Termitenart hat das zum äußersten Exzeß der Kamikaze- oder Selbstmordsoldaten geführt. Hier sind die Verteidiger klein gegenüber angreifenden Armeeameisen. Trotzdem geht der Termiten-David sofort zum Gegenangriff über und rammt einen Ameisen-Goliath. Im Augenblick des Zusammenpralls explodiert die zarthäutige Termite wie eine Tretmine. Dabei spritzt eine klebrige Körperflüssigkeit über sie selbst und den Feind. Der Leim erhärtet schnell und läßt den Gegner, gefesselt an die Leiche des Verteidigers, nie wieder los. Unabwendbarer als hier kann einem Soldaten der Tod nicht sein.

Jedoch können die Tiere instinktiv gar nicht anders handeln, als in sie hineinprogrammiert wurde. Ihr Verhalten, ihr So-Müssen und Nicht-anders-Können, wird mit Hilfe von Hormonen gesteuert. Es ist geradezu bizarr, was Wissenschaftler bei Tieren sowohl an Courage als auch an Feigheit durch Hormonspritzen hervorrufen können.

Ein »Schuß« des männlichen Sexualhormons Testosteron, und das rangletzte Tier einer Rhesushorde greift seinen Boß so furios an, daß dieser zunächst die Flucht ergreift. Ein scheues Reh, mit diesem Zeug gespritzt, attackiert Hirsche, Förster und Autos. Mit der gleichen Injektion wandelt sich ein schwaches Täubchen zum tollkühnen Falken. Aber schließlich nahm es mit allen zu »Superhelden« hochgedopten Tieren ein tödliches Ende: das unabwendbare Schicksal, wenn eine künstlich hochgepeitschte Motivation nicht an die Realitäten angepaßt ist.

Biochemiker der Emory-Universität in Atlanta, USA, haben ähnliche Versuche sogar schon an Menschen durchgeführt. Als sie einem mutigen Studenten das Angsthormon injiziert hatten, fürchtete er sich sogar davor, allein auf die Straße zu gehen. Mit genau umgekehrter Wirkung wurde eine Droge verabreicht, die im menschlichen Organismus ebenso wie bei Tieren die Entstehung des Angsthormons blockiert. Danach bekamen diese Versuchspersonen einige Tage lang vor nichts mehr Furcht. Hätte man sie nicht festgehalten, wären sie glatt unter jedes Auto gerannt.

Es ist zu argwöhnen, daß mit dieser Droge im Kriege Soldaten zu »Helden« (mit Anführungsstrichen!) gemacht werden

können, zu »Helden«, die logischerweise sehr bald tot sein werden wie ihre Termitenkollegen in Brasilien.
Folglich ist ein Feigling ein Mensch, bei dem der Selbsterhaltungstrieb noch normal funktioniert. Sehr oft setzt aber gerade hier ein Defekt ein, der zum Heroischen führt. Wieso und warum, muß noch näher untersucht werden.

Die Dezimierung der jungen Männer

Die Wurzeln des Heroischen

Es liegt in der Natur der Sache, daß innerhalb einer Gruppe die Interessen der einzelnen Mitglieder miteinander in Konflikt geraten und auch im Gegensatz zum Allgemeinwohl stehen. Im Interesse des Zusammenhalts mußten daher im evolutiven Geschehen Mechanismen entwickelt werden, um trotzdem die Bindung in der Gemeinschaft zu erhalten. Erst waren dies im Instinktiven verankerte Voranpassungen, später kamen im Verlauf der Menschwerdung kulturbedingte Verhaltensnormen hinzu.
Eine Strategie, die dem Gruppenzusammenhalt dient, ist die Entwicklung von animalischem Rangordnungsverhalten, vor allem von den Elementen der Submission zu Gehorsam und selbstverleugnender Treue wie zur Aufopferungsbereitschaft für die Gruppe.
Schon der Ausgangspunkt, die sogenannte Hackordnung, stimmt in Wirklichkeit nicht mit der landläufigen Vorstellung eines Repressionssystems überein: Das stärkste Tier, so geht die Mär, unterdrücke sämtliche Gruppenangehörigen, das zweitstärkste alle außer dem Anführer und so fort bis

zum Schlußlicht der Gesellschaft, auf dem alle herumhacken. Tatsächlich liegen die Dinge ganz anders, wie neue Forschungen ergeben haben.

Zum Beispiel gibt es in einer Herde von Milchkühen eine feste Reihenfolge beim »Gänsemarsch« zur Weide. Sie bleibt über viele Jahre kampflos konstant. Aber auf dem Heimweg herrscht eine ganz andere Reihung und an der Melkmaschine wiederum eine andere. Wer auf dem Weg zur Tränke das Schlußlicht ist, kann beim Marsch zum Wiederkäue-Rastplatz durchaus der dritte sein. In einer Sippe von Wanderratten kennen wir eine Turnierkampf-Rangordnung und eine ganz andere Freßrangordnung. Wer am besten beißen kann, bekommt noch lange nicht als erster etwas zu fressen. Dies, um nur zwei aus einer Menge von Beispielen herauszugreifen.

Allein schon die Überlegung, weshalb die rangniedersten Tiere einer Gruppe, wenn sie denn angeblich fortgesetzt unterdrückt werden, nicht einfach davonlaufen, nährt Zweifel am überwiegend repressiven Element dieses Systems. Offenbar überwiegen die Vorteile, die Tiere aus dem Gemeinschaftsleben ziehen, die Schmach gelegentlicher Demütigungen bei weitem.

Vor allem aber zeigt sich immer deutlicher, daß die Anführer von Gruppen etwa bei Affen, Wölfen, Elefanten und vielen anderen ihre Stellung nur solange halten können, wie sie auch gewisse Pflichten zur Zufriedenheit aller erfüllen, also die Gruppenverteidigung, Feindvermeidung, das Aufspüren und Erschließen von Nahrungsquellen, Streitschlichten innerhalb der Gruppe, Kindererziehung und anderes mehr. Versagen sie hierbei, werden sie abgesetzt. Reine Terrorherrschaft gibt es im Tierreich nicht, nur in Ausnahmefällen etwa im Zoo oder bei Übervölkerung und logischerweise beim Menschen.

Ein weiterer Entwicklungsschritt hin zur Aufopferung des einzelnen für seine Gruppe ist durch die bereits ausführlich dargestellte Beobachtung von Dian Fossey am Gorilla-Stellvertreter »Digit« gekennzeichnet. Dieser Menschenaffe opferte sein Leben, um seine Horde vor den Wilderern zu retten. Aber hätte er dabei versagt, hätte er sich feige gezeigt, wären seine Chancen, einmal Nachfolger seines Vaters zu werden, sofort und endgültig auf Null gesunken.

Eine interessante Parallele hierzu beschreibt Professor Irenäus Eibl-Eibesfeldt, Direktor des Max-Planck-Instituts für Humanethologie, von einigen Naturvölkern, die er besuchte. Langjährige Beobachtungen beim Stamm der Murngin, Australnegern, die etwa 400 Kilometer östlich von Port Darwin nomadisieren, haben ergeben, daß regelmäßig 28 Prozent der männlichen Jugend im Kampf gegen Nachbargruppen ums Leben kommen. Bei Indios am Orinoco und bei den Kopfjägern auf Neuguinea liegt die Todesrate der sich für ihren Stamm aufopfernden jungen Männer nicht weit darunter. Weil, wie bei den Gorillas, nur Helden die Chance bekommen, später in der Gemeinschaft eine führende Position zu erlangen, sind so zahlreiche Bewerber zum Heldentod bereit.

Dabei ist es alles andere als ein ungetrübtes Glück, als erfolgreicher Krieger gefeiert zu werden. Beispielsweise muß sich bei den Kopfjägern jeder, der einen Feind getötet hat, für volle drei Jahre jeglichen Geschlechtsverkehrs enthalten, wenn er nicht alle Privilegien, die ihm aufgrund seines Sieges später zugänglich werden sollen, mit einem Schlage verlieren will. Die Gemeinschaft fordert von dem jungen Mann also zweifache Selbstverleugnung: nach der Bereitschaft zur Selbstaufopferung auch noch, falls er überhaupt überlebt hat, die sexuelle Entsagung und damit – das ist der Zweck der Übung –, statt in Selbstüberheblichkeit auszuflippen, den

absoluten Gehorsam und die totale Unterwerfung unter die Interessen der Gruppe und der führenden Personen.
In dieser Phase der Entwicklung wird das natürlich-instinktive Subordinationsverhalten kulturell ausgeweitet. Die Anerkennung kultischer Riten, das Respektieren von Tabuvorschriften und die Einhaltung von Initiationsgebräuchen treten hinzu. Auf der emotionalen Basis der Unterordnung bauen, diesen Effekt noch erheblich verstärkend, kulturelle Sitten, Lehren und Moralbegriffe wie die Ethik des Kriegers konsequent weiter.
Hierin liegt, so Eibl-Eibesfeldt, die Wurzel jenes eigentlich unfaßlichen Phänomens, das den einzelnen dazu bewegt, gegen seine eigenen Interessen zum Wohl der Gemeinschaft – oder dessen, was man dafür hält – zu handeln.
Das bedeutet aber auch, daß wir hier nach den Anfangsgründen der Indoktrinierbarkeit des Menschen zu suchen haben. Die Neigung, Lehren und Parolen einer sogenannten Autorität kritiklos zu akzeptieren, umgekehrt sachliche Argumente und bewiesene Forschungsergebnisse zu ignorieren, wenn sie einem nicht ins weltanschauliche Konzept passen, das Beharren auf einer Meinung für eine Persönlichkeitsstärke zu halten, auch wenn diese noch so dämlich ist, Werte jenseits des Gerechtigkeitsempfindens allein im Sinne des Gruppeninteresses zu polarisieren, sich also indoktrinieren zu lassen – dies alles entstammt dieser Quelle. In der Phase des Stammeslebens der Naturvölker mag dies durchaus seine Existenzberechtigung gehabt haben. Heute aber entpuppt es sich als einer der verheerendsten Zerstörer der Vernunft. Leider ist es aber auch für die Dummen, Denkfaulen und Einfältigen ein bequem zu handhabender Kompaß im geistigen Buschurwald. Deshalb behauptet es sich so hartnäckig.
Dieses Phänomen kann, von Demagogen mißbraucht, eine wahrhaft vernunftwidrige Wirkung gerade in Zeiten anony-

mer Menschenmassen entfalten, weil sie jeglicher Objektivität in der Lagebeurteilung und einer friedlichen Lösung von Konflikten zwischen verschiedenen Gruppen im Wege steht. Gerade weil hier noch so überaus kräftige archaische Verwurzelungen mit animalischem und frühmenschlichem Erbe im Unbewußtsein motivierend wirken, kämpfen gegen diese Dummheit selbst Götter vergebens. »Wenn die Fahne flattert, rutscht der Verstand in die Trompete.«
Hier bieten sich Möglichkeiten, die gordischen Verflechtungen im geistigen Wust zwischen Sinn und Unsinn des Kämpfens, zwischen unbewußt Triebhaftem und ethischen Werten, zwischen hochherzigem Menschentum und elendem Machtmißbrauch zu lösen. Echte Friedensforschung, die nicht selbst der Indoktrination verfallen ist, kann hier erfolgversprechende Ansatzpunkte finden.

Sieg über die Panik

Die Angst als Widersacher der Vernunft

Der Mensch ist ein vernunftbegabtes Wesen. Aber seine Spur auf Erden ist von Unvernunft gekennzeichnet, von Unterdrückung, Mord, Terror und Krieg. Was also sind in seinen Antrieben die Widersacher der Vernunft und der Humanität? Zu dieser Frage hat 1987 Professor Bernhard Hassenstein, Verhaltensforscher an der Universität Freiburg, neue Forschungsergebnisse erarbeitet.
Ein Zerstörer der Vernunft ist die Angst. Im Urkonzept wirkt sie jedoch als Wohltäter. Sie veranlaßt Mensch wie Tier zur Flucht vor Feinden, zum Aufsuchen geschützter Plätze

oder zum Vermeiden jener Orte, Situationen und eigenen Handlungsweisen, die sich als gefährlich erwiesen haben.
In ihrer schärfsten Form, der Panik, unterdrückt die Angst jegliche Besonnenheit. Sie mobilisiert das Äußerste an Leibeskräften, aber schaltet das Hirn auf Null. Auf der Flucht strampelt sich eine Antilope durch eigentlich undurchdringlich dickes Dornengestrüpp. Aber im Zoo bricht sie sich, blindwütig rasend, am Zaun den Hals. Ein Rudel Steinböcke stürzt sich kopflos in die Schlucht. Und Menschen springen bei einem Hotelbrand ebenso selbstmörderisch aus dem Fenster.
Was in freier Wildbahn in der Regel das Leben rettet und nur in Ausnahmefällen zum Tode führt, wirkt unter unnatürlichen Umständen fast immer selbstvernichtend. Eine logische Überlegung könnte hier oft aus der Not befreien, aber Angst mindert und Panik verhindert jegliches Nachdenken. Warum eigentlich? Vor einigen Jahren entdeckte Nobelpreisträger Professor Haldan Keffer Hartline das Prinzip vom »Höchstwertdurchlaß für Verhaltenstendenzen«. Das heißt: Drängen im Motivationsgefüge eines Lebewesens zwei unvereinbare Verhaltenstendenzen zur Aktivierung, setzt sich meist (im Gegensatz zur völlig sinnlosen Übersprungsbewegung) zuerst nur eine, die motivationsstärkste, durch. Die andere wartet solange.
Treten hierbei die Angstreaktion und das Nachdenken miteinander in Wettstreit, gibt der Klügere nach – leider. Warum? »Als sich in der biologischen Menschwerdung der Verstand entfaltete«, erklärt Hassenstein, »scheint der produktive Teil der Intelligenz, der intellektuelle Variations- und Suchmechanismus, seine Funktion von der Spielsteuerung entlehnt zu haben, einem sehr schwachen Trieb. Damit aber wurde etwas nunmehr Nachteiliges nicht abgeschüttelt, nämlich die geringe Durchsetzungsfähigkeit des Spiel-Intel-

ligenz-Impulses im Höchstwertdurchlaß gegenüber der Angst.« Deshalb macht Angst dumm.
Dieser Verhaltensmechanismus läßt sich auch auf das reine Gedankenspiel übertragen. Warum sind Menschen in Krisenzeiten mit Blindheit geschlagen? Die Antwort gibt das »Lernprinzip der erfahrungsbedingten Hemmung«. Im Klartext: Folgt einem Denkvorgang ein Angstgefühl (ein Schreck; ein Tadel vom Chef; die Furcht, mit der öffentlichen Meinung nicht konform zu gehen; die Angst, Nachteile hinnehmen zu müssen), so verknüpft sich dieser Gedanke künftig mit einer Hemmung. Schon der bloße Gedanke erweckt dann Angst, bleibt daher ungedacht und wird verdrängt. Humanethologen bezeichnen das als »angstbedingte Denkhemmung«.
Muß sich der Homo sapiens mit dieser niederschmetternden Perspektive der nur schwachen Wertung von Verstandesimpulsen im Höchstwertdurchlaß abfinden, oder gibt es einen Ausweg aus dem Dilemma?
Um das Jahr 1963 hatte die Verhaltensforschung eine Todsünde begangen, die sie ins gesellschaftspolitische Abseits stellte. Sie hatte biologisch bedingtes Verhalten als prinzipiell unbeeinflußbar durch Lernen und Intelligenzimpulse erklärt. Bernhard Hassenstein hat diese ethologische Kinderkrankheit überwunden und argumentiert nun so: »Schon die Fähigkeit des Menschen zum Hungerstreik um politischer oder humaner Ziele willen beweist, daß sich starke Triebfedern aus dem geistigen Bereich im Höchstwertdurchlaß auch gegen rein biologisch bedingte Impulse wie Hunger und Selbsterhaltungstrieb durchsetzen können.«
Es ist sogar möglich, eine Paniksituation geistig zu beherrschen. Zum Beispiel werden Taucher planmäßig trainiert, im Fall einer Störung am Atemgerät keine Panik aufkommen zu lassen. Taucher neigen nämlich dazu, sich in dieser Situa-

tion die Atemmaske abzureißen und sich damit selber umzubringen. Eine Art Befreiungsreflex in Notlagen. Aber kühle Überlegung und das Abspulen des zuvor oft geübten Programms, alle denkbaren Fehlerquellen am Gerät systematisch zu überprüfen und die Panne zu beseitigen, kann Rettung bringen.

Der Verstand vermag also sehr wohl zum erfolgreichen Widersacher gegen Irrläufer im Triebgefüge der menschlichen Natur zu werden und die Angst vom Alleinherrscher-Thron auf dem Befehlsstand der Verhaltenssteuerung zu stoßen.

Das gleiche gilt auch, so Hassenstein, auf dem Feld der Humanität. Er definiert: Vernunft ist Verstand, auf Menschlichkeit bezogen. Einen der größten Widersacher dagegen sieht er im biologischen Phänomen der Gruppenfeindschaft. Eng verwandt mit der Ausstoßreaktion gegenüber Außenseitern, entsteht sie als aggressive Massenreaktion, wenn eine Gruppe vor einer anderen in Angst lebt und sich von ihr bedroht fühlt, ob dies nun stimmt oder nicht oder ob hier nur von Demagogen ein nichtexistentes Feindbild aufgebaut wurde. Außenseiterreaktionen, Rassenhaß und religiöse Intoleranz nehmen dabei, total avernünftig, besonders inhumane Züge an. Hemmungslose Grausamkeit gegen den Feind, sich lawinenartig ausbreitende Ansteckung der aggressiven Stimmung und kritiklose Solidarisierung mit der eigenen Gruppe sind die drei Seiten derselben Verhaltenseinheit.

Studieren läßt sich dies an einem Trupp von Steppenpavianen. Schart er sich zum Kampf gegen einen angreifenden Leoparden zusammen, sträuben sich den Affen die Haare. »Die Gänsehaut heiliger Schauer des Gemeingefühls jagt über Brust und Rücken«, möchte ich fast sagen. Einzelne Krieger stoßen tollkühn, ja, selbstmörderisch zum Gegenangriff vor.

In dieser Situation hat dies Verhalten wenigstens noch einen

Sinn: die meist erfolgreiche Verteidigung der eigenen Gruppe. Im Leben der Menschenstaaten ist es aber nicht nur sinnlos geworden, sondern der Weg in die Massenvernichtungs-Katastrophe. Dennoch regieren die Führenden in Ost und West und der Dritten Welt die Völker weiter nach der Art der Affen. Die Abgründe in der menschlichen Natur treiben uns an den Abgrund des Unterganges.

Hieraus müssen Konsequenzen für verantwortliches Handeln gezogen werden, gleich dem Verhaltenstraining für Taucher. Aber ist die Gruppenfeindschaft ein dem Menschen innewohnender Antrieb oder aber eine Reaktion auf echte oder vermeintliche Einflüsse von außen? Nur im zweiten Fall hätte die Vernunft eine Chance, bisher ungebändigtes Erbe zu zügeln.

Bernhard Hassenstein ist zu folgendem Ergebnis gekommen: Zu manchen Zeiten waren durch Gruppenfeindschaft motiviertes Töten und bestialische Grausamkeit an der Tagesordnung, aufs schrecklichste gesteigert etwa in der Nazizeit. Zu anderen Zeiten kommt es jahrzehntelang selten oder gar nicht vor. »Dies ist einer von vielen Hinweisen darauf, daß es für diese Art des aggressiven Verhaltens zum Glück keinen Aggressionstrieb zu geben scheint, der von Zeit zu Zeit spontan losbrechen und sich seine Opfer suchen müßte, sondern daß die Gruppenaggression rein reaktiver Natur ist.«

Somit kann die Gegensteuerung gerade dort ansetzen, wo das Phänomen durch spezifisch menschliche Eigenschaften wie die Sprache, also über das Aufbauen imaginärer Feindbilder, die Diffamierung Fremder, über Demagogie, Hetze, Verteufelung und Entfachen der Mordlust, die barbarischsten und zugleich sinnlosesten Auswüchse hervorbringt: bei der Sensibilisierung schon junger Menschen gegen das sprachliche Gift.

»Wegen ihrer verhängnisvollen Macht, Verhaltensdispositionen aus Abgründen der menschlichen Natur aufzurühren«, so folgert der Forscher, »ist diffamierende Aggression an keiner Stelle zu verantworten.«
Unglücklicherweise aber macht es Spaß, sich im Rausch fanatisierter Massen mitreißen zu lassen. Das »Bad in den Gefühlswogen der Menge«, ob (fast!) harmlos auf dem Fußballplatz, ob (mitunter zu Gewalttaten eskalierend) bei der Demo, ob beim Pogrom, der Lynchjustiz oder bei Kriegsausbruch, ist jedesmal ein überwältigender Freudentaumel, ein unheimliches Machtgefühl und, einmal in Fahrt gekommen, kaum noch zu bremsen.
Das animalische Erbe, die Befriedigung einer Instinkthandlung, ist stets mit Gefühlen höchsten Glücks verbunden – bei Tieren wie bei Menschen. Das macht es dem Verstand so schwer, hier mit Vernunft einzuwirken. Allerdings signalisieren uns auch aufbrausende Gefühle das Rumoren des animalischen Elements in uns: Warnzeichen, mit der Vernunft einzugreifen, ehe die Lawine ins Rollen gekommen und nicht mehr zu stoppen ist.
Auf der anderen Seite ist auch der reine Verstand etwas Erschreckendes. Er hat etwas Gefühlloses, Roboterhaftes, Gnadenloses, ja, Unmenschliches an sich.
Aber der Sinn dieses Buches soll nicht sein, zum totalen Ersatz der Gefühle als Motivation zum Handeln durch den puren Intellekt anzuregen. Wie in der Tierwelt in unverfälschter Natur Antriebe auf instinktiv-emotionaler Basis etwas unsagbar Positives und Lebenerhaltendes sind, so kann dies auch beim Menschen der Fall sein. Nur ist bei uns die Gefahr sehr groß, daß bei Unnatürlichkeiten in der modernen Massengesellschaft und in einer technisierten Welt die gefühlsmäßigen Antriebe nicht mehr in lebenerhaltender Weise an die vorherrschenden Verhältnisse angepaßt sind.

Es gilt also, mit Hilfe der Vernunft zu erkennen und zu unterscheiden, wann Gefühlsimpulse für uns und die Allgemeinheit Überlebenswert besitzen und wann sie in den Untergang führen, und sie dementsprechend zu bejahen oder zu zügeln.

IX. DER KANNIBALISMUS IM KONZEPT DER NATUR

Wie Ratten zu Mördern werden

Die Entartung des Sozialverhaltens

Zur Erforschung der Entartung des Sozialverhaltens von Wanderratten bei Übervölkerung führte der amerikanische Psychologe Professor John B. Calhoun im Institut für Verhaltensforschung in Palo Alto bei San Francisco verblüffende Experimente durch, die weltweite Beachtung fanden.
Zunächst sperrte er zwanzig männliche und zwanzig weibliche Ratten in ein tausend Quadratmeter großes Gehege und verwöhnte die Tiere wie im Schlaraffenland. Sie bekamen vorzügliche Nahrung in Hülle und Fülle, Wasser, soviel sie wollten, Nestbaumaterial in unbegrenzten Mengen. Sie hatten keine Feinde zu fürchten. Ein Tierarzt sorgte für sie. So konnten die Ratten nach Herzenslust fressen, trinken, sich lieben und sich vermehren. Nach 27 Monaten hätten sich die Nager auf etwa 5000 Exemplare vermehren müssen. Der Raum und die Nahrung hätten das ohne weiteres zugelassen. Statt dessen lebten in diesem Gehege nur 150 erwachsene Ratten – eine Zahl, die sich in den weiteren Monaten nicht wesentlich veränderte. Wie ist dieses Ergebnis zu erklären?
Es zeigte sich, daß das Bevölkerungswachstum einer Tierart nicht nur durch Not, Krankheit und Nahrungsmangel begrenzt ist, sondern auch durch ein psychisches Phänomen: Das Gemeinschaftsleben entartet bei Übervölkerung.

Um daraufhin im einzelnen zu erforschen, wie mit wachsender Bevölkerungsdichte der Verfall des Sozialverhaltens der Ratten bis zum Einsetzen des Kannibalismus um sich greift, ersann John Calhoun die folgende Experimentier-Einrichtung: Er baute vier identische Gehege, die in einer Reihe im Labor aufgestellt wurden. Jedes Gehege stellte einen vollständigen Lebensraum dar mit Futternäpfen, Wassertränke, Speichern mit Nestbaumaterial und fünf Nistkästen. Diese waren wie bei einem Mietshaus in mehreren Etagen angelegt und über eine Wendeltreppe bequem zu erreichen. Wiederum gab es von allen Nahrungsmitteln zu jeder Tag- und Nachtzeit mehr, als die Tiere verbrauchen konnten.

Das Besondere der Anordnung lag in drei »Fußgängerbrükken«, über welche die Ratten von Gehege 1 nach Gehege 2 und weiter nach 3 und 4 und auf gleichem Wege auch wieder zurückgelangen konnten. Allerdings waren diese Fußgängerbrücken so schmal, daß immer nur ein Tier zur Zeit das Gehege wechseln konnte. Diese Versuchsanlage erwies sich als ideale Einrichtung, durch die sich die Bevölkerungsdichte von selbst in gewünschter Weise verschob.

In zwei Gehegen blieben die Verhältnisse normal und gesund, während sie sich in den anderen beiden Gehegen auf den Untergang des Rattenvolkes hin entwickelten. Das ging so vor sich: Sobald die jungen Ratten im Alter von sechs Monaten die Reife erlangt hatten, begann in allen Gehegen eine Folge von unblutigen Rangordnungskämpfen, die nach sportlich-fairen Turnierregeln ausgefochten wurden.

Im Verlauf dieser Kämpfe gelang es in den beiden Endgehegen, also in Nummer 1 und 4, je einer männlichen Ratte, sich zum Haremspascha über die dortigen Weibchen aufzuschwingen. Die unterlegenen Männchen wurden aber in keinem Fall vertrieben. Vielmehr geschah nun etwas recht Merkwürdiges: Während der Pascha im Gefühl seiner Allmacht Morgen für Morgen lang ausschlafen konnte, mußten die unterlegenen Männchen schon ganz in der Frühe aufstehen. Denn dies war für sie die einzige Zeit, in der sie, vom Pascha unbehelligt, in Frieden fressen und saufen können. Nahrung fanden die Tiere in jedem Gehege in unbegrenzter Menge. Aber es ist den Tieren angeboren, Futter nicht im Nest oder in dessen unmittelbarer Umgebung zu suchen, sondern wie im Leben in Freiheit, erst einmal auf eine kleine Wanderschaft zu gehen. So mißachteten sie stets den eigenen wohlgefüllten Futternapf und liefen, einer nach dem anderen, erst einmal über die Fußgängerbrücke in das Nachbargehege, um dort zu fressen ... zu ihrem Unglück.

Denn wenn die Frühaufsteher drüben gefressen und auch noch ein wenig herumgebummelt hatten, war, als sie den Heimweg antraten, der Pascha inzwischen erwacht und hinderte nun jedes Männchen an der Rückkehr. Fast während des ganzen Tages hielt er an der Brücke Wache und richtete dort auch seinen Ruheplatz ein. Dann hielt er, am Fuße der Brücke liegend, beide Augen geschlossen und schlief oder tat wenigstens so. Kam dann eines seiner Haremsweibchen aus dem Nachbargehege im Galopp über die Brücke geflitzt, schien der Pascha dies überhaupt nicht zu bemerken.

Aber wenn ein Männchen versuchte, sich vorsichtig und leise, Schritt für Schritt, über die Brücke anzuschleichen, und oben, behutsam spähend, seinen Kopf fast unmerklich über die Brückenkante schob, hatte es der Pascha schon bemerkt. Er brauchte dann nur müde aus einem Augenspalt zu blinzeln, um den Spätheimkehrer wieder zurückzujagen. Allenfalls in der kommenden Nacht hatte er die Chance zur Wiederkehr.

Was an rangniederen Männchen einmal, oder über Nacht wieder, in seinem Reich war, duldete er. In den beiden Endgehegen 1 und 4, die beide ja nur eine Brücke hatten, ging alles in der beschriebenen Weise seinen Gang. Die Weibchen bekamen nach Rattenart viele Junge, die Kindersterblichkeit war relativ gering, und der unerwünschte Geburtenüberschuß wurde gleichsam über die Grenze in die Nachbargehege abgeschoben.

In den beiden mittleren Gehegen 2 und 3, die zwei Brücken besaßen, sah das Bild jedoch völlig anders aus. Hier gelang es keinem Männchen, sich zum Alleinherrscher zu erheben. Hielt es an der Brücke A Wache, kamen zahlreiche Eindringlinge vom Nachbargehege über die Brücke B in sein Reich. Eilte es daraufhin zur Brücke B, fand nun am unbewachten Eingang A eine Invasion statt.

So nahm in den beiden mittleren Gehegen die Bevölkerungsdichte schnell zu. Insbesondere konzentrierten sich hier die aus den Randgehegen eingewanderten, unterlegenen Männchen, während gleichzeitig ein ausgesprochener Weibchenmangel herrschte. In den Randgehegen konnte ein Pascha zum Beispiel über zwei Beimännchen und einen Harem von sieben bis zehn Weibchen herrschen. Hingegen kamen in den mittleren Gehegen auf zwanzig oder dreißig Männchen nur zehn Weibchen.

Das Tödliche der Bevölkerungsbombe

Von ersten Verfallserscheinungen zum Chaos

Mit steigender Tierzahl zeigten sich in den mittleren Gehegen bald die ersten Entartungserscheinungen. Es begann mit absonderlichen Freßgewohnheiten. Normalerweise pflegt eine Ratte mehrmals am Tag, immer, wenn sie Hunger verspürt, Körner zu fressen. Allmählich aber wurde das Futtern von einer Handlung zum Stillen des Hungers zu einer neurotischen Manie. Merkwürdigerweise fraßen die Tiere bei zunehmender Bevölkerungsdichte immer seltener, obgleich die Futternäpfe gefüllt unmittelbar vor ihren Augen lagen und ihnen nichts den Zutritt verwehrte.

Sobald aber eine Ratte an den Napf heranlief und zu fressen begann, wollten mit einemmal auch alle anderen Rudelmitglieder fressen, und zwar unbedingt am selben Trog. Dort drängten und bissen sie sich dann, während unmittelbar daneben und allen sichtbar ein zweiter Napf völlig unbeachtet und unbesucht blieb. So entwickelte sich eine gereizte Atmosphäre. In den langen Stunden, in denen kein Tier zu fressen wagte, weil kein anderes fraß, paßten alle nur scharf auf, ob nicht einer endlich den Anfang machte. Sie saßen alle träge und zugleich gespannt auf dem Schuß. So vernachlässigten sie alle ihre sonstigen Tätigkeiten mehr und mehr.

Als erstes litt die Nestbautätigkeit unter der allgemeinen Nervosität. Normalerweise bauen Männchen und Weibchen eines Pärchens in gemeinsamer Arbeit ein Nest. Das Weibchen widmet sich dieser Tätigkeit während der Tragzeit allerdings wesentlich intensiver. Die Tiere tragen die Papierschnitzel aus einem Magazin Stück für Stück über die Wendeltreppe in ihren hölzernen Nistkasten ein. Dort ordnen sie die Streifen so an, daß eine weiche, warme, gefällige Mulde entsteht. Setzte nun die Übervölkerung ein, war es zuerst das Männchen, das sich an der Hausarbeit überhaupt nicht mehr beteiligte. Aber auch das Weibchen wurde immer unwilliger, das Nest richtig zu formen. Es packte die Papierstreifen kurzerhand auf einen Haufen, sprang zwei- oder dreimal obendrauf, als sei die Mulde so bereits in bester Ordnung.

Unter noch stärkerem Bevölkerungsdruck bauende Weibchen wurden beim Eintragen des Nestbaumaterials aber ständig fauler. Mitten auf dem Transportweg ließen sie den Papierstreifen einfach fallen und begannen eine andere Tätigkeit, zu der sie meist durch eine Begegnung mit anderen Ratten angeregt wurden. Das Nestpolster wurde immer dünner, das Lager für die Jungen immer härter. Schließlich bauten die Mütter überhaupt keine Nester mehr, sondern legten die Jungen gleich nach der Geburt nackt auf das blanke Holz der Nistkästen.

Eine weitere Verfallserscheinung zeigte sich bei der Behandlung der Jungen. Immer, wenn in geregelten Verhältnissen lebende Rattenmütter Gefahr wittern, tragen sie ihre Jungen, eines nach dem anderen, im Maul an einen anderen, ihrer Meinung nach sicheren Platz. Nichts kann sie von dieser Fürsorge für den Wurf abhalten, bis das letzte Junge in Sicherheit ist, auch nicht die unmittelbare Bedrohung des eigenen Lebens. Im neurotischen Wahn der Übervölkerung aber begannen die Rattenmütter, auch diese Tätigkeit zu vernachlässigen. Bei Gefahr, die der Versuchsleiter durch Abspielen von Hundegebell vom Tonband vortäuschte, schafften sie nur einen Teil ihrer Jungen fort. Ja, sie vergaßen sogar, wohin sie die ersten Jungen gebracht hatten, legten das eine hier, das andere dort ab oder ließen das Kind ebenso wie die Papierschnitzel irgendwo fallen. Ebenso versäumten sie es, die fortgetragenen Jungen wieder ins Nest zurückzubringen, wenn die Gefahr vorüber war.

Auf diese Weise waren bereits nach kurzer Zeit alle Jungtiere eines Wurfs über das ganze Gehege sinnlos zerstreut. Sie wurden nun von den Müttern nur noch selten oder überhaupt nicht mehr gesäugt, obgleich sie immerzu jämmerlich piepten. Sie starben, wo sie ihrem Schicksal überlassen wurden, bis sie dann irgendein vorüberkommendes Männchen in kannibalischer Manier fraß.

Auch das Eheleben der Ratten wurde in grotesker Weise zerrüttet. Unter normalen Umständen spielt sich die Werbung so ab: Ein Männchen verfolgt das von ihm erwählte Weibchen. Daraufhin zieht sich die Braut in einer Art Scheinflucht in ihren Bau zurück. Inzwischen wartet der Freier geduldig vor dem Eingang und steckt nur, wenn es ihm zu lange dauert, den Kopf für einen Augenblick in den Bau, mehr um anzuzeigen, daß er noch da ist. Niemals würde er sich unterstehen, ungebeten einzutreten. Rattensitte untersagt eine solche Dreistigkeit. Statt dessen führt das Männchen draußen einen ritualisierten Werbetanz mit Quietsch- und Pfeiftönen auf. Schließlich kommt die Umworbene aus ihrem Bau heraus und nimmt die Werbung des Männchens an oder auch nicht. So förmlich, gesittet und züchtig geht es bei den angeblich so miesen Wanderratten zu, sofern normale Verhältnisse herrschen.

Ganz anderes aber geschieht in der entarteten Übervölkerungsmasse. Kaum tauchte im Experimentiergehege ein brünstiges Weibchen auf, wurde es auch schon von einem Rudel wildgewordener, aufdringlicher Männchen unbarmherzig verfolgt. Nie gelang es der Bedrängten, den unerwünschten »Papagalli« zu entrinnen. Selbst wenn ihr der Rückzug in ihren Bau glückte, folgten gleich mehrere Männchen, ungeachtet des rättischen Tabus, nach. Diese pausenlosen Vorfälle hatten für die Weibchen schwerwiegende Folgen. Ihr Triebleben geriet in Unordnung. Die meisten Tiere

wurden unfähig, die Jungen auszutragen, oder überlebten die Geburt nicht.
Von den krankhaften Veränderungen des Trieblebens blieben auch die Männchen nicht verschont. Mit fortschreitender Übervölkerung bildeten sich immer stärker zwei verschiedene Charaktertypen heraus. Die einen wurden »Eigenbrötler« genannt. Sie lebten in pathologischer Zurückgezogenheit, schliefen bei Tage und waren nur nachts einige Zeit munter. Sie liefen umher, fraßen und tranken nur dann, wenn die anderen Gehegegenossen schliefen.
Der andere, zahlreichere Typ waren die sogenannten »Hysteriker«. Sie waren von einer hektischen Überaktivität besessen, rannten den ganzen Tag wie wild meist im Leerlauf umher und kümmerten sich nicht mehr im mindesten um die früher einmal durch Turniere festgelegte Rangordnung. Auch vor weit überlegenen Männchen zeigten sie keinen Respekt und griffen auch nach schmerzlichen Niederlagen immer wieder an – ein Wahn, der mit dem Tod endete. Aus diesen Hysterikern entwickelten sich im Endstadium die Kannibalen. In Kämpfen mit anderen Ratten mißachteten sie von vornherein jegliche Turnierregel, setzten gleich zum tödlichen Biß an und fraßen anschließend das Opfer auf.
Die Folge: eine Kindersterblichkeit von 96 Prozent, eine Müttersterblichkeit von mehr als 50 Prozent, vorzeitiger Tod der meisten Männchen infolge seelischer Depressionen, Entkräftung, Erschöpfung oder Zweikampf mit tödlichem Ausgang. Nicht selten geschah es, daß die Rattengruppe bis auf das letzte Tier unterging. Aber selbst wenn einige Ratten am Leben blieben und sich wieder bis zur normalen Bevölkerungsdichte vermehrten, stellten sich keine normalen Verhältnisse im sozialen Miteinander mehr ein. Es war alles von Grund auf verdorben und erwies sich weitgehend als irreparabel.

Aus alledem geht eindeutig hervor, daß die Natur fast überall dort, wo in einer Tierart eine »Bevölkerungsbombe« explodiert und diese nicht auf andere Weise gestoppt werden kann, die Entartung des Sozialverhaltens bis hin zum Kannibalismus als gezieltes Mittel einsetzt, ein grenzenloses Ausufern der Individuenzahl zu verhindern. Eine perfekt wirkende Bevölkerungsregulation der Schöpfung, wenn auch eine sehr barbarische.

Hierzu gibt es nur zwei Alternativen: 1. Überhaupt keinen Regulationsmechanismus. Dann kommt es zu Verhältnissen wie bei den Lemmingen oder den Wanderheuschrecken, und die enden in einer noch viel schlimmeren Massen-Endkatastrophe. 2. Methoden der Geburtenbeschränkung, deren hochinteressante Mechanismen zu schildern, hier nicht der Ort ist.

Es gibt sogar eine Reihe von Ethologen, die in diesem Zusammenhang den Ausdruck »Entartung« des Sozialverhaltens ablehnen und von »Normalverhalten im Falle der Übervölkerung« sprechen. Das ist meiner Meinung nach vor allem im Hinblick auf den menschlichen Bereich eine unzulässige Verharmlosung.

Der Mensch spielt auf diesem Gebiet nämlich eine recht laue Mittelrolle, wahrscheinlich, weil er in den vielen Jahrzehntausenden seiner Vor- und Frühgeschichte ohne technische Waffen und chemische Medizin nie die Gefahren einer Übervölkerung durchlitten hat und nichts zur Vorbeugung unternehmen mußte. Andererseits besitzt der Mensch durchaus Entartungstendenzen, wenn er in der Masse handelt. So schlimm und inhuman diese auch sind, so furchtbar ihre Wirkungen als Zerstörer der Vernunft auch sein mögen, so wirkungslos sind sie als Begrenzer uferlosen Bevölkerungswachstums. Der irrationale Wahn ist vorhanden, aber im Zuge des Naturgeschehens erweist er sich als sinnlos.

Schauen wir uns also noch etwas in der Tierwelt um, etwa bei den Löwen.

Kindermord im Löwenrudel

Die Gründe für die Barbarei

Während einer Kontrollfahrt über die Steppe des Nairobi-Nationalparks in Kenia stieß Professor George B. Schaller gegen Abend auf einen mächtigen Löwen, der schweratmend im Sterben lag. Fetzen seiner goldenen Mähne lagen ringsum im Gras. Klaffende Wunden und strömendes Blut entstellten den Körper. Eines seiner Weibchen stand benommen bei ihm und stöhnte leise. Eine Stunde später verschied er.

Er war das Opfer eines mörderischen Kampfes geworden, wie er sich nach systematischen Forschungen, die sich nun anschlossen, auf Afrikas Steppen und Savannen täglich hundertfach wiederholt. Löwen töten Löwen, und manchmal fressen sie sich sogar. Der König der Tiere als Kannibale!

Als Professor Schaller und sein Mitarbeiter Dr. Brian Bertram diesen Tatbestand 1975 nicht als Ausnahmeerscheinung, sondern als unabwendbares Schicksal im Leben eines männlichen Löwen erkannt hatten, ging ein Schock durch die Welt der Tierfreunde. Bis dahin vernahmen wir nicht oft genug aus dem Mund von Dichtern und Philosophen Sätze wie: »Das einzige Lebewesen der Welt, das seinesgleichen umbringt, ist der Mensch!« Und nun stellte sich heraus, daß Greuel und Entsetzen auch unter artgleichen Tieren herrschen.

Das Erschütterndste aber liegt darin, daß der Kannibalismus im Konzept der Natur als wesentliches Verhaltenselement eingeplant ist. Seit Schallers Entdeckung bringt die Zoologie nämlich ständig neue Beispiele von zahlreichen anderen Tierarten ans Licht. Stoßen wir hier etwa auf das barbarische Prinzip des »von Natur aus Bösen«?

Was kann dies alles zu bedeuten haben?

Die großen Raubkatzen bewohnen in Rudeln feste Reviere in der Steppe. Jeweils vier bis sieben Weibchen werden von zwei, drei oder vier Männchen bis zum Letzten verteidigt, und zwar weniger gegen sexualneidische Nachbarn, als vielmehr gegen Dreier- oder Vierergruppen weit umhervagabundierender Jungmännchen, die Brüder oder gleichaltrige Jugendfreunde sind. Deshalb bezeichnen wir sie als »Bruderschaft«.

Diese Eroberer suchen lange umher, bis sie eine Chance erkundet haben, einen Harem samt Revier möglichst ohne eigene Verluste erkämpfen zu können. Die Gelegenheit dazu ist immer dann günstig, wenn sie auf ein alteingesessenes Rudel treffen, dessen männliche Schutztruppe durch Krankheit oder Jagdunfall dezimiert wurde. Oder wenn einer aus dem herrschenden Triumvirat gerade auf Freiersfüßen wandelt. Die Rudelherrscher kennen unter sich zwar keinen Sexualneid, aber trotzdem ziehen verliebte Pärchen für ein paar Flittertage die zweisame Einsamkeit vor.

Wenn die Eroberer dies ausgekundschaftet haben, fallen sie zu dritt oder viert über den Liebhaber her und bringen ihn um, wie im eingangs berichteten Beispiel. Viele Löwen müssen im »Honigmond« sterben, denn die Taktik der Eroberer lautet: Die Streitmacht der Verteidiger teilen und dann einzeln schlagen.

Nach dem ersten Erfolg ist alles weitere ein Kinderspiel. Oft ergreifen die bislang überlebenden Verteidiger sogar die

Flucht und gehen bald darauf als heimatlose Einzelgänger elend zugrunde. Oder sie siedeln sich dort an, wo sonst keine Löwen leben: in der Nähe der Dörfer der Schwarzen, und werden so zu den berüchtigten Menschenfressern.

Auch die männlichen Jungtiere im Halbstarkenalter fliehen aus dem Rudel, weil sie sonst von den Eroberern umgebracht würden. Aber sie bleiben in der Bruderschaft beisammen, formieren eine verschworene Überlebensgemeinschaft und streifen weit umher, indem sie die großen Zebra-, Gnu- und Antilopenherden auf ihren Wanderungen, stets einen Fleischtribut fordernd, begleiten. Nach zwei bis drei Lehr- und Wanderjahren fühlen sie sich stark genug, nun ihrerseits einen Harem zu erobern. So schließt sich der Kreis.

Noch barbarischer muten uns die Dinge an, die unmittelbar auf eine Machtübernahme folgen: In ihrer ersten Amtshandlung kümmern sich die neuen Herrscher nicht etwa um ihre soeben eroberten Weibchen. Vielmehr suchen sie tagelang alle Dorngestrüppe und Felsspalten ab, also jene Verstecke, in denen Löwenmütter ihre Babys zu verbergen pflegen. Dr. Bertram beobachtete einmal, wie eine Löwin gerade dabei war, ihre erst wenige Tage alten Kinder, eines nach dem anderen, in ein ihr noch sicherer erscheinendes Asyl zu bringen. Ein Eroberer erwischte sie dabei aus dem Hinterhalt, riß ihr das Baby aus dem Maul und biß es tot. Elf Tage später fanden die neuen Machthaber auch die drei übrigen Jungen und töteten sie in kannibalischer Manier. Vier Tage später brachten sie die fünf gerade eine Woche alten Babys einer zweiten Löwin um.

Acht Wochen darauf bekam eine dritte Löwin zwei Junge. Die beiden anderen waren Fehlgeburten, weil das Muttertier, wie alle Weibchen des Rudels, unter der starken Streßwirkung dieser Verhältnisse stand. Schon nach zwei Tagen wurde der Geburtsplatz entdeckt. Die Babys verschwanden

im Rachen der Männchen. Ähnliches widerfuhr den fünf Kindern zweier weiterer Löwinnen drei Wochen darauf. Nach diesem an Herodes erinnernden Kindermord folgten sieben babylose Monate im Rudel. Dann brachten, fast auf die Woche gleichzeitig, fünf Löwinnen insgesamt vierzehn Junge zur Welt. Nach der Zeitrechnung konnten sie nur Abkömmlinge der neuen Machthaber sein. Und diese Babys wurden von nun an von den männlichen Löwen nicht nur verschont, sondern in geradezu rührender Weise verhätschelt. Die Ungeheuer als liebespendende Familienväter!
Haben diese erschütternden Dinge überhaupt einen Sinn? Bald nach Schallers Bericht hatten viele Ethologen ebenso viele Erklärungen aufgrund theoretischer Überlegungen parat. Im Lichte der neuesten Forschungsergebnisse sind sie alle falsch. Wie sehen wir 1989 diese Dinge?

Können Löwenmütter ihre Kinder schützen?

Das weibliche Element der Arterhaltung

Wieso schauen eigentlich die Löwenmütter bei der Ermordung ihrer Kinder tatenlos zu? Haben sie denn keine Möglichkeit, dem grausigen Geschehen Einhalt zu gebieten?
Doch! Sie besitzen Machtmittel und setzen diese auch ein, um wenigstens einen Teil ihrer Kinder zu retten, allerdings mit einer ganz unaufdringlichen, typisch weiblichen Methode. Das haben 1988 die Doktoren Julie Menella und Howard Moltz, Zoologen an der Universität Chicago, in Afrika erforscht.
Zwar verteidigen die Löwenmütter ihre Jungen nicht mit

Zahn und Pranke, aber mit Methoden, die auf den ersten Blick wie Verrat an ihren Kindern wirken. Sich kämpfend vor die Kinder zu werfen hätte ohnehin keinen Zweck, weil die Männer viel stärker sind. Statt dessen umbuhlen die Weibchen die auf Kindermord lüsternen »Steppenkönige«. Sie streichen mit ihren Flanken sexuell aufreizend an ihnen entlang und lassen sie »hinten« ausgiebig riechen. Sie geben dem »Bösewicht« Köpfchen, maunzen und schnurren wie verliebte Katzen.

Zwischendurch eilt die eine oder andere Löwin unbemerkt zu ihren in einem Dornbusch versteckten Kindern und trägt eines nach dem anderen in einen anderen Unterschlupf. Hierbei darf sie sich allerdings nicht erwischen lassen, sonst ist es um ihren Nachwuchs geschehen. Aber wenn diese Gefahr vorbei und das Nest ausgeräumt ist, führt sie einen »Herodes« dorthin und läßt ihn die leere Lagerstatt in aller Ruhe beschnüffeln.

Bis 1988 standen Verhaltensforscher verständnislos vor diesen »miesen Anbiederungsversuchen«. Nun wissen wir es besser. In der Vagina der Löwin beginnen Drüsen ein Hormon auszuscheiden, ein sogenanntes Befriedungs-Pheromon. Je länger der potentielle Kindermörder diesen Duft riecht, desto mehr besänftigt er sich.

Im Experiment verabreichten die Forscher einem Löwen einmal ganz beträchtliche Mengen dieses »Parfüms«. Es dauerte gar nicht lange, bis das vor kurzem noch so bissige Männchen begann, sich wie eine Mutter zu verhalten. Statt die Jungen zu töten, wärmte es sie mit seinem Leib und bot ihnen seine natürlich völlig milchleeren, winzigen Männerzitzen zum Nuckeln.

In freier Wildbahn dauert der Umwandlungsprozeß, in dessen Verlauf die Löwin den fremden Barbaren mit ihrem »Zauberduft« zum Kinderfreund umkrempelt, drei bis fünf

Tage. Während dieser Zeit hängt für die Jungtiere des gerade eroberten Rudels alles davon ab, daß sie von den fremden Männchen nicht entdeckt werden. Danach aber sind sie außer Gefahr, sofern die Weibchen die Barbaren inzwischen intensiv beduftet haben.

So können die Weibchen den Männern Paroli bieten und zu Wegbereitern des Friedens werden, wenn sie ihre ureigensten weiblichen Mittel einsetzen.

Fragt man nach einem Sinn dieser Verhaltensumsteuerung, so bietet sich als Erklärung neben dem Schutz der Kinder folgendes an: Die neuen Herrscher haben in den Tagen nach der Eroberung eines Rudels erhebliche Schwierigkeiten, in freundschaftlichen Kontakt mit den Löwinnen zu kommen. So sind die beschriebenen Vorgänge eine Gelegenheit dazu, eine neue Gemeinschaft zu bilden – wenngleich die Dinge auch recht paradox anmuten: eine Freundschaft, die aus Gelüsten zum Kindermord erwächst!

Alle anderen Thesen können wir jetzt zum alten Eisen werfen. Zum Beispiel die, daß die Löwen durch Kindermord und Terror die Weibchen so einzuschüchtern versuchten, daß sie ihnen künftig willfährig würden. Umgekehrt gestrickt, wird ein Strumpf daraus: Die Löwinnen besitzen gleichsam eine Zauberdroge, um aus rabiaten Männern friedliche Gemeinschaftswesen zu machen!

Erwähnt werden sollte auch noch die Zeugungspotenz-Hypothese. Dadurch, daß die neuen Machthaber die Löwenkinder umbringen, so spekulierten Ethologen um 1977, würden die Muttertiere schnell wieder empfänglich. Statt sich noch lange Monate mit der Aufzucht von Jungen der entthronten Männchen aufzuhalten, könnten sie gleich beginnen, neuen Nachwuchs der neuen Herren auszutragen, und dadurch die Verbreitung derer Gene steigern. Eine Mutmaßung, die typisch ist sowohl für männliche Zoologen als auch für Institutstheoretiker. Typisch männlich, weil nach der Perspektive der Löwenweibchen gar nicht gefragt wurde, obgleich diese im Turnus von ein bis drei Jahren immer wieder die Hauptleidtragenden jener schrecklichen Vorgänge sind. Konsequenterweise war es auch eine Frau, eben die erwähnte Julie Menella, die diesen Unsinn widerlegt hat. Und typisch für Institutstheoretiker, weil diese nur das einmalige Ereignis unter die Lupe nahmen, nicht den großen Zusammenhang über viele Jahre.

In Zeiten einer Löwen-Übervölkerung wird ein Rudel im Durchschnitt alle 1,7 Jahre von solch einer Eroberung heimgesucht. Das bedeutet, daß die neuen Herren meist nicht einmal einen einzigen Jahrgang Jungtiere am Leben erhalten können, weil dann schon wieder neue Kannibalen im Anzug sind.

Je stärker der Bevölkerungsdruck in einer Löwenpopulation ist, desto mehr Freischärler versuchen, Harems für sich zu erobern, desto öfter wechselt die männliche Rudelführung, desto mehr Jungtiere werden getötet. Die Bevölkerungszahl sinkt. Das Morden hört auf, bis die Kopfzahl wieder steigt. Also auch bei den Löwen entpuppt sich der Kannibalismus als Entartungserscheinung des Sozialverhaltens im Fall der Übervölkerung. Im Prinzip ist es das gleiche wie bei den Ratten. Nur in den Verhaltensdetails gibt es Variationen. Auch wir Menschen sind davon nicht verschont geblieben.

Ob wir uns als Kind auf dem überfüllten Jahrmarkt wünschen, daß alle anderen Leute tot wären, ob uns als Studenten in überfüllten Hörsälen Mord- oder Selbstmordgedanken heimsuchen, ob in den hellhörigen Wohnsilos, die kein echtes Refugium mehr bieten, ständiger Streit unter Nachbarn, Gewalttaten, Mord und Totschlag die Atmosphäre vergiften, ob wir die anonyme Masse Mensch als minderwertig betrachten, als bloßes Objekt zur bedenkenlosen wirtschaftlichen Ausbeutung oder zur Ausübung politischen Machtmißbrauchs, ob wir die Menge als Ungeziefer ansehen, das vergast, dem Hunger preisgegeben oder mit Massenvernichtungswaffen vertilgt werden kann – das alles sind nur verschiedene Symptome der Entartungserscheinungen unter dem Druck der Massenpsychose und -hysterie. Mit Vernunft hat all dies überhaupt nichts mehr zu tun.

Nachdem sich die zoologische Welt vom Löwenschock halbwegs erholt hatte, wurden in schneller Folge weitere Beispiele für den Kindermord bei Tieren entdeckt. Wissenschaftlich wird er auch als Infantizid oder als Kronismus (nach dem griechischen Titanen Kronos, der seine Kinder verschlang) bezeichnet, vor allem bei auffallend vielen Affenarten: zuerst bei den indischen Hulman-Languren, dann bei den Steppenpavianen, Guerezas, Roten Stummelaffen, Weißnasen-Meerkatzen und Ceylon-Languren. Immer, wenn im Hordenleben dieser Tiere ein oder mehrere Männchen eine Haremsgruppe erobern, bringen sie regelmäßig erst einmal alle Babys und älteren Kinder um, nachdem sie die Opfer den Muttertieren unter fürchterlichem Kreischen entrissen haben.

Wie verhalten sich diesbezüglich unsere nächsten Verwandten im Tierreich, die Schimpansen?

Die Stammeskriege der Schimpansen

Die Ausrottung der Aussteiger

Wildlebende Schimpansenhorden führen regelrechte Kriege gegen ihre Nachbarn. Und sie rotten diese sogar in mehrjährigen systematischen Vernichtungsfeldzügen bis auf das letzte Gruppenmitglied aus. Dies ist die erschütterndste Erkenntnis der Verhaltensforschung in den letzten Jahren.

Die unheilvollen Dinge, die von der weltberühmten Schimpansenforscherin Professor Jane Goodall beobachtet wurden, begannen 1970 im Gombe-Reservat im ostafrikanischen Staat Tansania. In einer fünfzigköpfigen Horde, die im gebirgigen Urwald am Ostufer des Tanganjikasees lebte, entstand immer häufiger Streit unter den Menschenaffen, ein klares Zeichen dafür, daß eine wachsende Kopfzahl die Gruppe allmählich unregierbar machte.

Bereits zwei Jahre darauf führten diese inneren Zwistigkeiten dazu, daß sich eine Gruppe von sieben erwachsenen Männchen und drei Weibchen samt deren Kindern vom »Heimatland« abspaltete und südlich davon im Niemandsland eine »Kolonie« gründete.

Zwei weitere Jahre lang blieb noch alles friedlich. Doch plötzlich, im Frühjahr 1974, überschritt eine Gruppe von fünf Nord-Männchen die Grenze und fiel über ein Kolonisten-Männchen her, das gerade ohne Begleitung seiner Freunde arglos Früchte fraß. Zwanzig Minuten lang tobte der Kampf. Dann war der Überfallene tot. Die Nord-Männchen zogen sich auf ihr Territorium zurück.

Aber sie schienen nun Gefallen am Kriegshandwerk gefunden zu haben, denn sie trieben sich nun fast ständig im Grenzgebiet herum. Begegneten sie einer mehrköpfigen Truppe von Kolonisten-Männchen, gab es nur großes Gekreisch und Drohimponieren. Keiner wagte einen Kampf. Trotzdem gab es hierbei einmal einen Toten. Während des Imponiertheaters tobte ein Nord-Männchen so wild in einem Baum umher, daß ein Ast abknickte. Der Kriegstänzer stürzte so unglücklich zu Boden, daß er sich das Genick brach. Dies blieb jedoch der einzige Verlust in den Reihen der Nord-Horde. Sonst hatten nur die Abtrünnigen zu leiden.

Bereits einen Monat nach der Tötung des ersten Kolonisten war es wieder soweit. Eine Truppe der »Nordstaatler« erwischte tief in Feindesland ein einzelnes, sich völlig sicher fühlendes Männchen beim Liebesspiel mit einem Weibchen und brachte den Liebhaber um.

Die Braut hielten die Krieger fest und entführten sie nach Norden.

Kurz darauf schlugen sie wieder zu und töteten einen mit vierzig Jahren schon ziemlich senilen Schimpansengreis.

Der vierte Mord, sechs Wochen später, war besonders erschütternd, weil das Opfer ein Weibchen war. Schwer verletzt, blieb es am Ort des Überfalls liegen. Nur seine vierjährige Tochter harrte bei ihrer sterbenden Mutter aus. Sie leckte ihr die Wunden, legte Kräuter darauf, brachte Nahrung und hielt immer öfter ihr Ohr auf das Herz der Mutter. Als es zu schlagen aufgehört hatte, ging sie fort.

Schimpansenkrieger verschonen also nicht einmal Weibchen und Greise. Wie ist überhaupt die Stellung der »Frau« in dieser Menschenaffengesellschaft?

Diese Wesen kennen weder die Einehe noch einen Harem. In dem Staatsgebiet der Männerhorde, das etwa 15 Quadratkilometer groß ist, besitzt jedes Weibchen für sich und seine Kinder ein sogenanntes Kerngebiet. Hier hält es sich bevorzugt auf. Gelegentlich besuchen sich aber auch zwei oder mehrere Nachbarinnen.

Die Vorzugsweibchen der Herrengesellschaft beziehen ihren

Sitz im Zentrum des Hordengebietes. Die weniger attraktiven »Damen« müssen die Grenzzonen besiedeln, wo sie in ständiger Angst vor mörderischen Überfällen der Nachbarhorde leben. Feindliche Krieger verschonen ein Weibchen nämlich nur dann, wenn es gerade sexuell »heiß« ist. Dann entführen sie es sogar in ihr Hoheitsgebiet. Diese »Kriegsbeute« teilen sich übrigens alle erwachsenen Männchen der Gruppe der Reihe nach, indem sie geradezu »Schlange stehen«, ohne sich sexualneidisch darum zu streiten. (Ähnliche Vorfälle hat es 1945 auch während der Eroberung der deutschen Ostgebiete gegeben.)
Ein solchermaßen erobertes Weibchen kann nach den Tagen der Brunst in sein Land zurückkehren. Es kann aber auch bleiben, wird auch später nicht weiter behelligt und bekommt dann gleichsam die andere »Staatsbürgerschaft«. Schließlich kann jedes beliebige Weibchen auch die Angehörigen des Nachbarlandes kurzzeitig besuchen oder gar freiwillig auswandern und zum Feind überlaufen. Das wagt es jedoch nur dann, wenn es gerade »heiß« und für die Krieger attraktiv ist. Andernfalls ist dieser Spaziergang tödlich.
Einer Männerhorde »gehören« also sozusagen alle Weibchen, die innerhalb der Grenzen ihres Gebietes leben. Sie kennen sie ganz genau. Demnach haben die täglichen Patrouillengänge der Kriegergruppen folgende Ziele:
– fremde Männchen und Weibchen, die sie innerhalb ihres Gebietes vorfinden, zurückzutreiben, mit buchstäblich allen Mitteln bis zum äußersten zu bekämpfen und das eigene »Land« zu verteidigen;
– die eigenen Weibchen gegen die Nachbarn zu schützen und
– zu versuchen, fremde Weibchen im feindlichen Grenzgebiet zu rauben, sofern diese gerade brünstig sind, was aber selten vorkommt, da eine Schimpansin nur etwa alle vier bis fünf Jahre einmal »heiß« wird.

Nach dem bereits geschilderten vierten Mord kehrte im Schimpansenland für zwei Jahre Ruhe ein. Aber sie war trügerisch. Während die Kolonisten nicht ein einziges Mal versuchten, sich zu rächen oder Vergeltungsschläge zu führen, ließen die Nord-Männchen ihren Vernichtungsfeldzug Ende 1976 schlagartig wiederaufleben, ohne daß irgendein Grund zum Kriege erkennbar gewesen wäre.
Bereits ein Jahr später hatten sie sämtliche Nachbarsmännchen umgebracht und deren Weibchen entweder getötet oder entführt. Auch alle Kinder kamen ums Leben. Ende 1977 hatte das Volk der Kolonisten aufgehört zu existieren – und das unter Tieren, die bereits vom Menschen so gut wie ausgerottet wurden!
Damit könnte ich meinen Bericht schließen, wenn nicht als Folge dieser schrecklichen Ereignisse noch zwei weitere Dinge von Bedeutung geschehen wären.

Vom Menschenaffen zum Kopfjäger

Die seelische Verwahrlosung der Krieger

Südlich des Kolonisten-Territoriums lag das Gebiet einer weiteren Schimpansenhorde. Deren Mitglieder hatten sich bislang aus allen Streitigkeiten herausgehalten. Aber zwei Jahre nach der totalen Vernichtung der Kolonisten begannen sie bei Einsetzen der Regenzeit, mit Stoßtrupps weit nach Norden vorzudringen, erst in das nunmehr zum Niemandsland gewordene Gebiet, dann aber noch weiter bis tief ins Territorium der Nord-Horde hinein.
Indessen waren die Angegriffenen nunmehr in Dingen der

Kriegführung erfahren. Ende 1979 wurde zuerst eines ihrer Weibchen und dessen Kind von einem Trupp Süd-Männchen überfallen. Aber eine eigene Schutztruppe hörte das Kreischen und konnte rechtzeitig zu Hilfe eilen und die Fremden vertreiben. Beide Opfer erholten sich in den folgenden Wochen wieder von ihren Bißwunden.

In der Folge davon zogen die angegriffenen Nordstaatler alle Weibchen und Kinder weit bis in den Norden ihres Gebietes zurück. Eine echte Evakuierungsmaßnahme. Die Männchen blieben stets in kopfstarken Trupps zusammen, so daß sie nie als Einzeltiere von einer Übermacht überfallen werden konnten. So patrouillierten sie in taktisch kluger Verteidigungsbereitschaft ständig im Süden ihres Hoheitsgebietes umher. Oftmals trafen sie auf den Feind. Aber da sie nur in geschlossenen Gruppen auftraten, geschah außer einem Riesengekreisch und wildem Kriegstanz nichts Ernstliches. Schon nach drei Monaten sahen die Süd-Männchen ein, daß sie hier keine Chancen haben würden, und zogen sich für immer nach Süden in ihr Hoheitsgebiet zurück.

Schwerwiegender waren die seelischen Kriegsfolgen in den eigenen Reihen der Nordstaatler. Bereits 1976, gegen Ende des schlimmsten Massenmordes, versagte bei einem Nord-Weibchen die Angriffshemmung gegenüber Mitgliedern der eigenen Horde. Normalerweise verhindert diese zuverlässig, daß es in den eigenen Reihen Mord und Totschlag gibt. Natürlich entsteht innerhalb der Horde auch hin und wieder einmal Streit. Aber im blutigen Ernst gekämpft wird nur äußerst selten, und wenn, dann dauert die Prügelei nur wenige Sekunden und führt allenfalls nur zu leichten Verletzungen. Die seelische Verwahrlosung durch den Krieg hatte nun jedoch zur Folge, daß dieses eine Weibchen in Begleitung ihrer älteren Tochter anderen Schimpansinnen deren Baby wegriß, es tötete und in kannibalischer Manier verspeiste.

Die Kannibalin war ranghöher als die Mütter ihrer jeweiligen Opfer. Deshalb wagten es diese nicht, sich mit Brachialgewalt zur Wehr zu setzen. Aber sie schrien wie am Spieß. Das hörte eine Kampfgruppe der Männchen. Sie eilte zu Hilfe. Aber als sie am Tatort erschien, war es bereits zu spät.
Die gleiche Kannibalin wiederholte diese Schandtat 1976 noch zweimal. Allein der Anblick von Mord und Totschlag kann Schimpansen so verrohen, daß sie zu Verbrechern (ohne Anführungsstriche!) werden. Dies bestätigt die Tatsache, daß die älteste Tochter der Mörderin, die das alles als Augenzeuge miterlebt hatte, 1978 selber begann, Babys aus ihrer eigenen Horde zu kidnappen und zu töten. Zweimal gelang es ihr auch. Doch dann bekamen Mutter und Tochter etwa zur gleichen Zeit selber Babys. Seither wurde eine so schlimme Bluttat bei ihnen nicht wieder beobachtet.
Alle diese furchtbaren Dinge lassen sich mit den bisherigen Verhaltensregeln der Tierforschung gar nicht erklären. Die Schimpansen brauchten für sich keine Ernährungsbasis zu sichern, da sie als überwiegende Blatt- und Früchtefresser im Urwald mehr als reichlich Futter finden. Und was sollen wir vom Verhältnis der Geschlechter halten, wenn die Weibchen einmal geraubt und ein andermal getötet werden? Der Erhaltung der Art ist dies alles überhaupt nicht dienlich. Und mit der These der Sippenselektion kommen wir auch nicht weiter, da der Vernichtungsfeldzug ja ausgerechnet gegen die Verwandtschaft, die sich abgespalten hatte, geführt wurde.
Verhältnisse von verblüffender Ähnlichkeit finden wir auch unter vielen Naturvölkern. Professor Thomas Schultze-Westrum beobachtete sie bei den Otoia-Papuas auf Neuguinea. Auch hier begannen die Stammesfehden mit Kopfjagd erst dann, als sich ein Teil des Volkes vom Hauptstamm abgespalten hatte und in unmittelbarer Nachbarschaft ein kulturelles Eigenleben entwickelte.

»Es scheint«, so schreibt der Forscher, »als wäre mit der Auflösung der kommunalen Bindung zu den Leuten des Hauptstammes ein Impuls zur Begründung einer ganzen Reihe neuer Kulturtraditionen geschaffen worden: neue Tänze, neue Kultfeste, neue Typen von Masken und hölzernen Kultobjekten wurden in den Langhäusern kreiert.« Aus einem eigenen Dialekt entwickelte sich im Laufe der Jahre sogar eine neue Sprache, das Kerewo. Diejenigen, die sich räumlich absonderten, wollten sich auch in anderen Bereichen der Lebensführung vom »Mutterland« unterscheiden. Und gerade dadurch erregten sie Anstoß. Der Hauptstamm überzog das Tochtervolk mit Kriegen, Kopfjagd und Kannibalismus, die sich allmählich zu Ausrottungsbemühungen steigerten, in diesem Fall jedoch ohne Erfolg.
Dies Verhalten scheint geradezu nach inneren Regeln abzulaufen bis hin in die jüngste Menschheitsgeschichte. Es ist immer das »Vaterland«, das seine Tochterkolonien militärisch bekämpft, sobald diese eigenständige Entwicklungen und Unabhängigkeitsbestrebungen zeigen. Niemals greifen die selbständig gewordenen Kolonisten das »Heimatland« an. Schließlich hat Athen ein Heer gegen Syrakus geschickt, England 1776 eines gegen Amerika, die Nordstaaten 1861 eines gegen die abtrünnigen Südstaaten, und nicht umgekehrt.
Der Krieg dieser Art hat demnach eine Ursache im Fortfall natürlicher Aggressionshemmungen zwischen zwei Gruppen, wenn deren kommunale Bindung zerrissen wurde. Auch reizt das Anderssein der anderen besonders dann die Ausstoß-Angriffslust, wenn die Außenseiter sich betont von denen unterscheiden wollen, zu denen sie einmal gehört haben.
In dieser Hinsicht ist der Übergang vom Kriegsverhalten freilebender Schimpansen zu dem der Naturvölker fließend.

Alle Elemente der Dekadenz der menschlichen Gesellschaft sind schon in ersten Ansätzen bei den Menschenaffen vorgezeichnet. Aus dieser Perspektive ergibt sich eine neue Einstellung über die Natur des Menschen. Sie erhellt sich insbesondere aus neuesten Forschungen über das Jagdverhalten unserer Vorfahren.

Als Urmenschen Bison und Mammut jagten

Das Ende einer Naturidylle

So muß es sich vor 8500 Jahren abgespielt haben: An einem Oktobertag kamen auf ihrer Herbstwanderung vom kanadischen Alberta bis nach New Mexico Tausende von Bisons aus sechs Seitentälern der Rocky Mountains bergab geströmt, den heutigen Big Sandy Creek im Staat Colorado hinab. Aber die Urindianer waren auf der Jagd. Sie hatten zuvor vier je mehrere hundert Meter lange Steinwälle aufgeschichtet. Diese trichterten nun die riesigen Herden genau dort zusammen, wo ein zehn Meter tiefer Steilhang in einen Abgrund führte. Die vordersten Tiere stoppten. Und genau in diesem Augenblick kamen hinter den Steinwällen einige hundert bis dahin versteckte Indianer hoch und versetzten die Tiere durch Geschrei und Speerwürfe (Pfeil und Bogen waren damals noch nicht erfunden) in Panik. In wilder Flucht donnerten die Bisons los, stießen ihre am Klippenrand stehenden Artgenossen in die Schlucht und wurden selbst von den nachfolgenden Tieren hinabgestürzt. Bis zu 200 Bisons fanden hier zugleich den Tod. Und jedes Jahr wiederholten sich diese Ereignisse aufs neue.

Bis 1983 haben kanadische und amerikanische Forscher nicht weniger als 33 solcher Massaker-Klippen in den Rocky Mountains archäologisch ausgegraben. Jede Klippe war mehrere Jahrhunderte, einige sogar Jahrtausende lang in »Betrieb«, drei überraschenderweise gar bis in die Zeit, als der Weiße Mann ins Land kam.
Funde von Steinwerkzeugen und Knochen erzählen auch von einem geradezu modern anmutenden »Schlachthof-Management«. Die zerschmetterten Tiere wurden nach Abziehen des Felles in standardisierte Stücke zerteilt: Rücken, Rippen, Schinken, Vorder- und Hinterbeine, die wiederum von Spezialisten an immer den gleichen Stellen weiterverarbeitet wurden. Die Urindianer nahmen aber nur die Fleischmenge, die sie noch vor dem Verderb verbrauchen konnten. Bis zu einem Viertel der getöteten Bisons blieb unberührt in der Schlucht zurück.
Da ein Bisonbulle bis zu 1000 Kilogramm wiegt und eine Kuh bis zu 750 Kilogramm und da bis zu 50 Tiere pro Jagdunternehmen als überflüssig liegen blieben, können wir auch schon damals, in grauer Vorzeit vor 8500 Jahren, von einem ungenutzten »Fleischberg«, von Überjagung oder Overkill und von einer rücksichtslosen Ausbeutung von natürlichen Ressourcen sprechen.
Zwei Bisonarten sind damals zur Zeit der Urindianer ausgerottet worden: der gewaltige Urbison und der etwas kleinere Westbison. Nur der Präriebison und der Waldbison überlebten. Deren weite Wanderzüge führten glücklicherweise nicht durch Gebiete mit Steilhängen. So blieb es erst den Weißen und unter ihnen einem gewissen William F. Cody, alias Buffalo Bill, vorbehalten, das Massaker mit dem Gewehr fortzusetzen.
Wenn heute einige Leute die Meinung vertreten, die Naturvölker und insbesondere die Indianer hätten stets vorbildlich

umweltsensibel in Harmonie mit der Natur gelebt und ihre Nahrungsquellen geschont, dann entspricht dies einfach nicht der Wahrheit. Der Mensch ist nicht erst durch die Zivilisation verdorben und zum Ausbeuter der Natur geworden. Vielmehr wird er immer dann dazu, wenn ihm die entsprechenden Machtmittel zur Verfügung stehen, sei es der Steilhang mit Trichtermauern vor 8500 Jahren oder die Schußwaffe heute. Ein weiterer Beleg dafür liegt sogar noch weiter in der Urzeit zurück: die Ausrottung des Mammuts in Nord- und Südamerika vor 11 000 Jahren, also in einer Epoche, als die letzte Eiszeit noch im Abklingen war. Mit kriminalistischem Spürsinn hat der amerikanische Professor Vance Haynes diese spannende Geschichte anhand von Indizien entziffert.

An zahlreichen Stellen Nord-, Mittel- und Südamerikas fand er bei Ausgrabungen die Gebeine der bis zu vier Meter großen Mammuts. Diese Verwandten der Elefanten trugen bis zu drei Meter lange, weit geschwungene Stoßzähne aus Elfenbein. Viele Schädelknochen wiesen Anzeichen tödlicher Verletzungen auf. Sie waren von Speeren durchbohrt, deren Spitzen aus akkurat bearbeitetem, messerscharfem Feuerstein bestanden.

Mit der Kohlenstoff-14-Methode war eine genaue Datierung der Todeszeit der Mammute möglich. Desgleichen ließ sich damit aber auch feststellen, seit wann es in den betreffenden Gegenden keine Mammute mehr gab, wann sie also ausgerottet worden waren.

Danach müssen sich die Ereignisse wie folgt abgespielt haben: Vor etwa 12 000 Jahren wichen die Eiszeitgletscher der Rocky Mountains nach Westen in die Berge zurück und die nordkanadischen Eismassen nach Osten. Zwischen diesen beiden zunächst noch vergletscherten Gebieten entstand ein während der Sommermonate eisfreies Urstromtal, das heute

durch den Lauf des Mackenzie-River gekennzeichnet ist und das vom Nordosten Alaskas bis zur kanadischen Provinz Alberta reichte.
Rund 500 Jahre später sind die ersten Menschen, Mongolen, die aus Asien stammten und die Beringstraße auf einer damals existierenden Landbrücke nach Alaska überquert hatten, durch diese Eislücke nach Süden vorgedrungen und haben den amerikanischen Kontinent besiedelt. Sie sind die Vorfahren der Eskimos, der Indianer und der Indios. Sie jagten die Mammute und rotteten sie, wo sie auch hinkamen, binnen weniger Jahrzehnte aus. Das Aussterben der Mammute in den verschiedenen Gegenden kennzeichnet genau die Zeit des Vordringens der ersten Menschen auf dem von ihnen soeben besiedelten Kontinent.
Vor 11 320 Jahren hatte der Mongolensturm Kanada durchquert und bereits 70 Jahre später das Gebiet der heutigen USA bis Florida, Kalifornien und bis hin zur mexikanischen Grenze erreicht. Das Durchdringen Mittelamerikas dauerte 320 Jahre, das Venezuelas 130 Jahre. 100 Jahre später, also vor 10 700 Jahren, waren Peru und Surinam erreicht, weitere 100 Jahre darauf schon Brasilien und Chile und nochmals 100 Jahre danach bereits Feuerland, die Südspitze Südamerikas. Dort wurde um diese Zeit auch das letzte amerikanische Mammut erlegt. Diese Tiere müssen ebenso riesig wie harmlos gewesen sein und viel friedfertiger als die heutigen Elefanten: wandelnde Fleisch-Vorratslager, ähnlich den großen Walen. So erlangte der Mensch leicht Macht über sie und rottete sie aus. Einsicht und Vernunft, auf diese Macht zu verzichten, um die bedrohten Tierarten zu erhalten, ist erst ein Ergebnis der ökologischen Bewegung unserer Tage.
Mammut und Bison sind nicht die einzigen Beispiele. Im steinzeitlichen Syrien wurden die großen Herden der Kropfgazellen in ähnlicher Weise ausgerottet wie die Urbisons in

Amerika. Die Ureinwohner Neuseelands, die Maoris, vertilgten 19 verschiedene Moa-Arten vom Antlitz der Erde, darunter den drei Meter großen und 250 Kilogramm schweren Riesenmoa, dessen Ei sieben Kilogramm wog. Den fast gleich großen Madagaskar-Strauß zu vernichten, schafften die Ureinwohner der Insel wegen des damals vorherrschenden dichten Dschungels nicht ganz. Dafür metzelten sie die Riesenlemuren, also die größten Halbaffen, die es je gab, bis auf den letzten nieder.

Die ursprünglichen Bewohner der pazifischen Osterinseln führten durch rücksichtslose Entwaldung ihren eigenen Untergang herbei und damit die erste den Menschen selbst schädigende Umweltkatastrophe. Ähnliches taten sich die Indianer der Anasazi-Kultur im Südwesten Nordamerikas um das Jahr 1300 selber an. Wenig naturschwärmerisch muten auch neueste Forschungen über die Vergangenheit der australischen Aborigines an. Vor etwa 50 000 Jahren besiedelten sie den Kontinent, der damals von tropischen Regenwäldern überwuchert war wie heute Brasilien. Dann brannten sie in einer Feuerrodung ohnegleichen die Wälder nieder, nahmen gewaltige Eingriffe in die Natur vor, rotteten viele Pflanzen und Tierarten aus und verwandelten Australien in jene Wüste, die wir heute dort vor uns haben.

Katastrophen und Massensterben

Wie gut oder schlecht ist die Welt?

Diese Dinge müssen heute endlich einmal beim Namen genannt werden, und zwar aus folgendem Grund: Es herrscht derzeit noch eine naturschwärmerische Einstellung vor. Sie besagt, daß der Mensch von Natur aus gut sei, daß Naturvölker in Harmonie mit ihrer natürlichen Umwelt zu leben verstünden und der Homo sapiens erst durch die Einflüsse von Kultur (Rousseau), Zivilisation und Technik verdorben worden wäre. Dies ist ein Relikt der Zurück-zur-Natur-Mentalität, ein Rest der Vorstellung vom einstigen Goldenen Zeitalter, vom Paradies, aus dem wir durch die Frucht vom Baum der Erkenntnis vertrieben worden wären.

In diesem Gedankenkomplex vereint sich Richtiges mit Falschem. Vor allem, wenn die Einstellung des Menschen zu sich selbst und zur »Mutter« Natur, zum »Raumschiff« Erde eine bessere werden soll, hat es keinen Sinn, das Heil von einer Maschinenstürmerei oder einer Ausstiegssehnsucht zu erhoffen. Da könnten wir auf ewig vergeblich warten, bis alles restlos zerstört ist.

Hilfreicher wäre es, wenn sich der Mensch über sich selbst keinen Illusionen hingibt. Bei vielen Naturvölkern ist die sogenannte Harmonie im Zusammenleben mit der Umwelt nichts anderes als ein Mangel an Mitteln, die Natur zu zerstören. Erst wenn wir dies begreifen, können wir dahin gelangen, daß wir eben diese Machtmittel ganz bewußt nicht einsetzen.

Das zerstörerische Element wird uns nicht von außen aufgezwungen. Es sitzt in uns drin.

Der Mensch ist nicht »von Natur aus gut«, und er wird auch nicht erst im Lauf seines Lebens von der »bösen« Welt ver-

dorben. Vielmehr steckt von Anfang an, gewissermaßen a priori, beides in uns. Und nur unser Verstand kann, wenn er all diese Zusammenhänge erfaßt, hier im Positiven wirken und geistige Kontrollen einrichten, die geeignet sind, Katastrophen zu verhindern.
Wenn wir schon im Grundkonzept der menschlichen Seele Ambivalenzen konstatieren müssen, wie ist dann überhaupt die Schöpfung insgesamt gelungen? Leben wir in einer guten oder in einer schlechten Welt?
Not, Krieg, Mord, Hunger, Krankheit, Elend, Unterdrükkung, Ausbeutung, Lüge und Tod sind so verbreitet auf Erden, daß es zum Himmel schreit. Warum läßt Gott all dies zu? Eine Frage, die eigentlich nur jemand stellen kann, der Gott mit dem Weihnachtsmann verwechselt. Aber das Erdengetriebe funktioniert nun einmal nicht nach idealistischen Prinzipien oder intellektuellen Grundsätzen. Ein Beispiel: Der Mondfisch, ein scheibenförmiges Wesen mit einem Durchmesser bis zu drei Metern, legt pro Laichsaison bis zu 300 Millionen Eier und kann 60 Jahre alt werden. Ein Weibchen bringt es in seinem Leben auf 4,5 Milliarden Eier, also auf etwa soviel, wie es Menschen auf Erden gibt, ein absoluter Weltrekord an Fruchtbarkeit. Doch bis auf durchschnittlich zwei werden alle Nachkommen, die sicherlich alle sehr gern leben würden, von Feinden gefressen.
Um dieses milliardenfache Kinderelend in jeder Mondfischfamilie zu beenden, bieten sich, vom idealistischen Standpunkt aus betrachtet, drei Möglichkeiten. Entweder legt die Mutter weniger Eier. Aber dann würde die ganze Art binnen kurzem aussterben. Oder die Mutter steigert ihre Nachkommenzahl noch weiter in drastischer Weise. Doch dann würden schon nach wenigen Jahrzehnten die Ozeane »überlaufen«, weil in ihnen nur noch Mondfische, dicht gedrängt wie im Heringsfaß, leben, um mich einmal etwas karikierend

auszudrücken. Drittens könnte man die Zahl der Feinde verringern. Aber dann würde das Resultat das gleiche wie im zweiten Fall sein. Und außerdem sind die Feinde ja auch Lebewesen mit einem Daseinsrecht, das dann in unzulässiger Weise beschnitten würde.

Wie man es auch dreht und wendet: Idealistische Verbesserungen am pragmatischen Konzept der Schöpfung würden stets nur Katastrophen heraufbeschwören.

Dennoch führt ein Weg aus der Hölle des Fressens und Gefressenwerdens, die in Urzeiten ausnahmslos auf Erden herrschte. Das ist in der Tierwelt die viele Millionen Jahre währende Höherentwicklung von einzelgängerischen, primitiv-egoistischen Kreaturen zu Gemeinschaftswesen mit Akten der Hilfsbereitschaft, der Aufopferung, sozialer Einstellung, der Freundschaft und der Fähigkeit, Frieden zu stiften, wovon gleich noch eingehender die Rede sein soll.

Ein klares Zeichen dafür, daß die Welt zwar nicht von Anbeginn an gut war, aber daß die Schöpfung doch Tendenzen besitzt, sie gut werden zu lassen.

X. FRIEDENSSTRATEGIEN

Affenbabys als Abwehrwaffe

Das kindliche Befriedungselement

Markerschütterndes Geschrei erfüllte die Luft, als ein halbstarker Berberaffe von einem älteren und viel stärkeren Männchen jämmerlich verprügelt wurde. Plötzlich riß sich der Jüngling los, raste, vom Sieger wütend verfolgt, auf eine Affengruppe zu, riß einer Mutter das Baby von der Brust und hielt es dem Verfolger wie ein Schutzschild entgegen.

Dieser bremste, daß es staubte, und erstarrte zum Standbild. Unfähig, dem Halbstarken auch nur noch einen einzigen Schlag zu versetzen, trollte er friedlich von dannen.

Mit der »Geheimwaffe« eines süßen Babys auf dem Arm, mit diesem »agonistischen Puffer«, wie der Fachausdruck lautet, vermag im Reich der Berberaffen, auch Magots genannt, die im Atlas- und Rifgebirge Marokkos und auf dem Felsen von Gibraltar leben, jedes schwächere Männchen den Angriff eines stärkeren augenblicklich zu stoppen.

Professor John M. Deag von der Universität Edinburgh erforschte an zehn freilebenden Horden im Zedernwald von Ain Kahla im Mittleren Atlas weitere verblüffende Einzelheiten im so erstaunlich listigen Verhalten dieser Affen, die in Horden von zwanzig bis dreißig Tieren leben.

Natürlich darf sich ein Verfolgter nicht jedes beliebige Baby schnappen, um es als Abwehrwaffe zu gebrauchen. Erst muß

er sich, vorsorglich schon Monate oder Wochen zuvor, mit der Mutter anfreunden (ganz platonisch übrigens) und sich als Babysitter bewähren.
Er muß viel mit dem Kleinen spielen, es aufnehmen, wenn es schreit, umhertragen, beschützen und lausen. Andernfalls schreit das Baby, wenn es im Notfall ergriffen wird. Und statt die Prügel des einen Verfolgers zu vermeiden, tritt der umgekehrte Effekt ein: Der Kidnapper bezieht wegen Kindesmißhandlung von allen Erwachsenen Massenkeile.
Aber bei Beachtung aller Spielregeln verhält sich das Baby inmitten aller Dramatik völlig passiv. Dann klappt die Taktik der Halbstarken, sich von einem Baby schützen zu lassen, so vorzüglich, daß sie auch bei harmloseren alltäglichen Gelegenheiten immer wieder mit Erfolg angewendet wird.
Die Benutzung des »agonistischen Puffers« ist übrigens ein Hilfsmittel fast nur des niederen Affenvolkes. Je schwächer das in Not befindliche Tier ist, desto häufiger wendet es diesen Trick an. Eine höchst wirkungsvolle Methode, sich vom gesellschaftlichen Zwang zu befreien, in dem der so oft Unterdrückte steckt!
Den Halbstarken ergeht es in der Horde der Berberaffen ja ähnlich schlecht wie in der menschlichen Gesellschaft. Sie fühlen sich schon sehr stark, und sie besitzen auch schon die sexuelle Reife, aber trotzdem nimmt sie keiner für voll. Um in Rang und Ansehen zu steigen, müssen sie die Freundschaft des Hordenführers oder anderer hoher Tiere gewinnen. Aber sobald sie sich diesen nähern, beziehen sie für diese »Frechheit« trotz aller Unterwürfigkeitsgebärden eine schmerzhafte Abreibung. Die Respektablen halten auf Abstand zum niederen Volk.
Da hilft nur ein Mittel weiter: Die Jünglinge müssen sich ein Baby ausleihen, um mit ihm im Arm den Zorn der hohen »Herren« zu beschwichtigen, wenn sie näher treten wollen.

Die sprichwörtliche Affenliebe zu kleinen Kindern stimmt die griesgrämlichen Bosse allmählich auch dem Träger des Babys gegenüber freundlich.

Wiederholt ein Halbstarker diese Prozedur des Sichanbiederns täglich mehrmals, darf er den sonst so unnahbaren hohen »Herrn« bald kraulen, bis der Jüngling gar zu dessen »Hofstaat« gehört und damit »etwas Besseres« im Lande der Affen geworden ist.

Somit ist für die Halbstarken der Bedarf an Babys geradezu enorm. Nicht selten teilen sich zwei oder drei Jünglinge einen Säugling. Mitunter wird ein Baby sogar von zwei Hilfsbedürftigen gleichzeitig benötigt. Dann geschieht etwas Unerwartetes: Da sich ein Tauziehen eh von selbst verbietet, bekommt es nicht der Stärkere, sondern derjenige, der das Kind am dringendsten braucht, also meist der Schwächere.

Im Lauf der Monate schwächt sich die friedenstiftende Kraft eines Affenbabys jedoch stark ab. Bis zum Alter von fünf Monaten, solange die Babys noch mit ihrem rabenschwarzen, kuscheligen Fell, dem sogenannten Kindchenschema, ganz niedlich aussehen, genießen sie in der Horde absolute Narrenfreiheit. Alles ist ihnen erlaubt, nichts wird bestraft. Dann wächst ihnen aber das hellbraune, glatte Fell älterer Tiere. Daraufhin werden die Kinder, wenn sie frech sind, schon einmal bestraft – zwar nicht gleich durch Schläge, aber durch strenges Anblicken. Im gleichen Maße schwächt sich auch ihre Macht, besänftigend auf erzürnte Männer zu wirken, ab.

Wenn sie ein Jahr alt sind und ein neuer Jahrgang gerade geboren wird, kommen die älteren Kinder sofort außer Gebrauch. Nun stürzen sich die schutzsuchenden Halbstarken und Jünglinge, also die zwei- bis siebenjährigen Tiere, augenblicklich auf die neuen Babys. Einmal beobachtete Professor Deag, wie ein erst drei Tage altes, noch äußerst zartes

Baby bereits in einem besonders dringenden Fall von der Mutter an ein hilfesuchendes Jungmännchen ausgeliehen wurde.

Diese raffinierte Strategie, Babys zu benutzen, um den Frieden zu erhalten, hat noch einen Vorteil, von dem die Gesamtheit profitiert: Die Halbstarken werden von den Erwachsenen nicht als Sexualrivalen davongejagt, sondern können in ihrer Großfamilie bleiben.

Damit stärken sie die Kampfkraft der Horde gegen Feinde von außen und sichern das Überleben der Gemeinschaft in der Wildnis, mitunter aber auch im Zoo, wie folgende Geschichte zeigt, die sich im Mai 1983 im Tierpark Plettenberghof im schwäbischen Balingen zugetragen hat: Eines Nachts waren sieben Berberaffen aus ihrem Gehege ausgebrochen und durch die schönsten Bananen nicht zur Heimkehr zu bewegen. Also mußte ein Betäubungsspritzen-Gewehr her. Beim ersten Tier klappte der Fang. Aber dann waren die anderen sechs gewitzt. Als der zweite von der Narkosenadel getroffen war, hielten ihn die anderen Hordenkumpane in einem zwanzig Meter hohen Baum solange an Armen und Beinen fest, bis er wieder aus der Betäubung erwacht war.

Daß Babys als »agonistische Puffer« verwendet werden, wurde seither auch noch in den Horden der Javaneraffen, Steppenpaviane und Bärenmakaken beobachtet. Dort tritt diese Taktik aber nur sehr selten als letzte Notlösung in höchster Gefahr auf, nicht als alltägliche Praxis wie bei den Berberaffen.

Dieser Trick im Sozialverhalten erinnert an ähnliche Vorfälle im menschlichen Bereich. Wenn eine süditalienische Frau auf der Straße Streit mit übermächtigen Nachbarn bekommt, stürzt sie ins Haus, holt ihr kleinstes Kind und weiß, daß ihr mit dem Baby auf dem Arm kein Leid angetan wird. Auch ist es dort üblich, befreundeten Frauen ein Baby auszuleihen, wenn es darum geht, diese in einer Auseinandersetzung etwa mit der Polizei zu unterstützen. Auch die Historie ist voll von Beispielen, in denen bei Demonstrationen, Revolutionen und auf Barrikaden Kleinkinder und Babys dem Gegner entgegengehalten wurden. Nur leider erwies sich dieses Mittel im Kampf gegen Polizei und Militär bei weitem nicht so wirkungsvoll wie im Reich der Affen.

Python als Streicheltier im Kinderzimmer

Das Paradiesische kindlicher Unschuld

Das liebste Streicheltier des dreijährigen Knaben Karim ist eine 6,5 Meter lange Netzpython-Riesenschlange. Beide leben, wie im Januar 1989 berichtet wurde, zusammen mit Karims Eltern in einem Pfahlhaus am Rande des Dschungels im Süden der indonesischen Insel Borneo.

Dieser Python ist ein sechzig Kilogramm schweres Muskelpaket. Ein ebenso schweres Waldschwein kann er mit den hundert Zähnen seines Maules fassen, blitzschnell drei Schlingen um es herumwinden und mit ungeheuren Kräften zerquetschen, daß die Rippen krachen, und anschließend in einem Stück in sich hineinwürgen.

Aber die »Zehntelportion« von Menschenkind umwickelt die weibliche Riesenschlange liebevoll wie sonst nur noch ihr Gelege von etwa zehn Eiern. Dann erhöht der sogenannte Kaltblüter seine Körpertemperatur um drei bis vier Grad gegenüber der Luftwärme, damit das Kleinkind nachts warm schlafen kann. Zum »Gute-Nacht-Kuß« reicht der Python dem kleinen Karim noch die Schwanzspitze als Schnuller.

In Indien haben Pythons schon Leoparden erwürgt und gefressen. Aber in diesem Dorf der Region von Bandjermasin darf Karim das Riesenmonster streicheln, mit ihm knutschen, es täglich zweimal baden und mit der Bürste abschrubben.
Wieso diese Zärtlichkeit eines Urwelt-Reptils zu dem kleinen Menschenkind? Warum das verspielte Vertrauen des Jungen zu einem Ungeheuer, dessen bloßer Anblick erwachsenen Leuten das Blut vor Schreck gerinnen läßt? Mit Hilfe eines Schimpansen kann ich dieses Rätsel lösen.
Vor einiger Zeit trat der holländische Professor Adriaan Kortlandt mit mir vor den Käfig eines Schimpansen im Amsterdamer Zoo Artis. Dieses Tier hatte in seinem Leben noch nie eine Schlange gesehen. Freudig begrüßte es uns. Da zog der Forscher einen zwei Meter langen Gartenschlauch aus der Tasche und führte mit ihm Schlängelbewegungen aus. Mit einem Satz sprang der Menschenaffe angstkreischend in die hinterste Ecke und schlotterte am ganzen Leib.
Beim bloßen Anblick von Schlangenähnlichem jagt ein Instinkt dem Tier Horrorängste ein, auch wenn es nur ein Gartenschlauch ist. Dieser Natur-Hitchcock ist ein vollautomatischer Fluchtschutz, um Unerfahrene vor dem tödlichen Schlangenbiß zu bewahren. Ein beachtliches Quantum dieser instinktiv ausgelösten Urangst sitzt auch uns Menschen heute noch in den Knochen – eine rudimentäre Verhaltensweise aus Urzeiten.
Genaue Forschungen zeigten: Affenkinder haben bis zum Alter von drei Jahren noch nicht die geringste Spur von Angst vor Schlangen. Wozu auch? Sie werden von ihrer Mutter stets gut beschützt und behutsam um die Reptilien herumgeleitet. Das große Gruseln vor allem Sichschlängelnden erwächst erst später.
Bei Menschenkindern ist es ebenso, und zwar bei allen, nicht

nur beim völlig furchtlosen Knaben Karim und seiner Python. Als ich zwei Jahre alt war, spielte ich im Garten befreundeter Bauern in der Lüneburger Heide mit einer Kreuzotter. Meine Tante kam herzu und fiel erst einmal in Ohnmacht. Aber die gefährliche Giftschlange tat mir nichts zuleide.

Auch die klugen Schlangen scheinen es genau zu spüren, wenn ihnen ein Menschenkind in paradiesischer Unschuld begegnet: freundlich, spielerisch, ohne Tücke, Angst und Mordgedanken ... und erwidern dann die Freundschaft zuverlässig.

Wenn ein Mensch, ob Kind oder Erwachsener, erst einmal friedlichen Kontakt mit einem Reptil aufgenommen hat, geschieht etwas fast Magisches. Man streicht mit der Hand zart über die Schlangenhaut (Bitte nie durch Drücken die Muskelkraft des Tieres erspüren wollen! Das mag es nicht.) und fühlt, daß sie weder schleimig noch kalt oder eklig ist, sondern angenehm berührt, ja, geradezu als ästhetischer Genuß wirkt. Dann schlägt plötzlich das gänsehäutige Furchtgefühl um in eine unheimliche Faszination, die zur Sucht werden kann, wie es bei Schlangenforschern regelmäßig der Fall ist. Schlangen kann man nur entweder fürchten und hassen, wenn man sie nicht kennt, oder aber von ihnen verzaubert sein. Ich bin letzterem verfallen.

Wie ist der kleine Karim auf Borneo auf seine Netzpython als Streicheltier gekommen? 25 Jahre zuvor war sein Vater beim Umgraben im Garten auf drei seltsame, kartoffelförmige, weiche Eier gestoßen. Gleich hatte er wieder Sand darübergebreitet. Eine Woche später hatte die Sonnenwärme die »Drachensaat« ausgebrütet. Aus den Eiern schlüpften drei sechzig Zentimeter lange Python-Babys. Eines starb, das zweite entschwand im Dschungel, das dritte aber wurde zum Familienfreund.

Erst fütterte man es mit Raupen und Regenwürmern, später mit Eidechsen und Mäusen. Jahr für Jahr wuchs der Python um 25 Zentimeter. Jetzt bekommt er jeden Tag drei Hühner, die er ungerupft verschlingt. Wenn alles gutgeht, kann die Riesenschlange fünfzig Jahre alt, zehn Meter lang und 200 Kilogramm schwer werden. Vielleicht wird sie dereinst mit Karims Kindern spielen.

Manchmal geht Karim mit seinem Privat-Ungeheuer im Urwald spazieren. Dann muß sich der Junge sputen, denn das Reptil legt ein Tempo bis zu fünf Kilometern pro Stunde vor. Das ist stramme Fußgänger-Geschwindigkeit. Wenn der Junge heimkehrt, folgt ihm der Python willig. In der Wildnis ist die Hausschlange immer etwas ängstlich. Ihre freilebenden Artgenossen besitzen ja meist eine Höhle als Unterschlupf bei Gefahr. Oder sie legen sich nach einer fetten Mahlzeit neben einen Wildpfad ins Gras (nicht auf einen Baum!), verdauen dort etwa ein Waldschwein einige Monate lang, lassen sich von welken, fallenden Blättern zudecken und werden erst durch den wiederkehrenden Hunger geweckt. Dann aber lauern sie auf die erste nun vorüberkommende Beute und schlagen dann urplötzlich mit unüberwindlicher Gewalt zu.

Aber so monströs und horrorträchtig die Riesenschlange auch wirkt, wenn sie sich ihren Lebensunterhalt besorgt, so außerordentlich sensibel ist außerhalb dieser Situation ihr Gespür dafür, wenn ihr ein Menschenkind mit absoluter Reinheit der Gedanken und Absichten begegnet. Das ist ein Teil, und zwar das kindliche Element, des großen Friedensreiches in der Natur. Ein weiterer ist das Element des Weiblichen.

Frauenunion gegen Kindermord

Das weibliche Befriedungselement

Infernalisches Kreischen der Hulmanaffen-Krieger kündete im Dschungel Indiens vom unmittelbaren Ausbruch einer Schlacht zwischen zwei Horden. »Bandang«, der Häuptling einer sieben Männchen starken Junggesellentruppe, griff einen Harem von 16 Weibchen an, der von dem alten »Vishnu« und seinem Stellvertreter »Singh« angeführt wurde. Die Übermacht lag klar auf der Seite der Angreifer, denn Affenweibchen überlassen das Kämpfen allein den »Männern«, obgleich sie später unter den Folgen einer Niederlage sehr zu leiden haben. Aber Vishnu, der erfahrene Haudegen, kannte nach Freilandbeobachtungen des Göttinger Primatologen Professor Christian Vogel auch seine Vorteile.

Wollten die Feinde Vishnu mit taktischem Geschick einkreisen oder einen Keil zwischen ihn und seinen Harem treiben, führte er einen ungestümen Gegenangriff, aber nur gegen Bandangs Mitstreiter, nie gegen diesen selbst. Er wußte, daß Mitläufer nur mit halbem Herzen bei der Sache sind und sofort fliehen, wenn es für sie brenzlig wird. Im Grunde war es nur ein Kampf zwischen zwei Hulmans, auch Hanumans genannt.

So wogte der taktische Stellungskrieg zwei Stunden und zehn Minuten lang hin und her mit Scheinangriffen, »Schachzügen«, Imponierduellen, die an einen Kriegstanz der Naturvölker erinnerten: viel Bluff, Hin-und-her-Hetzen und barbarischem Geschrei. Aber, und das ist das Bemerkenswerte, ohne einen einzigen Biß, ja, sogar ohne jede Prügelei. Es ist ganz erstaunlich, wie realistisch diese Tiere aus ihren eigenen Kräften und der Einsatzfähigkeit des Gegners ihr Risiko und ihre Chancen genau berechnen können und nichts Ernsthaftes unternehmen, wenn es vielleicht schiefgehen könnte. Eine Eigenschaft, die dem Menschen aufgrund seiner Selbstüberschätzung fehlt. Dieses Manko aber ist die Voraussetzung zur allein vom Menschen praktizierten Form des Krieges.

Schließlich, als der alte Vishnu völlig erschöpft war, sah er ein, daß ein Beißkampf mit Bandang für ihn nur tödlich verlaufen könnte. So floh er in den Regenwald, wo er sein Leben als Einsiedler beendete.

Bandang riß sofort die Herrschaft über den Harem an sich. Singh, Vishnus Stellvertreter, übernahm er auch gleich mit, weil er, wie früher vor Vishnu, nun auch vor ihm so unterwürfig in Demutsgebärde niederknien konnte. Was aber wurde aus Bandangs sieben Kampfgenossen aus der Junggesellenhorde, die ihm wenigstens mit Geschrei und Theater moralisch zum Sieg verholfen hatten? Sie hatten ihre Schuldigkeit getan. Von nun an wären sie ihm in Haremsnähe nur lästig oder zu Rivalen geworden. Also verjagte er sie. Undankbarkeit ist der Lohn der Affenkönige.

Kurz danach geschah etwas Entsetzliches. Der neue Pascha biß innerhalb weniger Tage alle sechs Kinder tot, die seine soeben erkämpften Weibchen bei sich trugen! Es spielten sich Szenen ab, dic, ähnlich wie bei den Löwen, an eine animalische Variante des Kindermordes von Bethlehem erinnerten. Die Hulmanmütter versuchten verzweifelt, ihre Kinder zu verstecken oder zu verteidigen. Es war alles vergebens. Bandang lauerte den Kindern im Hinterhalt auf und erwischte sie der Reihe nach alle.

Allerdings kennen die Affenmütter auch eine Reihe von Tricks, mit denen sie ihre Kinder vor dem neuen Machthaber retten können. Seltsamerweise beteiligen sie sich ebensowenig wie die Löwinnen aktiv kämpfend an der Verteidigung ihrer Horde gegen fremde Männchen. »Flintenweiber« gibt

es in diesen Tiergesellschaften nicht. Aber da sie zu wissen scheinen, was ihren Kindern bevorsteht, wählen sie andere Mittel und Wege.
Einmal, so berichtet Frau Dr. Sarah Blaffer-Hrdy aus einem anderen indischen Nationalpark, hatte ein Weibchen mit ansehen müssen, wie in seiner Horde bereits fünf Kinder getötet worden waren. Da nahm es sein Baby und wanderte aus. Ein fremder Hulman-Harem nahm die beiden aber nicht auf. So lebten sie allein im Wald und wurden – grausames Emigrantenschicksal – bald darauf von einem Leoparden gefressen.
Der zweite Trick heißt: Ablenkung durch Sex-Appeal. Als der neue Machthaber einer anderen Horde auf das erst zweiwöchige Baby eines Weibchens losraste, versuchte die Mutter gar nicht erst, ihr Kind zu verteidigen. Es wäre doch vergebens gewesen. Statt dessen tat sie plötzlich so, als sei sie im höchsten Grade brünstig, obwohl dies gar nicht der Fall war. Sie bezirzte ihn mit stark überbetonten sexuellen Reizen wie ein routiniertes Striptease-Girl. Nach dem dritten Angriff und der dritten Paarung ließ der Pascha das Kind unangetastet. Die Affenmutter gebrauchte gewissermaßen eine Notlüge, damit ihr Kind in Frieden gelassen wurde. Das ist ein in der Tierwelt recht oft benutztes Schutzinstrument der Schwächeren.
»Ananda«, ein fünfmonatiges kleines Hulman-Mädchen, hatte dies beobachtet. Als es bald darauf von dem mörderischen Männchen angegriffen wurde, spielte es die sexuell begehrenswerte »Dame« vollendet, obwohl es noch viel zu jung war, um empfänglich zu sein. Durch Kinderprostitution rettete es aber sein Leben.
Der dritte Trick besteht in der vorzeitigen Entwöhnung von Kindern, denn alle Jungtiere, die nicht mehr an Mutters »Rockzipfel« hängen, gelten als selbständige Hordenmitglie-

der und werden vom Affen-Herodes verschont. Die Hulmanmutter »Aruna« wußte das, denn sie stillte ihr sechsmonatiges Söhnchen sofort ab und jagte es davon, wenn es bei ihr Schutz suchte. Da ein Hulmankind normalerweise erst mit 14 Monaten entwöhnt wird, führte das zu verzweiflungsvollen Szenen zwischen Mutter und Kind. Aber dadurch, daß Aruna ihren Sohn verleugnete, rettete sie ihm das Leben.

Der vierte Trick ist der schönste. Leider klappt er aber nur selten, und zwar nur dann, wenn es einem Pascha gelungen ist, noch einen zweiten Harem für sich zu erobern. Beide »Damengesellschaften« zu vereinigen scheitert regelmäßig am heftigen Widerstand der Weibchen, die jeweils ihre »Kolleginnen« der anderen Gruppe nicht leiden können. So bleibt dem Pascha nichts anderes übrig, als ständig von einem Harem zum anderen hin und her zu pendeln. Sobald er übrigens eine Gruppe verläßt, kommt der alte, vertriebene Pascha aus dem Busch zurück und schmust wieder mit seinen ehemaligen Weibchen. Kein Wunder also, daß dies ewige Hin und Her des neuen Doppelherrschers bald in Hektik ausartet.

Aber infolge der »Arbeitsüberlastung« des Oberchefs konnten nun die Weibchen eine wirksame Kinderrettungs-Methode ersinnen. Sie schlossen sich zu einem Schutzbündnis zusammen. Als nun der neue Boß wieder auf der Bildfläche erschien, erst ein paar Minuten lang damit zu tun hatte, den alten »Witwentröster« zu verjagen, und dann ein Baby in tödlicher Rage angreifen wollte, hatten sich alle seine Haremsdamen zu einem dichten Haufen zusammengerottet, rückten gegen ihren Herrn und Meister vor und verprügelten ihn in einer Gemeinschaftsaktion so fürchterlich, daß er sich in diesem »Frauenrechtlerinnen-Verein« nie wieder blicken ließ.

Vergleichen wir einmal die gemeinschaftsfördernde Rolle

von Männchen und Weibchen, so finden wir die konstruktiveren Verhaltenstendenzen fast durchweg beim sogenannten schwachen Geschlecht. Der kämpferische Impetus der Männchen taugt zwar gut für die Belange der Gruppenverteidigung nach außen, wirkt sich aber leider auch oft nach innen in desolater Weise aus.
In einer Zeit, die friedvoll sein soll, wäre demnach das weibliche Element vorzuziehen, sofern die Damen in Männerpositionen dann nicht meinen, sich männlicher als die Männer verhalten zu müssen. Dies um so mehr, als sich jüngst herausgestellt hat, daß auch Verbesserungen im alltäglichen Lebensbereich oftmals Sache der Weibchen sind.

Weibchen brachten den Fortschritt

Die Basis des Kreativen

Schimpansenweibchen haben mehr Fähigkeiten im Kopf als ihre Männchen in den Muskeln. Zu diesem provozierenden Schluß gelangten zwei schweizerische Verhaltensforscher, als sie den Werkzeuggebrauch freilebender Schimpansen im Tai-Nationalpark der Elfenbeinküste untersuchten.
Die Doktoren Christoph und Hedwig Boesch vom Zoologischen Institut der Universität Zürich beobachteten die Menschenaffen beim Knacken von wohlschmeckenden Nüssen. Je nachdem, ob die Tiere dünnschalige Kolanüsse öffnen wollten oder die noch weitaus delikateren, aber dickschaligen Pandanüsse, benutzten sie unterschiedliche Werkzeuge und Techniken.
Am leichtesten war es, bereits auf den Erdboden gefallene

Kolanüsse, die meist schon halb aufgeplatzt waren, aufzuschlagen. Als Hammer ergriffen die Schimpansen irgendeines der vielen umherliegenden Holzstücke, und als Amboß benutzten sie eine zutage liegende Baumwurzel.
Erheblich mehr Geschick war vonnöten, wenn die Ernte erst gepflückt und gleich oben im Baum verzehrt werden sollte. Es lohnt sich ja nicht, wegen jeder einzelnen Nuß vom Baum herunter und dann wieder hinaufzuklettern. Aber zur Mahlzeit oben im Baum mußten die Tiere schon zuvor einen geeigneten Holzhammer beschaffen, ihn mit den Zähnen noch zurechtschnitzen und ihn beim Hinaufklettern zwischen den Zähnen tragen. Ferner erforderte ein schmaler, rundlicher Ast als Amboß großes Fingerspitzengefühl und viel Balance, wenn der Segen nicht auf den Boden fallen sollte ... als »Futterspende« für andere Hordenmitglieder.
Am schwierigsten war das Knacken der dickschaligen und äußerst harten, aber überaus schmackhaften Pandanüsse. Dazu brauchten die Menschenaffen Steine von geeigneter Form als Hammer und als Amboß. In Flußbetten suchten sie lange, bis sie entsprechend geformte Steine passender Größe gefunden hatten. Die Hämmer glichen Faustkeilen, während als Amboß stabile Steinplatten gewählt wurden. Eine Bearbeitung der Steinwerkzeuge wie bei den Holzinstrumenten der Schimpansen oder wie wir es vom Frühmenschen her kennen, konnte jedoch nicht beobachtet werden.
Während des Knackens der harten Pandanüsse mußten die Menschenaffen die Schlagkraft mit äußerster Geschicklichkeit dosieren. Anfänger zerschmetterten die Schale mitsamt dem Kern und vernichteten damit die Frucht ihrer Arbeit. Oder aber sie gingen so zaghaft zu Werke, daß die Schale nicht aufsprang.
Die Überraschung kam aber erst, als die Forscher die Handfertigkeit von Männchen und Weibchen miteinander vergli-

chen. Es zeigte sich nämlich, daß sich die Schimpansen-»Herren« nur recht stümperhaft in der leichtesten, der Kola-Erdboden-Technik versuchten. Die »Damen« knackten in der gleichen Zeit fünfmal so viele Nüsse wie das starke Geschlecht und benötigten obendrein viel weniger Hammerschläge pro Nuß. In den beiden schwierigeren Techniken waren die Männchen so ungeschickt, daß sie es gleich bleiben ließen, obwohl sie somit auf den Genuß der Delikatesse verzichten mußten.

Die Resultate der Urwald-Beobachtungen waren so eindeutig, daß Christoph und Hedwig Boesch ein entwicklungsgeschichtlicher Verdacht kam: Sollte vielleicht auch in der Frühgeschichte des Vormenschen der Erfinder der ersten Werkzeuge nicht etwa der Mann, sondern die Frau gewesen sein?

Und weiter: Sollte in der unterschiedlichen Befähigung zu handwerklichem Geschick eine Wurzel der Arbeitsteilung zwischen Mann und Frau zu suchen sein: der Mann als Jäger, die Frau als Sammlerin und Zubereiterin der Speisen ... bis hin zur gegenwärtigen Bevorzugung von Frauen bei der Fabrikation von feinmechanischen Präzisionsgeräten?

Was hindert eigentlich die Männchen daran, es den Weibchen gleichzutun? Nur ein Mangel an Handfertigkeit oder ist auch im Kopf etwas blockiert? Für letzteres sprechen genaue Untersuchungen in einer wildlebenden, 59köpfigen Horde japanischer Rotgesichtsmakaken, nahen Verwandten der Rhesusaffen.

Eines Tages hatte ein inzwischen schon weltberühmt gewordenes Affenmädchen, dem der Zoologe den Namen »Imo« gab, am Seeufer der kleinen Insel Koshima mit Süßkartoffeln gespielt und mit ihnen zunächst rein spielerisch im Wasser gepanscht. Als es danach eine Frucht fraß, bemerkte es, daß die Knolle viel besser schmeckte als im verdreckten Zustand, und wendete die Erfindung künftig stets vor den Mahlzeiten an. Hierüber ist schon viel geschrieben worden. Für die Zusammenhänge des eben Dargestellten sind diese Dinge aber so wichtig, daß ich die Gefahr einer Wiederholung in Kauf nehme.

Imos genüßliches Schmatzen machte andere Hordenmitglieder neugierig. Sie begannen, die hauswirtschaftliche Tätigkeit des Süßkartoffel-Waschens nachzumachen. Dr. Masao Kawai beobachtete dabei über viele Jahre hinweg, welche anderen Tiere der Horde diesen Fortschritt der »Eßkultur« für ihr eigenes Wohlbefinden zu nutzen wußten. Zunächst lernten nur Imos Geschwister und Spielgefährten das neue »Küchenrezept«. Nach vier Jahren übernahm es sogar ihre Mutter, von der es sich wiederum unter ihren erwachsenen Freundinnen herumsprach. Aber die älteren Männchen verschlossen sich nach zehn Jahren immer noch dem Neuen, standhaft und stur bis in den Tod.

War es für sie zu blamabel, etwas als gut anzuerkennen und zu übernehmen, was schwache, »minderwertige« Weibchen erfunden hatten? Lernen Männer nur von einer »Autorität«? Oder hatten sie innerhalb ihrer Horde so viel mit Rangordnungsgehabe im Kopf (Wer darf wem welche Nahrung wegnehmen, und wie lassen sich eben entdeckte Leckerbissen vor anderen in Sicherheit bringen?), daß sie keinen Sinn für Geschmacksunterschiede zwischen sauberem und dreckigem Futter besaßen? Die Weibchen, denen diese ständigen Rangwichtigkeiten herzlich gleichgültig sind, leben mehr in einem Umfeld der Entspannung und Ausgeglichenheit. Und genau das ist es, was ihren Geist zu Verbesserungen im »häuslichen« Bereich befähigt. Der Erfinder des Knüppels als Waffe gegen Leoparden mag ein männlicher Schimpanse gewesen sein. Fortschritte auf dem friedlichen Sektor des Lebens aber stammen von den Weibchen.

Wie Halbaffen Freundschaft schließen

Die Evolution der Friedensfähigkeit

In frühen Entwicklungsstadien der Ahnenreihe, die zum Menschen führt, bei den Halbaffen, finden wir aufschlußreiche Phasen, die von ständiger Kampfbereitschaft und purer Unfähigkeit zu sozialem Verhalten zu ursprünglichen Formen des Gemeinschaftslebens und der Friedensfähigkeit überleiten. Im Rahmen dieses Buches sollen nur die wichtigsten Etappen kurz skizziert werden.

Am Anfang, im Übergangsfeld von den Insektenfressern, spitzmausähnlichen Wesen, zu den Herrentieren oder Primaten, also den Halbaffen, Affen, Menschenaffen und Menschen, standen Tiere, die mit den heute noch in südostasiatischen Wäldern lebenden Spitzhörnchen verwandt sind.

Diese sind an Streitsucht nicht zu übertreffen. Die Elternfamilien leben im ständigen mörderischen Kriegszustand mit allen Nachbarn, töten jeden fremden Artgenossen, den sie erwischen können, und wenn sie selbst von Feinden stark gestreßt werden, bringen die Eltern erst ihre eigenen Kinder um und sich dann gegenseitig.

Aus dieser Sozialisierungsphase Null mußten also bedeutende Fortschritte entwickelt werden, ehe zum Beispiel Dinge wie das Gruppenverhalten der Steppenpaviane in den Bereich des Möglichen treten konnten. Eine Anfangsstufe ist durch den Bärenmaki angedeutet, einen 500 Gramm leichten, nur 30 Zentimeter großen Halbaffen, der in den Regenwäldern Zentralafrikas zu Hause ist.

Hier lebt er als nachtaktiver Einzelgänger, der aber zuweilen auch schon in kleinen Gruppen beieinanderhockt, wenn Rast und Ruhe angesagt sind. Sobald es nicht mehr darum geht, Artgenossen Futter vor der Nase wegzugrapschen, zeigt er sich von erstaunlicher Gutmütigkeit. Diese ist die erste Vorbedingung zum Gemeinschaftsleben. Das zeigt sich im Zoogehege, wo man den Bärenmaki unbekümmert mit mehreren Artgenossen in Gesellschaft halten kann. In dieser Situation, in der sich Spitzhörnchen augenblicklich totbeißen würden, spielen die Bärenmakis freundlich miteinander.

Allerdings kann es im Spiel gelegentlich auch zu Mißverständnissen kommen. Dann packt einer seinen Kumpan mit der Hinterpfote am Bein und drückt mit der Kraft einer Kneifzange zu. Aber nicht aus Bosheit, sondern nur, weil ihm noch jegliches Gefühl dafür fehlt, mit einem Spielfreund behutsamer umzugehen als mit einem Ast, an den man sich mit eben dieser großen Kraft festhalten muß. Bezeichnenderweise weiß auch der gepeinigte Partner noch nicht, wie er erreichen kann, daß der andere aufhört, ihm Schmerz zuzufügen. Er läßt die Qualen über sich ergehen, ohne zu schreien oder zu wimmern. Er verzieht nicht einmal das Gesicht. Er ist noch kommunikationsunfähig. Aber plötzlich beißt und schlägt er zu wie der Blitz aus heiterem Himmel.

Der Bärenmaki verzieht sein Gesicht weder aus Schmerz oder Freude noch aus Wut oder als Drohung. Er kann es auch gar nicht verziehen, weil ihm die Gesichtsmuskulatur dazu fehlt. Ein Mienenspiel ermöglicht die Schöpfung nur dann, wenn es einen Sinn bekommt, und zwar als Signal für andere Mitglieder der Gruppe. Folglich setzt die Entwicklung zur Mimik erst mit den Anfängen sozialen Miteinanderlebens ein. Zeichen der Freundlichkeit können also auch erst dann entstehen. Der Bärenmaki aber steht noch jenseits dieser Dinge.

Der Koboldmaki jedoch, ein nur 12 Zentimeter winziger und 120 Gramm leichter Halbaffe, der in den Urwäldern Indonesiens lebt, hat in Dingen der Sozialisierung schon erhebliche Fortschritte gemacht. Männchen und Weibchen halten in

treuer Einehe lebenslang wie Pech und Schwefel zusammen. Tagsüber, wenn sie schlafen, oder bei strömendem Regen kriecht das Weibchen unter sein Männchen und läßt sich wärmen und trockenhalten. Alles unternehmen beide gemeinsam, auch die Jagd auf Insekten, Laubfrösche, Eidechsen, Krebse und Fische. Sie teilen alles und streiten sich nie. Seitensprünge kann es schon deshalb nicht geben, weil jeder seinen Ehepartner allzeit im Auge behält. Kurz: Die Monogamie der kleinen Kobolde ist so perfekt, daß man in der weiteren Entwicklungslinie zum Menschen vergebens nach zusätzlichen Fortschritten sucht. Im Gegenteil, es setzt erhebliche Rückschläge bis hinein in die Gegenwart.
Wie aber steht es mit der Kriegführung gegen feindliche Nachbarn? Diese Halbaffen umringen ihre Familienreviere in der Gipfelregion der gewässernahen Regenwälder mit duftenden Grenzsteinen. Sie urinieren auf das »Stempelkissen« eines Moospolsters, treten mit allen vieren darauf herum und »bestempeln« dann einige Grenzäste damit.
Das läßt auf Gefechte gegen vagabundierende, heimatlose Eindringlinge schließen. In der Tat kommt es auch sehr oft zu einer »Schlacht«, die jedoch mehr einem Schachspiel gleicht, und also unblutig verläuft. Sie beherrschen schon eine beachtlich hohe Form der Kriegskunst.
Bei einem Zweikampf in den Zweigen des Urwaldes ist stets derjenige überlegen, dem es gelingt, seinem Gegner auf den Rücken zu springen und sich dort festzuklammern. Er hat sozusagen sämtliche Waffen für den Kampf frei, während sich der andere an einem Ast festhalten muß. Das bedeutet, daß jeder schon vor dem bis zu zwei Meter weiten Sprung genau weiß, wie die Begegnung verlaufen wird. Folglich erübrigt sich der eigentliche Kampf. Bereits die bessere Ausgangsposition bringt die Entscheidung für den Sieg.
Weshalb das weiterentwickelte Geschöpf, der Mensch, trotz

seiner Fähigkeit, Chancen im Kampf noch viel besser abzuschätzen, es so oft auf einen von vornherein aussichtslosen Krieg ankommen läßt, bleibt dem Verhaltensforscher unbegreiflich.

Die Koboldmakis kennen jedenfalls in ihrem Grenzgebiet eine Reihe »strategischer« Äste. Derjenige, der so nah an einen Gegner herangekommen ist, daß er ihn mit einem Sprung erreichen könnte, aber so viel höher im Baum sitzt, daß der andere ihn nicht direkt anspringen kann, hat damit seinen Rivalen matt gesetzt. Jener tritt nun schleunigst den Rückzug an, und so kommt es fast nie zum Blutvergießen.

Da die Halbaffen hierbei mit allen Raffinessen vorgehen, mit Ablenkungsmanövern, Zangenangriffen und plötzlichem Hervorpreschen einer versteckten Reserve, dem Eheweibchen, ist der Vergleich mit einem Schachspiel tatsächlich angebracht. Es handelt sich also um einen wirkungsvollen Ersatz blutiger Beißkämpfe durch friedvollere Methoden.

Der Gegenpol der Angriffslust

Die soziale Bindekraft

Noch einen Schritt weiter haben die Sifakas, bis zu vierzig Zentimeter große Halbaffen in den Regenwäldern Madagaskars, vollzogen. Bei ihnen schließen sich einzelne Familien bereits zu höher organisierten Horden bis zu zehn Mitgliedern zusammen. Aber sie kennen in der Gruppe noch keine Rangordnung und vereinigen sich nur deshalb, weil sie Sinnbilder an Friedfertigkeit sind.

Aber einmal im Jahr ist der Teufel los. In der nur zwei

Wochen dauernden Brunstzeit bricht die sexuelle Lust hervor und gleichzeitig mit ihr blindwütige Aggression. Im Kampf um die Weibchen verkrallen sich die Männchen ineinander und bringen sich blutende Wunden bei. Die soziale Bindung, die alle Hordenmitglieder zusammenhielt, zerbricht. Die Halbaffen zerstreuen sich in die Einsamkeit. Die Gemeinschaftswesen fallen in den Urzustand des Einzelgängertums zurück. Erst Wochen später, wenn Sex und Aggression verraucht und vergessen sind, finden sich die Sifakas, langsam ihr Mißtrauen beschwichtigend, wieder zur alten Horde zusammen.

Diese unerfreulichen Vorgänge zeigen, daß der Sexualtrieb gar nicht, wie Philosophen und Poeten meinen, die eigentlich verbindende Kraft in einer Tiergemeinschaft sein kann.

Andere Beispiele belegen das in vielfältiger Weise: Männliche Rothirsche leben fast das ganze Jahr über relativ einträchtig in einem Rudel separat von den Weibchen. Aber sobald die Brunftzeit naht, entsteht überall ohne ersichtlichen Grund Streit zwischen Hirsch und Hirsch, und die Gemeinschaft fällt völlig auseinander. Wenn die reif gewordenen Junglöwen eines Rudels von sexuellen Wallungen ergriffen werden, beginnen die Väter, sie in ihren amourösen Gelüsten zu unterdrücken. Das sprengt den Verband, und die Jungen wandern aus. Den Winter über friedlich miteinander lebende Wildkaninchen bekämpfen sich bissig und brutal, sobald im Frühjahr in ihnen der Eros erwacht. Die Beispiele ließen sich zahllos fortsetzen.

Wer die Tiere nur halbwegs kennt, dem ist es sonnenklar, daß der Gegenpol der Aggression niemals der Sex sein kann. Im Gegenteil: Mit dem Erwachen der Liebeslust bricht gleichzeitig auch die Kampfeswut durch. Der Sex verhindert dann zwar, daß sich die Aggression auch gegen den Paarungspartner richtet (von Tierarten mit vergewaltigendem

Begattungsverhalten wie See-Elefanten, Fröschen, Schildkröten, Spinnen, Gottesanbeterinnen und Bettwanzen abgesehen), aber mehr als zwei Wesen vermag Amor nie zusammenzuführen. Jede andere Gemeinschaft gefährdet oder zerstört er.

Und nicht einmal die Zweisamkeit von Männchen und Weibchen vermag der Sex auf Dauer zu garantieren. Die Liebe der Tigerin zu ihrem Partner erlischt unmittelbar nach der Paarung. Nimmt er dann nicht schnell Reißaus, bringt sie ihn um. Auch die Ehe des Menschen ist keinen Pfifferling mehr wert, wenn der Sex verrauscht ist und es versäumt wurde, eine viel dauerhaftere Bindekraft aufzubauen, die wir als Sympathiebindung bezeichnen können.

Wenn der Sex nicht der beschwichtigende Gegenpol der Aggression ist, was ist es dann? Einmal natürlich die Angst. Aber die Angst allein vermag noch viel weniger als der Sex eine Gemeinschaft aufzubauen. Zum Glück gibt es aber noch einen dritten Pol, der Aggression und Angst so auszubalancieren vermag, daß eine Gemeinschaftsbindung möglich wird: die sogenannte soziale Bindekraft. Verhaltensforscher sprechen hier von einer »Trieb-Trilogie« aus Aggression, Angst und Bindekraft.

Wir kennen sie in vielerlei Gestalt: Zwischen Mutter und Kind nennen wir sie Mutterliebe, zwischen Eheleuten den Sympathietrieb, in einer Gruppe Freundschaft und Gemeinschaftsgefühl.

Eine höher organisierte Tiergesellschaft, etwa eine fünfzigköpfige Horde von Steppenpavianen, kann nur dann von Bestand sein, wenn ein großer Teil der männlichen Mitglieder seine sexuellen Lüste dem Gruppeninteresse unterordnet und sich enthält. Das trifft in erster Linie auf die Jungmännchen, die sogenannten »Halbstarken«, zu. Sie tragen kein leichtes Schicksal: die sexuelle Reife zu besitzen, der Erotik

aber keinen freien Lauf lassen zu dürfen und in der Gemeinschaft noch als Null zu gelten und dennoch die Aggression zu zügeln! Auch Paviane haben ihre Generationskonflikte. Aber sie regeln sie, ohne daß die Gemeinschaft Schaden erleidet. In der Wildnis wären sonst alle des Todes.
Insofern können wir folgern: Die christliche Nächstenliebe baut nicht auf der erotischen Liebe auf, sondern auf dem sozialen Zusammengehörigkeitsgefühl, auf der Gruppenbindekraft, die eine real existierende ethologische Größe ist, auch wenn sie gegenwärtig immer und immer wieder ignoriert wird.

Warum gähnen Tiere und Menschen?

Den Gemeingeist fördernde Signale

In menschlicher Gesellschaft gilt Gähnen als ungehörig. Als Zeichen der Langeweile und des Sich-ins-Bett-Wünschens beleidigt es den Gastgeber, Redner oder Gesprächspartner. Deshalb versuchen wir, es zu unterdrücken oder zu verbergen.
Auch die Forschung nahm verschämt das Phänomen des Gähnens gar nicht erst wahr. Noch heute wissen wir nicht genau, weshalb wir eigentlich den Rachen so weit aufsperren, wenn wir müde sind. Erst 1987 legte Professor Robert R. Provine von der Universität Maryland neue Erkenntnisse vor, die er im Mensch-Tier-Vergleich erarbeitet hat. Sie gelten zugleich als weiteres Beispiel für die Vielschichtigkeit der Verhaltenselemente, die geeignet sind, eine Atmosphäre der Ruhe und des Friedens zu schaffen.

Jenes dunkle Zeichen der Schläfrigkeit soll, so steht es im Lexikon, durch tiefes Einatmen den Organismus mit mehr Sauerstoff versorgen und damit eine belebende Wirkung hervorrufen. Als ob man sich durch tiefe Atemzüge aufmuntern könnte! Gähnen hat wirklich keinen schlafaufschiebenden, sondern, wie jedermann an sich selber konstatieren kann, einen eher schläfrig machenden Effekt. Deshalb wird es auch zu Recht als Beleidigung empfunden und nicht als Bemühen, wach bleiben zu wollen.

Viele Fische, etwa Karpfen, Hechte, Karauschen, Welse, im Meer auch Riffbarsche sowie Molche, Salamander und Frösche gähnen unter Wasser mit Hingabe, ohne daß dabei mehr Sauerstoff durch ihre Kiemen oder Lungen streicht. Von einer Ankurbelung der Atemtätigkeit kann also bei diesen Tieren erst recht keine Rede sein. Auch Käfigvögel wie Papageien und Kakadus sowie Pinguine im Zoo gähnen ebenso wie verschlafene Löwen, Wölfe oder Rhesusaffen. Sogar Krokodile und Schlangen reißen vor dem Einschlafen behaglich ihr Maul auf. Dabei richten Klapperschlangen und Kreuzottern übrigens nicht ihre Giftzähne auf, sondern lassen sie eingeklappt.

Allerdings können Tiere aus ganz unterschiedlichen Gründen den Rachen im Leerlauf aufsperren. Einmal, wie der Mensch, als Schläfrigkeitsgähnen. Das ist in der Langeweile der zoologischen Gärten besonders häufig zu beobachten. Ein Flußpferd kann dabei seine große Klappe bis zu 1,20 Meter weit aufreißen. Besucher verlockt das oft, Futter in diesen Riesenschlund zu werfen. So entwickelt sich bei diesen Tieren aus einem Mißverständnis das Gähnen zur Bettelgebärde.

Es kann aber auch eine andere Bedeutung annehmen: die der Drohung. Sich streitende Flußpferdbullen reißen beide, Maul gegen Maul, ihre Rachen so weit wie möglich auf und

rülpsen sich dabei übelriechende Gase in den Schlund. Wer das größte Mundwerk hat, wird Sieger.
Ähnlich verhält es sich bei den Mantelpavianen. Räkelt und streckt sich ein Pascha genüßlich und schaut beim Gähnen in die Wolken, so ist dies eine Mischung aus Schläfrigkeit und ungerichteter Drohung etwa in dem Sinn: »Schaut alle her, was für mächtige, dolchartige Eckzähne ich habe!« Sie stehen auch dem Gebiß eines Leoparden in nichts nach. Zudem gähnt ein ranghohes Tier dreimal häufiger als untergeordnete Hordengenossen. Tun sie es häufiger, empfindet es der Boß als ungehörig und verpaßt den Regelbrechern demnächst eine Abreibung.
Blickt der Affe aber beim Gähnen einen anderen scharf an, so ist das eine machtvolle, gezielte Drohung. Der Chef zeigt die Zähne, sagt aber gleichzeitig: »Du langweilst mich! Aber deinetwegen unterbreche ich noch lange nicht meine Ruhe!«
Neben diesem Droh- oder Wutgähnen gibt es noch das Freß- oder Hungergähnen. Wir können es zum Beispiel beim Haushund beobachten, wenn ihn Herrchen oder Frauchen bestrafen will, indem man ihm einen vollen Futternapf nur zeigt und diesen dann gleich wieder in den Schrank einschließt. Hier, so der Züricher Professor Heini Hediger, gähnt der Hund in der Verlegenheit einer Konfliktsituation. Der Ethologe bezeichnet das als Übersprungsbewegung. In ähnlicher Weise kennen wir auch das sogenannte Angstgähnen.
Dies alles führt uns aber nicht weiter, wenn wir Rückschlüsse auf den Menschen ziehen wollen. Hier kommen wir nur voran, wenn wir ausgerechnet jenen Punkt betrachten, der in der Forschung bisher am wenigsten bearbeitet wurde: nämlich die allgemein bekannte Tatsache, daß Gähnen auf andere Leute ansteckend wirkt.
Wer einen anderen den Mund weit aufmachen sieht, muß

wenige Minuten später selber gähnen, ob ihm das nun bewußt wird oder nicht. Ein Blinder, der von anderen Menschen die entsprechenden Geräusche hört, wird auch alsbald von derselben Müdigkeitsanwandlung ereilt. Sogar wenn man nur über das Gähnen nachdenkt oder ein Traktat in einem Buch wie diesem darüber liest, so wirkt auch das nach Forschungen von Professor Provine erwiesenermaßen ansteckend.

Was für einen Sinn hat diese offenkundige Übertragung schläfriger Gemütsverfassung? Das zeigen uns zum Beispiel die Paviane im Kölner Zoo. Wenn nach einem anstrengenden Tag die Abenddämmerung hereinbricht, kehrt Ruhe in diese quirlige Gesellschaft ein. Die Tiere setzen sich in kleinen Gruppen zusammen und lausen sich. Plötzlich beginnt einer wohlig zu gähnen. Das steckt an wie ein Buschfeuer, und bald gähnt die ganze Gesellschaft. Dann erheben sie sich alle ziemlich gleichzeitig und treten, wie in freier Wildbahn, den langen Marsch zum »Schlafzimmer« an: zwanzigmal um den Affenfelsen herum und dann erst durch die Klappe in den Stall. Bei einem langweiligen Vortrag ist es genau dasselbe. Wenn erst einer im Publikum, ungehörig zwar, aber deutlich hörbar, gähnt, haben bald alle Anwesenden die Kinnladen unten. Und dann dauert es auch gar nicht lange, bis einer nach dem anderen aufsteht und nach Hause geht.

Folglich dient das Gähnen nicht, wie bisher angenommen, der Atmung, der Sauerstoffversorgung und Belebung des Körpers, sondern im Gegenteil: Es ist ein soziales Signal zur Stimmungsübertragung der Schläfrigkeit in einer Gemeinschaft. Es soll dafür sorgen, daß sich jede Aufregung legt, daß alle Animositäten begraben werden, daß Frieden einkehrt und sich alle Mitglieder der Horde annähernd gleichzeitig zur Ruhe begeben und hernach keiner den anderen im Schlafe stört.

Heute, in der modernen Industriegesellschaft, hat das freilich keinen Sinn mehr. Trotzdem steckt diese archaische Eigenschaft noch tief in uns. Es ist dies gleichsam ein Verhaltenselement zum Aufrechterhalten des sogenannten »kleinen Friedens« innerhalb einer Gruppe. Dem gleichen Zweck dient auch das Respektieren von Eigentum.

Geschenke erhalten die Freundschaft

Achten von Eigentum als Friedenserhaltung

Nachmittagsruhe über dem tansanischen Gombe-Urwald. Doch plötzlich zerrissen gelle Schreie die Luft. Ein großer männlicher Schimpanse packte ein Paviankind, das gerade arglos in seiner Nähe spielte, und drehte ihm den Hals um. Sekunden später waren drei weitere Schimpansen zur Stelle, griffen zu, zerteilten die Beute in mehrere Stücke und machten sich daran, das Fleisch zu verspeisen.

Einige Minuten später erschien, wie Dr. Geza Teleki, ein Mitarbeiter der Primatologin Professor Jane Goodall, berichtet, eine größere Anzahl von Menschenaffen, um am Schmaus teilzunehmen. Aber sie mußten ziemlich lange warten und ständig betteln, um etwas vom Fleisch geschenkt zu bekommen. In der nun folgenden, neun Stunden währenden Zeremonie war es eine dramatische Frage: Wer bekommt was und wieviel von wem, und wer geht leer aus?

Als eines der stärksten Mittel, soziale Bindekräfte zwischen einzelnen Mitgliedern einer Gruppe zu entfalten und aufrechtzuerhalten, gilt zu Recht das Teilen von Nahrung und das Schenken. Im Kapitel »Wie schließt man Bündnisse« war

das schon am Beispiel des Thronanwärters, der grüne Zweige an die Weibchen seiner Schimpansenhorde verschenkte, angedeutet worden.
Dieser Vorgang ist besonders deshalb so interessant, weil er verblüffende Ähnlichkeit mit der Fleischverteilung bei den Buschmännern in der Kalahari aufweist. George B. Silberbauer schildert sie so: »Der erfolgreiche Schütze behält die Beute nie für sich allein. Ihm gehört nur die größte Portion. Der Rest wird so verteilt, daß man Tributfleisch für den Bogenbesitzer zahlt, falls die Waffe entliehen worden war. Auch die Jagdgefährten bekommen ihren Anteil. Alle, die Fleisch bekommen haben, teilen ihre Rationen weiter auf an Verwandte und Freunde. Damit lösen sie frühere Verpflichtungen ein oder verstärken die Bande der Freundschaft.«
Auch bei den Schimpansen gibt es stets eine erste Verteilung und bald darauf eine Serie von Weiterverteilungen. Aber die feineren Zusammenhänge, wer als Mitjäger ein Anrecht auf Beuteanteile hat und wer als Unbeteiligter der Jagd erst ausgiebig zu betteln hat, das können die Menschenaffen noch nicht logisch überblicken. Statt dessen gilt bei ihnen eine Zeitspanne von zwei bis drei Minuten. Wer vorher dort war, gilt als Mitjäger und Miteigentümer an der Beute, ganz gleich, ob dies tatsächlich der Fall war oder nicht. Wer später kommt, muß betteln. Überraschenderweise machen Starke und Ranghohe niemals auch nur den kleinsten Versuch, sich Fleisch ohne Erlaubnis des vielleicht viel schwächeren Besitzers anzueignen. Überdies geht alles sehr ruhig und friedlich über die Bühne. Somit besteht kein Zweifel, daß diese Menschenaffen schon einen Eigentumsbegriff entwickelt haben. Aber die Besitzenden handeln nicht nach der Devise »Selber fressen macht fett«. Vielmehr benutzen sie ihre Habe, um durch Geschenke die Bande der Freundschaft in der Gruppe und den inneren Frieden zu stärken.

Auf den ersten Blick erscheint uns dies trivial. Das ist es aber nicht, wenn wir von den Menschenaffen eine Entwicklungsstufe niedriger zu den Pavianen schauen. In freier Wildbahn sind diese Tiere absolut unfähig, andere um etwas zu bitten, und umgekehrt, auch anderen von ihrem Futter freiwillig etwas abzugeben. Der Stärkere, der etwas haben will, droht den schwächeren Besitzer an, stiehlt den Leckerbissen und rennt weg.

Räuber und Diebe in der menschlichen Gesellschaft handeln also unterhalb des Schimpansenniveaus auf Pavianebene.

Auf einem anderen Gebiet lassen männliche Mantelpaviane aber schon erste Ansätze zum Eigentumsbegriff erkennen: auf dem des Besitzes von Haremsweibchen. Vor Jahren hielt der Züricher Zoologieprofessor Hans Kummer ein körperlich schwaches Männchen mit dessen Weibchen in einem Käfig. Tage später setzte er ein sehr muskulöses Männchen hinzu. Der Neuling dachte aber gar nicht daran, sich mit dem Eigentümer um den Besitz des Weibchens zu streiten. Vielmehr setzte er sich mit allen Anzeichen seelischer Konflikte und starker Hemmungen in eine Ecke und drehte dem Pärchen den Rücken zu. Mit offensichtlich äußerster Willensanstrengung widerstand er der starken Versuchung.

Allerdings verhält sich der neu hinzugelassene und körperlich überlegene Pavian nur dann so respektvoll vor fremdem Eigentum, wenn er den Weibchenbesitzer als Kumpan seines Schlaffelsen-Clans persönlich kennt. Handelt es sich jedoch um einen Fremdling, fällt er augenblicklich über ihn her und raubt ihm sein Weibchen. Die selbstverleugnende Achtung vor fremdem Eigentum geht also nur so weit, wie sie im Dienste freundschaftlicher Bande innerhalb der eigenen Gruppe steht.

So läßt sich im Tierreich eine interessante Entwicklungslinie des Eigentumsbegriffes zeichnen. Sie beginnt beim Futtergönnen, wie es unter den Ehepartnern bei vielen Tierarten üblich ist, und führt weiter über das vom Ernähren der Kinder abgeleitete Balzfüttern bis hin zum Geschenkebringen während der Brautwerbung bei vielen Vögeln und Säugetieren.

Das ist die auf individual-selektionistischer Basis entstandene Prädisposition oder Vorausanpassung, auf der dann später, als Gruppen einander persönlich bekannter Tiere entstanden waren, die Gruppenselektion weiterwirkte.

Sie begünstigte im Lebenskampf jene Gemeinschaften, die enger zusammenhielten als andere. Damit sie das konnten, mußten Bindekräfte geschaffen werden, unter anderem also der Eigentumsbegriff, der Verhaltensweisen wie das Respektieren des Eigentums und das Bitten um ein Geschenk einschließt, aber auch die Verpflichtung zum Teilen und Schenken. Habgier, Geiz und Anhäufen von Eigentum zum Ausüben von Macht sind erst spätere, ein Gemeingefühl zerstörende Entartungserscheinungen. Nicht das Eigentum an sich ist von Übel, sondern nur dessen Übersteigerung zu rein egoistischen und asozialen Zwecken.

Niemandsland vermeidet Kriege

Wie Tiere Frieden stiften

Erst seit zwei Tagen war das junge Dohlenweibchen verpaart. Doch als es sich einmal von seiner Schwarmkolonie im alten Gemäuer von Schloß Daun entfernte und allein im nahen Wald umherflog, wollte ein altes, ranghohes Männchen diese Situation ausnutzen, um es zu vergewaltigen. Das ist auch im Reich der Dohlen ein strafwürdiges Verbrechen.

Die Bedrängte stieß im raschen Stakkato schrille Notrufe aus, ein tiefes, volles »jüp – jüp – jüp«, das sich bis zur Raserei steigerte. Daraufhin flogen alle Dohlen, die den Hilferuf hörten, in einer Art Polizeiaktion zum Tatort und jüpten ebenfalls im Fortissimo. Um schmerzhafte Massenkeile zu vermeiden, krächzte der Unhold nun am allerlautesten im Chor der Erbosten mit – frei nach der Devise »Haltet den Dieb!«, bis sich die Aufregung allmählich legte, niemand mehr wußte, wer hier zu bestrafen sei, und sich alles in Frieden und Wohlgefallen auflöste. So wird bei Dohlen jeder Rechtsbruch prompt und straffrei unterbunden.

Erheblich intelligenter, zugleich aber auch ungerechter gehen in gleicher Situation die Kolkraben ans Werk des Streitschlichtens. Hier ist es die alleinige Aufgabe des Schwarmführers, unter seinen Schutzbefohlenen für den inneren Frieden zu sorgen. Er eilt zum Hickhack zweier Raufbolde und ergreift sogleich Partei. Für wen?

Für denjenigen, der im Recht ist? Nein. Das wäre von diesen Tieren entschieden zuviel verlangt. Der Chef unterstützt stets den Schwächeren. Aber er tut dies nicht aus Mitleid oder aus ethischen, sondern nur aus »machtpolitischen« Gründen. Der Stärkere der beiden Kampfhähne ist für den Anführer der Gefährlichere. Also muß er kurzgehalten werden.

Es ist ja immer ein Risiko, sich in eine Prügelei einzumischen. Daß der Leitrüde eines Wolfsrudels dies Problem durch spielerisch-freundschaftliche Ablenkung löst, war schon weiter vorn gezeigt worden. Gelegentlich kann auch folgendes geschehen: Ein Wolfsrudel ist im Norden Kanadas zusammengeschossen worden. Nur ein Überlebender konnte entkommen und sucht nun Anschluß an ein anderes Rudel. Aber so friedfertig sich Isegrim gegenüber seinen Rudelkumpanen verhält, so tödlich aggressiv reagiert er auf einen fremden Artgenossen. Das Rudel umkreist diesen in der Absicht, ihn

zu töten. Da setzt er sich nieder, wirft den Kopf hoch und beginnt laut zu jaulen und zu heulen.
Sogleich fallen die anderen im Chor in den Gesang mit ein. Wie durch einen Zauber verfliegt die Mordlust. Das Chorheulen der Wölfe ist ein Ausdruck friedvollen Gemeingefühls. Wahrhaftig: Mit den Wölfen muß man heulen, und es geschieht einem nichts Böses... wenn man ein Wolf ist. Aber auch Menschen haben schon ihr Leben retten können, wenn sie in arktischer Einsamkeit als Unbewaffnete von einem Rudel umzingelt worden waren. Forscher benutzen das Friedensgeheul sogar als Mittel, mit einem Wolfsrudel engere Freundschaft zu schließen.
So kennen viele Tiere zuverlässige Signale, mit denen sie ihre Artgenossen in kritischen Lagen friedlich stimmen können. Im Juli 1987 habe ich zum Beispiel im Amboseli-Nationalpark Kenias am Fuße des Kilimandscharo folgendes beobachtet: Eine Herde weiblicher Elefanten weidete friedlich auf der Savanne, als plötzlich ein riesiger Bulle in amouröser Absicht erschien. Doch als er noch dabei war, Weibchen für Weibchen zu inspizieren, trabte ein noch gewaltigerer Bulle herzu. Der erste erstarrte, als wäre er auf böser Tat ertappt worden. Hätten sich die Giganten nun auf einen Kampf eingelassen, wäre sicherlich einer von beiden mit den Stoßzähnen erstochen worden, und ich befürchtete schon das Schlimmste. Doch in diesem Augenblick legte der Größte seinen Rüssel über den linken Stoßzahn, etwa so, wie wir einen Strumpf an die Wäscheleine hängen. Unverzüglich tat der andere Elefant dasselbe. Ein unmißverständliches Signal etwa folgender Bedeutung: »Ich beabsichtige nicht zu kämpfen! Es muß sich wohl um ein Mißverständnis handeln!« Und wirklich tat der erste, auf frischer Tat ertappte Bulle nun so, als stünde er rein zufällig und ohne irgendwelche Absichten hier in der Landschaft, und trollte sich alsbald davon.

Eine beneidenswerte Methode, Kriege zwischen Nachbarvölkern zu vermeiden, praktizieren die Murmeltiere in den Alpen. Innerhalb einer Großfamilie, die bis zu sechs Männchen und 15 erwachsene Weibchen samt deren Kindern umfaßt und ein Areal von 2000 bis 3000 Quadratmetern besiedelt, herrschen ohnehin stets Eintracht und Frieden. Die Männchen streiten sich nicht einmal um die Weibchen. Aber jeder artgleiche Fremdling wird wie der Leibhaftige verfolgt. Alle Nachbarn sind also »böse«. Was läge somit näher, als immerwährende Grenzgefechte mit den Nagezähnen als sehr gefährlicher Waffe zu vermuten. Um sie zu vermeiden, haben die Murmeltiere jedoch ein verblüffend einfaches Erfolgsrezept entwickelt: Sie legen zwischen zwei Hoheitsgebiete stets einen mehrere hundert Meter breiten Gürtel Niemandsland. So bleibt der Frieden erhalten.
Ziehen wir die Summe all dessen, was in diesem Buch und speziell in diesem Kapitel über »Friedensstrategien« beschrieben wurde und das alles zusammen auch nur einen winzigen Ausschnitt aus dem weiten Spektrum der Kampfvermeidungs-Mechanismen im Verhalten der Tiere darstellt, so ergibt sich folgendes: Der Krieg ist keineswegs ein Dauerzustand im Konzept der Schöpfung. Vielmehr sind wirksame Friedensstrategien ein wesentliches Element des Überlebens.

Ein Friedensengel im Hyänenkrieg

Schlichtungsversuche unter Lebensgefahr

Aus siebzig fanatisierten Kehlen schallte schauriges Heulen und höllisches Gelächter in die Finsternis der afrikanischen Nacht: das Schlachtgeschrei zweier Hyänenclans, die sich in militärischer Front auf Leben und Tod bekämpften. Als der Morgen dämmerte, lagen zwölf zerfetzte Leichen auf dem Schlachtfeld, an denen sich nun Löwen, Schakale und Geier gütlich taten.

Es gibt nur wenige Tierarten, die wie die Menschen in der Nähe ihrer Staatsgrenzen reguläre Vernichtungs- und Eroberungskriege führen. Zu ihnen gehören die Tüpfelhyänen. Aber, auch ähnlich wie beim Menschen, gibt es unter diesen Tieren Pazifisten, die versuchen, zwischen den Fronten Frieden zu stiften. Ein starkes, ranghohes Hyänenmännchen, von der Beobachterin Frau Professor Jane Goodall »Quiz« genannt, war solch ein Friedensengel. Und das ist seine Geschichte:

Den ganzen Tag über hatte Quiz allein in seinem »privaten« Erdbau geschlafen, wie alle anderen Hyänen es auch zu tun pflegen. Tagsüber streifen nur solche Tiere einzeln umher, die übergroßer Hunger treibt, weil sie in der vergangenen Nacht nichts Nahrhaftes fanden.

Bei einbrechender Nacht kam Quiz hervor und trabte zu einer Felsengruppe, die gespenstisch aus der Serengetisteppe ragte: der Treffpunkt der Nachtjäger. An die zwanzig bis dreißig Hyänen versammelten sich hier allabendlich unter schier endlosen Begrüßungszeremonien: sich angrinsen, verbeugen, mit dem Schwanz wedeln und den anderen ausgiebig belecken, bevor der nächste Kumpan ebenso langwierig begrüßt wird.

Wozu diese uns übertrieben erscheinende Höflichkeit, die jeden Abend aufs neue dahergedienert wird? Von Natur aus ist jede Hyäne der anderen Feind. Diesen Haß müssen die Tiere vor jeder gemeinsamen militärischen Aktion erst einmal mit vielen Beschwichtigungsgebärden besänftigen. Sie müssen sich gleichsam erst fünfzigmal sagen: »Gut Freund!«, ehe sie es wirklich glauben.

Endlich war es genug der Förmlichkeiten. Das Rudel trabte durch die mondhelle Nacht über die Steppe davon. Die Forscherin im Geländewagen hinterher. Nach vier Kilometern Laufschritt traf das Rudel auf eine Zebraherde. Der Wachtposten der Tigerpferde bellte Alarm. Alle Herdenmitglieder sprangen hoch und starrten ihre Feinde an, die sich nun zum Halbkreis formierten und zähnefletschend vorrückten. Doch der Zebrahengst preschte zur Gegenattacke vor, keilte mit den Hufen nach den Räubern aus, schnappte und biß um sich, während seine Stuten und Fohlen eng zusammengeschart und nur mit mäßiger Geschwindigkeit die Flucht ergriffen, um den Zusammenhalt mit dem Hengst nicht zu verlieren. Für die Hyänen hieß es also, sehr vorsichtig zu sein, um bei der Attacke keine Verletzung zu riskieren. Denn diese bedeutet in freier Wildbahn meist den Tod. So zog sich die Verfolgung über eine Stunde lang hin. Im Eifer des Gefechts überschritten die Nachtjäger die Grenze zum »Staatsgebiet« des benachbarten Hyänenclans, ihren Todfeinden. Erst hier, im »Ausland«, gelang es ihnen, eine Zebrastute zu reißen.

Kaum wollten die Tiere mit dem Mahl beginnen, da erscholl das Geheul und Gekicher des Nachbarclans, und fünfzehn zum Äußersten entschlossene Krieger rückten in breiter Schlachtreihe gegen sie vor. Doch in diesem Augenblick sprangen vier Löwen brüllend hinzu, fegten die Hyänen auseinander und begannen, das Zebra zu verspeisen. Nur zu oft stehlen Löwen kleineren Raubtieren die Beute.

Aber beide Hyänenclans formierten unmittelbar neben den fressenden Löwen wieder ihre Schlachtreihen, wagten sich aber aus Angst vor den zwischen den Fronten fressenden Raubkatzen nicht, zur offenen Feldschlacht überzugehen. In dieser Situation schlug die Stunde des Friedensengels Quiz.

Er war ohnehin nicht das, was man unter Menschen einen Nationalisten nennen würde. Schon seit mehreren Monaten war er tagsüber ganz allein ins Gebiet der feindlichen Nachbarn getrottet, um freundschaftliche Beziehungen zu einzelnen Weibchen in deren Erdbau aufzunehmen. Es war ihm sogar gelungen, einige für sich als Freundinnen zu gewinnen. Da Hyänenrudel von Weibchen in einer Art Matriarchat beherrscht werden, ist solch eine Anbahnung männlicher Beziehungen über die Grenzen hinweg unter diesen Tieren eine vielpraktizierte Erscheinung.

Dennoch ist der amouröse Männerbesuch im feindlichen Ausland nicht ganz ungefährlich. Oftmals geschieht nämlich folgendes: Ein Clan jagt dem anderen in der Nähe der Grenze ein Beutetier ab. Aber ein »Hausfreund« aus der Gruppe der gerade Vertriebenen glaubt, auch jetzt noch unter Freunden zu sein, bleibt beim anderen Clan und will mit diesem zusammen an der Mahlzeit teilhaben. Dann fallen aber alle jene, die ihn noch nicht so gut kennen, über ihn her und töten ihn.

Unter höchster Lebensgefahr tat Quiz nun etwas Erstaunliches. Er spazierte ins Niemandsland zwischen den Fronten etwa zehn Meter neben die Löwen. Als er noch zwanzig Meter von der Front der Feinde entfernt war, jaulte er laut auf. Daraufhin kam eine Freundin aus dem Feindeslager auf ihn zu, und beide liebkosten sich. Sofort preschten fünf Feindesmännchen aus Unwissenheit oder Eifersucht gegen ihn vor. Quiz floh zurück in die Frontlinie der Seinen, wo seine beiden Chefinnen gerade einen Gegenangriff zu seiner Rettung einleiten wollten. Aber Quiz unterstützte nicht ihre Angriffsrage. Er begrüßte die beiden »Feldherrinnen«, legte sich vor ihnen nieder und besänftigte sie, so daß sie bald den Rückzug antraten. So verhinderte er das unmittelbar bevorstehende fürchterliche Gemetzel.

Quellenverzeichnis

Die linke Zahl verweist auf die Seite, auf die sich die Quellenangabe bezieht.

13 Waal, Frans de: *Unsere haarigen Vetter*, München 1983

13 Machiavelli, Niccolo: *Der Fürst*, Wiesbaden 1980

18 Morris, Desmond: *Der nackte Affe*, München 1968

20 Näheres über die Funktionen der Geschenkverteilung bei wildlebenden Schimpansen bei:
Dröscher, Vitus B.: *Überlebensformel*, Düsseldorf 1979
Teleki, Geza: *The omnivorus chimpanzee*, in: Scientific American, Vol. 228, Nr. 1 (Jan. 1973), S. 32–42

26 Goodall, Jane van Lawick-: *Wilde Schimpansen*, Reinbek 1971

26 Fossey, Dian: *The imperiled mountain gorilla*, in: National Geographic, Vol. 159, Nr. 4 (Apr. 1981), S. 501–515

26 Kummer, Hans: *Sozialverhalten der Primaten*, Heidelberg 1975

28 Goodall, Jane: *Population dynamics during a 15 year period in our community of free-living chimpanzees*, in: Zeitschr. f. Tierpsych., Vol. 61 (1983), Bd. 1, S. 1–59

32 Zum Begriff der sozialen Intelligenz:
Franck, Dierk: *Verhaltensbiologie*, München 1985, S. 219 ff.

36 Zum Jagderfolg der Löwen:
Schaller, George B.: *Life with the king of beasts*, in: National Geographic, Vol. 135, Nr. 4 (April 1969), S. 494–519

36 Zum Verhalten der Piranhas:
Markl, Hubert: *Aggression und Beuteverhalten bei Piranhas*, in: Zeitschr. f. Tierpsych., Bd. 30, Nr. 2 (Febr. 1972), S. 190–216

36 Fortpflanzungsverhalten der Pfeilgiftfrösche:
Myers, Charles W., und Daly, John W.: *Dart-poison frogs*, in: Scientific American, Vol. 248, Nr. 2 (Febr. 1983)

37 Radinsky, Leonard, und Emerson, Sharon: *Säbelzahntiger*, in: Das Tier, 1983, Heft 10, S. 36–39

38 Zur Kaninchenpest:
Mills, Stephen: *Rabbits breed a growing controversy*, in: New Scientist, Vol. 109, Nr. 1486 (1986), S. 50–54

41 Neue Perspektiven zum »Prisoner's Dilemma«:
Cherfas, Jeremy: *Tit for tat in the animal kingdom*, in: New Scientist, Vol. 113, Nr. 1549 (1987), S. 35

41 Steppenpaviane u. a. Beispiele für spieltheoretische Modelle:
Arak, Anthony: *Playing games is a serious business*, in: New Scientist, Vol. 101, Nr. 1395 (Febr. 1984), S. 31–34

42 Spieltheorien im Tierverhalten:
Maynard Smith, John: *Evolution and the theory of games*, University of Cambridge Press 1982

43 Verhalten der Wölfe:
Zimen, Erik: *Der Wolf*, Wien 1978

44 Verhalten der Baumschwalben: s. Quelle zu S. 41

46 Ganoven-Dilemma: s. Quelle zu S. 41

47 Der »Heilige« im »Ganoven-Dilemma«:
Deutsch, Karl W.: *Der einzelne und der Friede*, in: Was der Mensch braucht, Hrsg. Hans Jürgen Schulz, Stuttgart 1977, S. 94 ff.

48 Erfolgreiche Taktik im »Ganoven-Dilemma«-Spiel:
Axelrod, Robert M.: *The evolution of cooperation*, New York 1984, S. 110

49 Makins, Christopher: *The super-power's dilemma: Negotiating in the nuclear age*, in: Survival, Heft Juli/Aug. 1985, S. 169

49 Maynard Smith, John: s. Quelle zu S. 42

50 Darwin, Charles: *Die Entstehung der Arten*, Stuttgart 1963

50 Turniere im Tierreich:
Eibl-Eibesfeldt, Irenäus: *The fighting behavior of animals*, in: Scientific American, Vol. 205 (1961), Nr. 6, S. 112–122

52 Darwin-Zitat: s. Quelle zu S. 50

52 Maynard Smith, John: *Game-theory and the evolution of behaviour*, in: Proc. R. Soc. London, Vol. 205 (1979), S. 475–488

55 Krankenpflege bei Zwergmungos in Menschenobhut:
Dröscher, Vitus B.: *Überlebensformel*, Düsseldorf 1979
Rasa, Anne E.: *Invalid Care in the dwarf mongoose*, in: Zeitschr. f. Tierpsychologie, Bd. 42 (1976), S. 337–342

55 dito im Freileben:
Rasa, Anne E.: *Die perfekte Familie*, Stuttgart 1984
Rasa, Anne E.: *Coordinated vigilance in darf mongoose family groups*, in: Ethology, Vol. 71, 4 (April 1986), S. 340–344

63 Wachehalten bei Zebras:
Klingel, Hans: *Soziale Organisation und Verhalten freilebender Steppenzebras*, in: Zeitschr. f. Tierpsychologie, Bd. 24 (1967), S. 580–624

63 Wachsamkeit beim Iberischen Steinbock:
Alados, Conception L.: *An analysis of vigilance in the spanish Ibex*, in: Zeitschrift f. Tierpsych., Bd. 68 (1985), Nr. 1, S. 58–64

63 Sichern speisender Menschen:
Wirtz, Peter, und Wawra, Monika: *Vigilance and group size in Homo sapiens*, in: Zeitschr. f. Tierpsych., Bd. 71 (1986), Nr. 4, S. 283–286

63 dito beim Stieglitz:
Glück, Erich: *Benefits and costs of social foraging*, in: Zeitschr. f. Tierpsych., Bd. 74 (1987), Nr. 1, S. 65–79

65 »Wächters Lied«:
Wickler, Wolfgang: *Coordination of vigilance in bird groups*, in: Zeitschr. f. Tierpsych., Bd. 69 (1985), Nr. 3, S. 250–253

66 Verhalten des Rosakakadus:
Grahl, Wolfgang de: *Papageien in Haus und Garten*, Stuttgart 1979

67 Alarmrufe der Grünen Meerkatzen:
Struhsaker, T. T.: *The red colobus monkey*, University of Chicago Press 1967
Cheney, D. L., und Seyfarth, R. M.: *Selective forces affecting the predator alarm calls of vervet monkeys*, in: Behaviour, Vol. 76 (1981), S. 25–61
Diskussion hierüber:
Griffin, Donald R.: *Wie Tiere denken*, München 1985

69 Wachtposten der Ziesel:
Wilson, David Sloan: *The natural selection of populations and communities*, Menlo Park 1980

70 Hilfeleistungen beim Mexikanischen Blauhäher:
Brown, Jerram L., und Brown, Esther R.: *Reciprocal aid-giving in a communal bird*, in: Zeitschr. f. Tierpsych., Bd. 53 (1980), Nr. 4, S. 313–324

78 Kükenturnier bei Streifengänsen:
Würdinger, Irene: *Entwicklung der Objektfixierung einer Verhaltensweise der ersten vier Lebenstage bei der Streifengans*, in: Zeitschr. f. Tierpsych., Bd. 35 (1974), Nr. 2, S. 209–218

80 Rangabhängige Entwicklung des Körpergewichts:
Würdinger, Irene: *Vergleichend morphologische Untersuchungen zur Jugendentwicklung von Anser- und Branta-Arten*, in: Journal f. Ornith., Bd. 116 (1975), Nr. 1, S. 65–86

81 dito beim Zwergmungo: a. a. O., S. 55

81 dito beim Goldhamster:
Payne, A. P., und Swanson, H. H.: *The effect of a supranormal threat stimulus on the growth rates and dominance relationships . . .*, in: Behaviour, Vol. 42, Nr. 1, S. 1–7

82 dito beim Blauen Gurami:
Frey, Dennis, und Miller, Rudolph: *The establishment of dominance*

relationships in the Blue Gourami, in: Behaviour, Vol. 42, Nr. 1, S. 8–62

84 Verhalten der Flußpferde:
Klingel, Hans: *Das Leben der Flußpferde*, NRD-III-Tierserie

87 Schleicher in Tiergesellschaften:
Dunbar, Robin: *More than one way to get a mate*, in: New Scientist, Vol. 99, Nr. 1374 (1983), S. 698–701

88 Balzgehilfen bei Truthähnen:
Watts, Robert C., und Stokes, Allen W.: *The social order of Turkeys*, in: Scientific American, Vol. 224 (1971), Nr. 6, S. 112–118

88 Satelliten bei Kampfläufern:
Rhijn, J. G. van: *Behavioural dimorphism in male ruffs*, in: Behaviour, Vol. 47, S. 153–229

90 Fortpflanzungserfolge der Dickhornschafe:
Hogg, John T.: *Intrasexual competition and mate choice in Rocky Mountain bighorn sheep*, in: Zeitschr. f. Tierpsych., Bd. 75 (1987), Nr. 2, S. 119–144

91 dito bei Dscheladas:
Dunbar, Robin: *Machtwechsel bei Dscheladas*, in: Das Tier (1987), Nr. 9, S. 12–15

92 Existenzkampf der Berggorillas:
Fossey, Dian: *The imperiled mountain gorilla*, in: National Geographic, Vol. 159, Nr. 4 (April 1981), S. 501–523
Fossey, Dian: *Living with mountain gorillas*, in: Animal Behavior, Nat. Geogr. Soc. Stand. Buch-Nr. 87044–105–1, S. 208–229

94 Starke und schwache Altruisten: s. Quelle zu S. 69

97 Orientierung und Sozialverhalten Afrik. Elefanten:
Douglas-Hamilton, Ian und Oria: *Unter Elefanten*, München 1975
Johann, A. E.: *Elefanten, Elefanten*, München 1974

99 Rudelverhalten der Wölfe: s. Quelle zu S. 29 und
Zimen, Erik: *Wölfe und Königspudel*, München 1972
Klinghammer, Erich: *Gruppendynamik und Verhaltensmechanismen beim Wolf*, Vortrag J. Jungius Ges., Hamburg 14. 11. 1981
Murie, A.: *The wolves of mount McKinley*; Washington, D. C. 1944

105 Naturgeschichte des Submissionsverhaltens:
Eibl-Eibesfeldt, Irenäus: *Die Biologie des menschlichen Verhaltens*, München 1984
Eibl-Eibesfeldt, Irenäus: *Der Mensch, das riskierte Wesen*, München 1988

106 Psychische Nachwirkungen bei Mogadischu-Geiseln:
Referat in: Spektrum der Wissenschaft, August 1981, S. 15

107 Um Strafe bitten bei Wölfen: s. Quelle zu S. 99

108 Das Milgram-Experiment:
Milgram, Stanley: *Obedience to authority. An experimental view*, New York 1974

111 Rangumkehr bei Meerschweinchen:
Sachser, Norbert, und Pröve, Ekkehard: *Social status and plasma-Testosterone-titers in male guinea pigs*, in: Ethology, Vol. 71, Nr. 2 (1986), S. 103–114

112 Hormonale Sozialprädisposition bei Meerschweinchen:
Sachser, Norbert: *Endokrine Reaktionen und soziale Prozesse bei Säugetieren*, 11. Ethologentreffen in Bayreuth, September 1988

113 Rangverhalten bei Hausmäusen:
Ely, D.: in: Physiology and Behaviour, Vol. 26 (1981), S. 655

116 Nachfolgeverhalten im Heringsschwarm:
Remane, Adolf: *Das soziale Leben der Tiere*, Hamburg 1960

119 Fortpflanzungserfolg bei Staren:
Dittami, John: *Endogene und exogene Komponenten des Starenverhaltens*, Vortrag auf 11. Ethologentreffen 1988 in Bayreuth

120 Elefantenterror in Indien:
Johann, A. E.: s. Quelle zu S. 79
dito in Afrika:
Meldung: *Befriedete Addo-Elefanten*, in: Naturwissenschaftliche Rundschau, Vol. 35 (1982), Nr. 3, S. 124–125

125 Bedeutung des Geweihs bei Rothirschen:
Modell, Walter: *Horns and Antlers*, in: Scientific American, Vol. 220, Nr. 4 (April 1969), S. 114–122

126 Rangverhältnisse bei Riesenschildkröten:
Burton, Robert: *Tortoise*, in: Animal Life, 1969, S. 2438–2441

127 dito beim Hummer:
Tembrock, Günter: *Grundlagen der Tierpsychologie*, Berlin 1963

127 Rangabhängigkeit vom Geweih bei Rothirschen:
Bartos, Ludek: *Relationships between behaviour and antler cycle timing in red deer*, in: Ethology, Vol. 71, Nr. 4 (Apr. 1986), S. 305–314

127 Drohgähnen:
Brown, Phillida: *Yawn together, survive together*, in: New Scientist, Vol. 118, Nr. 1613 (Mai 1988), S. 37

128 Rangsignalfälschung bei Weidenlaubsängern:
Kneutgen, Johannes: *Ein kranker Vogel gelangt durch ein Mißverständnis an die Spitze der Rangordnung*, in: Zeitschr. f. Tierpsych., Bd. 27 (1970), Nr. 7, S. 840–841

129 Rangwechsel bei Haushennen:
Baeumer, Erich: *Verhalten des Haushuhns*, Kosmos Bibliothek, Bd. 242, Stuttgart 1964

129 Minimale Rangkennzeichen bei Giraffen:
Grzimek, Bernhard: *Grzimeks Tierleben*, Bd. 13, S. 267–274

130 Rangeinstufung beim Menschen:
Champness, Brian: *Rang auf den ersten Blick*, in: FAZ, 5.11.1969

131 Rangabzeichen in Vogelgemeinschaften:
Roper, Tim: *Badges of status in avian societies*, in: New Scientist, Vol. 109, Nr. 1494 (Febr. 1986), S. 38–40

132 Rangabzeichen bei Zebu-Bullen:
Grzimek, Bernhard: *Grzimeks Tierleben*, Bd. 13, S. 381–382

133 dito bei Impalas:
Jarman, Martha V.: *Impala social behaviour: Territory, Hierarchy p. p.*, in: Zeitschr. f. Tierpsychologie, Beiheft 21, 1979

133 Verhalten von Haushühnern in Bodenhaltung:
Mehner, A.: *Verhalten von Legehennen bei Intensivhaltung*, in: Umschau in Wiss. u. Tech., Bd. 71, Nr. 8 (Apr. 1971), S. 275

134 Rangabzeichen beim Wellensittich:
Koenig, Otto: *Das Paradies vor unserer Tür*, Wien 1971

135 dito bei Weißkehl- und Großammerfink:
s. Quelle zu S. 131 und
Rohwer, S.: *Status signaling in Harris Sparrows*, in: Behaviour, Vol. 61 (1977), S. 107–129

135 dito bei Kohlmeisen: s. Quelle zu S. 131

137 dito beim Rotschulter-Stärling:
Referat: *Vögel ohne typische Signalfarbe verlieren ihr Revier*, in: Umschau in Wiss. u. Techn., Bd. 74, Nr. 8 (1974), S. 230

138 dito beim Gelbspötter: s. Quelle zu S. 131

139 Zur evolutionsstabilen Mischstrategie:
Maynard Smith, John: *Game-theory and the evolution of behaviour*, in: Proc. R. Soc., London B, Vol. 205 (1979), S. 475–488

140 Rangabzeichen bei Berberaffen:
Tembrock, Günter: s. Quelle zu S. 127 und eigene Gespräche mit Holmes

142 Imponierpelz bei Gemsen:
Grzimeks Tierleben, Bd. 13, S. 460–466

142 Imponiergefieder beim Strauß:
Burton, Robert: *Animal Life*, S. 1639–1643

143 Die biologischen Gesetze der Kleidermode:
Koenig, Otto: *Kultur und Verhaltensforschung*, München 1970

Lorenz, Konrad, und Leyhausen, Paul: *Antriebe tierischen und menschlichen Verhaltens*, München 1968, S. 336

144 Statussymbole im Büro:
Hefele, Gabriele: *Achtung, ich bin hier wer!*, in: Die Presse, Wien, 12. 2. 1987

145 Demutsverhalten bei Steppenpavianen:
Washburn, S. L., und DeVore, Irven: in: Harpers Magazine, Juli 1963 und Hausfater, Glenn, und Takacs, David: *Structure and function of hindquarter presentations in Yellow Baboons*, in: Ethology, Vol. 74, Nr. 4 (April 1987), S. 297

149 Bedeutung des Grußes bei Tieren:
Wickler, Wolfgang: *Sind wir Sünder?*, München 1969

149 Gruß bei Löwen:
McBride, Chris: *Die weißen Löwen von Timbavati*, München 1978

149 Gruß bei Zahnkarpfen:
Zeitschr. f. Tierpsych., Bd. 14 (1957), S. 324

150 Werbeverhalten beim Somali-Wildesel:
Klingel, Hans: *Observations on social organization and behaviour of african and asiatic wild asses*, in: Zeitschr. f. Tierpsych., Bd. 44, Nr. 3 (1977), S. 323–331

154 Gruß bei Amseln:
Wolfgramm, J., und Todt, Dietmar: *Pattern and time specifity in vocal responses of blackbirds,* in: Behaviour, Vol. 81 (1982), S. 264–286

156 Befriedungsgruß bei Zwergmungos: s. Quelle zu S. 55

158 Lächeln beim Orang-Utan:
Rijksen, H. D.: *A field study on Sumatran Orang Utans*, Nature Conservation Department, Communication Nr. 164. Wageningen 1978

159 Lachen beim Hund:
Schultz-Roth, Ulla: *Ullstein Hundebuch*, Berlin 1972
Fox, Michael: *The dog. Its domestication and behaviour*, New York 1978

161 Grimassierduell bei Dscheladas:
Crook, John H.: *Gesellschaftsstrukturen bei Primaten*, in: Umschau in Wiss. u. Techn., Bd. 67, Nr. 15 (1967), S. 488–493
Dunbar, R. I. M.: *Reproductive decisions. An economic analysis of Gelada Baboon social strategies*, Princeton 1984

162 Augenbrauengruß beim Menschen:
Eibl-Eibesfeldt, Irenäus: *Die Biologie des menschlichen Verhaltens*, München 1984

164 Helfer beim Graufischer:
Reyer, Heinz-Ulrich: *Investment and relatedness: a cost-benefit analysis of breeding and helping in the Pied Kingfisher*, in: Animal Behaviour, Vol. 32, S. 1163–1178

165 Kropotkin, Peter A.: *Gegenseitige Hilfe in der Entwicklung*, 1904

170 Sozialsystem der Rotfüchse:
Zimen, Erik, und Felix Labhardt: *Füchse auf Sendung*, in: Das Tier, August 1982, S. 22–27

171 Turnierkampf bei Füchsen: s. Quelle zu S. 140

174 Helfer beim Eichelspecht:
Koenig, Walter, Ronald L. Mumme und Frank Pitelka: *The breeding system of the Acorn Woodpecker in central costal California*, in: Zeitschr. f. Tierpsychologie, Vol. 65, Nr. 4 (Aug. 1984), S. 289–308

178 Eusoziale Organisation beim Nacktmull:
Gamlin, Linda: *Rodents join the commune*, in: New Scientist, Vol. 115, Nr. 1571 (Juli 1987), S. 40–47

179 Arbeitsteilung beim Gangvortrieb der Nacktmulle:
Referat: *African moles team up to dig their homes*, in: New Scientist, Nr. 759 (1971), S. 64

181 Zitat Richard Alexander: s. Quelle zu S. 178

182 Begriffe eusozial und semisozial:
Immelmann, Klaus: *Wörterbuch der Verhaltensforschung*, Berlin 1982

183 Helfer-Dynastien beim Buschblauhäher:
Woolfenden, Glenn E., und Fitzpatrick, John W.: *The Florida Scrub Jay*, Princeton 1984

185 Gemeinschaftsehe beim Augenring-Sperlingspapagei:
Franck, Dierk, und Garnetzke-Stollmann, Kyra: *Die Bedeutung von Nestgeschwisterbeziehungen für den Aufbau sozialer Strukturen bei Augenring-Sperlingspapageien*, Vortrag 100. Jahresvers. Dt. Ornith.-Ges. 1988 in Bonn

188 Einzelgängertum und Rudelbildung bei Kojoten:
Bekoff, Marc, und Wells, Michael C.: *The social ecology of Coyotes*, in: Scientific American, Vol. 242, Nr. 4 (April 1980), S. 112–120

194 Nährammen-System der Wölfe:
s. Quelle zu S. 99

198 Über Schlittenhunde:
Fuchs, Sir Vivian: *Mit Schlittenhunden 2687 Kilometer in der Antarktis unterwegs*, in: Das Tier, Januar 1973, S. 34–38
Giaever, John: *Das Eis brach unter den Schlittenhunden*, in: Das Tier, Januar 1975, S. 4–7 u. 34

202 Sozialverhalten der Paviane: s. Quelle zu S. 145 und
DeVore, Irven: *Quest for the roots of society*, in: The marvels of animal behavior, National Geographic Society, Standard book Nr. 87044-105-1, 1972, S. 392–409
Washburn, S. L., und DeVore, Irven: *The social life of baboons,* in: Scientific American, Vol. 204, Nr. 6 (Juni 1961), S. 62–71
Seyfarth, R. M.: *Social relationships among adult male and female baboons*, in: Behaviour, Vol. 64 (1978), S. 204–247
212 Schicksal weißer Löwen:
McBride, Chris: *Die weißen Löwen von Timbavati,* München 1978
219 Selektion farblicher Sonderlinge:
Ohguchi, Osamu: *Experiments on the selection against colour oddity of water fleas by three-spined sticklebacks,* in: Zeitschr. f. Tierpsych., Vol. 47, Nr. 3 (Juli 1978), S. 254–267
Milinski, Manfred, und Löwenstein, Christine: *On predator selection against abnormalities of movement,* in: Zeitschr. f. Tierpsych., Vol. 53, Nr. 4 (1980), S. 325–340
221 Ausstoßreaktion bei Kolkraben:
Chauvin, Rémy: *Tiere unter Tieren*, Bern 1964
224 Ausstoßreaktion bei Tieren und Menschen:
Bilz, Rudolf: *Paläoanthropologie,* Frankfurt/M. 1971
225 Elternverhalten bei verkrüppelten Jungen von Silbermöwen:
Schrey, Eckart: persönliche Mitteilung
225 Kannibalische Tendenzen bei der Silbermöwe:
Dröscher, Vitus B.: *Wiedergeburt,* Düsseldorf 1984
227 Ausstoßreaktion bei Kaiserpinguinen:
Prévost, J.: *Ecologie du manchot empereir,* Paris 1961
228 dito bei Graugänsen:
Lorenz, Konrad: *Das Jahr der Graugans*, München 1978
229 Anstoßnehmen bei 20 Tierarten:
Neumann, G.-H.: *Normatives Verhalten und aggressive Außenseiterreaktionen bei gesellig lebenden Vögeln und Säugern,* in: Forschungsberichte des Landes Nordrhein-Westfalen, Opladen 1981
229 Sozialverhalten der Wallabys:
Kaufmann, J. H.: *Social ethology of the whiptail wallaby,* in: Animal Behaviour, Vol. 22 (1974), S. 281–369
230 Duftuniform im Bienenstaat: Frisch, Karl v.: *Tanzsprache und Orientierung der Bienen,* Berlin 1965
232 Wie Bienen Hornissen töten:
Report: *Bees turn the heat on hornets,* in: New Scientist, Vol. 118, Nr. 1613, S. 35

232 Verhalten der Waldameisen:
Gößwald, Karl: *Unsere Ameisen*, 1./2. Teil, 1954/55 Stuttgart

234 dito der Sklavenhalterameisen:
Buschinger, Alfred, Ehrhardt, Werner, und Winter, Ursula: *The organization of slave raids in dulotic ants*, in: Zeitschr. f. Tierpsych., Vol. 53, Nr. 3 (1980), S. 245–264

238 Stadien der Ausstoß-Aggressivität:
Bilz, Rudolf: *Beiträge zur Verhaltensforschung – Aktuelle Fragen der Psychologie und Neurologie*, Basel 1971

242 Auswege aus dem Ausgestoßenendasein:
Bilz, Rudolf: Deutsches Ärzteblatt, Heft 4, 1971, S. 1–7

245 Kampfverhalten der Bisons:
Lott, Dale F.: *Fighting to dominate*, National Geographic Society, Standard book Nr. 87 044-105-1, 1972, S. 321–333
Lott, Dale F.: *Sexual behaviour and intersexual strategies in american bison*, in: Zeitschr. f. Tierpsych., Vol. 56, Nr. 2 (1981), S. 97–114
Lott, Dale F., und Minta, Steven C.: *Random individual association and social group instability in american bison, in:* Zeitschr. f. Tierpsych., Vol. 61, Nr. 2 (Febr. 1983), S. 153–172

248 Sport als Aggressionsableiter:
Lorenz, Konrad: *Das sogenannte Böse,* Wien 1963

249 Kampfverhalten beim Hirschkäfer:
Linsenmaier, Walter: *Knaurs Großes Insektenbuch*, München 1972

251 dito bei Birkhähnen:
Dröscher, Vitus B.: *Die Tierwelt unserer Heimat*, Hamburg 1978

251 dito bei Wermuthähnen:
Wiley, R. Haven, Jr.: *The lek mating system of the sage grouse,* in: Scientific American, Vol. 238, Nr. 5 (Mai 1978), S. 114–125

256 Familienzusammenhalt bei Steppenzebras:
Klingel, Hans: *Soziale Organisation und Verhalten freilebender Steppenzebras, in:* Zeitschr. f. Tierpsych., Vol. 24 (1967), S. 580–624

256 Kampfverhalten der Zebrahengste:
Berger, Joel: *The role of risks in mammalian combat: Zebra and Onager fights*, in: Zeitschr. f. Tierpsych., Vol. 56, Nr. 4 (1981), S. 297–303

262 Kindverteidigen bei Giraffen:
Pratt, David M., und Anderson, Virginia H.: *Giraffe cow-calf-relationships and social development of the calf,* Vol. 51, Nr. 3 (November 1979), S. 233–251

263 Brutverteidigung beim Kraken:
Wodinsky, J.: *Feeding behaviour of broody female Octopus vulgaris,* in: Animal Behaviour, Vol. 26 (1978), S. 803–813

264 Selbstmord-Soldaten bei Termiten:
Report: *Exploding bugs protect colony,* in: New Scientist, Vol. 102 (1984), Nr. 1410, S. 18

265 Künstliche Angstinduktion:
Pitts, Ferris N., Jr.: *The biochemistry of anxiety*, in: Scientific American, Vol. 220, Nr. 2 (Februar 1969), S. 69–75
Carmichael, Stephen W., und Winkler, Hans: *The adrenal chromaffin cell*, in: Scientific American, Vol. 253, Nr. 2 (August 1985), S. 30–39

267 Rangordnung bei Kühen:
Reinhardt, Viktor: *Beiträge zur sozialen Rangordnung und Melkordnung bei Kühen*, in: Zeitschr. f. Tierpsych., Vol. 32, Nr. 3 (Mai 1973), S. 281–292

267 dito bei Wanderratten:
Lore, Richard, und Flannelly, Kevin: *Rat societies*, in: Scientific American, Vol. 236, Nr. 5 (Mai 1977), S. 106–116

268 Aufopferung bei den Murngin-Aborigines:
Eibl-Eibesfeldt, Irenäus: *Die Biologie des menschlichen Verhaltens*, München 1984

270 Angst als Widersacher der Vernunft:
Hassenstein, Bernhard: *Die Widersacher der Vernunft und der Humanität*, Vortrag Ethologentagung 1987 in Hamburg

277 Entartung des Sozialverhaltens bei Ratten:
Calhoun, J. B.: *Population density and social pathology,* in: Scientific American, Vol. 206, Nr. 2 (Februar 1962), S. 139–148
Dröscher, Vitus B.: *Klug wie die Schlangen*, Oldenburg 1962

285 Bevölkerungskontrolle bei Tieren:
Wynne-Edwards, V. C.: *Animal dispersion in relation to social behaviour,* Edinburgh 1962

285 Übervölkerungsfolgen beim Menschen:
Jacobi, Claus: *Uns bleiben 100 Jahre*, Frankfurt/M. 1986

286 Sozialsystem der Löwen:
Schaller, George B.: *The Serengeti lion: A study of predator-prey relations*, University of Chicago Press 1972
Bertram, Brian C. R.: *The social system of lions*, in: Scientific American, Vol. 232, Nr. 5 (Mai 1975), S. 54–65

289 Wie Löwinnen ihre Jungen schützen:
Menella, Julie, und Moltz, Howard: *Closeness makes the male less deadly*, in: New Scientist, Vol. 117, Nr. 1604 (März 1988), S. 34

294 Stammeskriege der Schimpansen:
Goodall, Jane: *Population dynamics during a 15 year period in one*

community of free-living chimpanzees in the Gombe National Park, Tanzania, in: Zeitschr. f. Tierpsych., Vol. 61, Nr. 1 (Januar 1983)
Nishida, Toshisada, Hiraiwa-Hasegawa, Mariko, Hasegawa, -oshikazu, und Takahata, Yukio: *Group extinction and female transfer in wild chimpanzees*, in: Zeitschr. f. Tierpsych., Vol. 67 (1985), S. 284–301

299 Stammeskriege auf Papua-Neuguinea:
Schultze-Westrum, Thomas: *Biologie des Friedens*, München 1974

301 Wie Urindianer Bisons jagten:
Wheat, Joe Ben: *A paleo-indian bison kill,* in: Scientific American, Vol. 216, Nr. 1 (Jan. 1967), S. 44–52
Reeves, B. O. K.: *Six millenniums of buffalo kills,* in: Scientific American, Vol. 249, Nr. 4 (Okt. 1983), S. 92–103

303 Wie Urindianer Mammute jagten:
Haynes, C. Vance, Jr.: *Elephant-hunting in North America,* in: Scientific American, Vol. 214, Nr. 6 (Juni 1966), S. 104–111

304 Ausrottung der Kropfgazellen:
Legge, Anthony J., und Rowley-Conwy, Peter A.: *Gazellenjagd im steinzeitlichen Syrien,* in: Spektrum der Wissenschaft, Oktober 1987, S. 66–74

305 dito der Moas und Riesenlemuren:
Vogt, Hans-Heinrich: *Gab es ein »Goldenes Zeitalter der Ökologie«?*, in: Naturwissenschaftliche Rundschau, Vol. 40, Nr. 5 (Mai 1987), S. 190–191

305 Umweltzerstörungen durch Aborigines:
Referat: *The myths behind the Aboriginal story*, in: New Scientist, Vol. 118, Nr. 1613 (Mai 1988), S. 31

309 Babys als agonistische Puffer bei Berberaffen:
Deag, J. M.: *Interactions between males and unweaned barbary macaques*, in: Behaviour, Vol. 75 (1980), S. 54–81

314 Schlangenangst in der Kindheitsentwicklung des Menschen:
Bücherl, Wolfgang: *Das Haus der Gifte*, Stuttgart 1963

317 Jungenverteidigung der Hulmanweibchen:
Blaffer-Hrdy, Sarah: *Affen morden ihre Kinder*, in: Bild der Wissenschaft, Vol. 13, Nr. 7 (1976), S. 20–43
Vogel, Christian: *Ökologie, Lebensweise und Sozialverhalten der Grauen Languren*, Beiheft 17 der Zeitschr. f. Tierpsych., 1976

321 Werkzeug-Geschicklichkeit bei Schimpansen:
Referat: *Sex bias between brawn and brain in chimps*, in: New Scientist, Vol. 93, Nr. 1288 (1982), S. 81

323 Süßkartoffelwaschen bei Rotgesichtsmakaken:

Eaton, G. Gray: *The social order of Japanese macaques,* in: Scientific American, Vol. 235, Nr. 4 (Oktober 1976), S. 97–106

325 Aggression bei Spitzhörnchen:
Holst, Dietrich v.: *Social stress in tree-shrews*, in: Journal of Comp. Phys., Vol. 120 (1977), S. 71–86

325 Verhalten des Bärenmakis:
Jolly, A.: *Entwicklung des Primatenverhaltens,* Stuttgart 1975

326 dito des Koboldmakis:
Niemitz, G.: *Biology of tarsiers*, Stuttgart 1984

328 dito des Sifakas:
Wirth, Roland: *Auf der Suche nach Madagaskars Geisteraffen,* in: Das Tier, Vol. 20, Nr. 7 (Juli 1980), S. 10–13

330 Die Trieb-Trilogie:
Wickler, Wolfgang, und Seibt, Uta: *Das Prinzip Eigennutz*, Hamburg 1977

331 Zur Funktion des Gähnens:
Provine, Robert R., Hamernik, Heidi B., und Curchack, C.: *Yawning: Relation to sleeping and stretching in humans*, in: Ethology, Vol. 76, Nr. 2 (Oktober 1987), S. 152–160

333 Hungergähnen beim Hund:
Hediger, Heini: *Tierpsychologie im Zoo und im Zirkus,* Basel 1961

335 Fleischverteilung bei Schimpansen:
Teleki, Geza: *The omnivorous chimpanzee*, in: Scientific American, Vol. 228, Nr. 1 (Januar 1973), S. 32–42

336 dito bei Buschmännern:
Silberbauer, Georg B.: *Socio-ecology of the G/wi bushmen*, Thesis, Dept. Anthropol. and Sociol., Monash University 1973

337 Eigentumsbegriff bei Mantelpavianen:
Kummer, Hans: *Triadic differentiation: an inhibitory process protecting pair bonds in baboons;* in: Behaviour, Vol. 49 (1974), S. 62–87

339 Friedenstiften bei Dohlen und Kolkraben:
Lorenz, Konrad: *Beiträge zur Ethologie sozialer Corviden,* in: Journal für Ornithologie, Bd. 75 (1927), S. 511–519

341 Niemandsland bei Murmeltieren:
Burton, Robert: *Marmot*, in: Animal Life, Vol. 4, Nr. 3 (1969), S. 1425–1427

342 Hyäne zwischen den Fronten:
Lawick-Goodall, Hugo und Jane van: *Unschuldige Mörder,* Reinbek bei Hamburg 1972

Personen- und Sachregister